DROIT ET STAR WARS

DROIT ET STAR WARS

Études réunies par Q. Le Pluard et M. Uguen

Enrick B.
ÉDITIONS

www.enrickb-editions.com

Conception et réalisation couverture : Comandgo

Publié avec le concours de l'Université de Bretagne Occidentale

ISBN : 978-2-38313-148-9
ISSN : 2492-9069

0. REMERCIEMENTS ET AVERTISSEMENTS

Quentin LE PLUARD & Martin UGUEN
Doctorants en droit
Université de Brest, Lab-*LEX* (UR 7480)

« Ce n'était qu'un prélude ! »[1]

1. « ***Toujours par deux ils vont. Ni plus, ni moins.*** »[2] -. En humbles padawan, nous ne voulions pas faire mentir Maître Yoda en laissant seule l'*enterprise*[3] entamée par les Seigneurs Sith et Maîtres Jedi Ciaudo, Lecuyer et Mosbrucker[4]. Celle-ci n'est d'ailleurs pas isolée[5]. La flamme de la résistance contre l'aridité du droit est vivace.

2. Citations –. Pour citer les différents opus de la saga, les modèles seront les suivants :

Épisode I : La Menace Fantôme (1999)	*ép. I*
Épisode II : L'Attaque des Clones (2002)	*ép. II*
Épisode III : La Revanche des Sith (2005)	*ép. III*
Épisode IV : Un Nouvel Espoir (1977)	*ép. IV*
Épisode V : L'Empire Contre-Attaque (1980)	*ép. V*
Épisode VI : Le Retour du Jedi (1983)	*ép. VI*
Épisode VII : Le Réveil de la Force (2015)	*ép. VII*
Épisode VIII : Les Derniers Jedi (2017)	*ép. VIII*
Épisode IX : L'Ascension de Skywalker (2019)	*ép. IX*
Rogue One, a Star Wars story (2016)	*RO*
Solo, a Star Wars story (2018)	*Solo*
The Clone Wars (2008)	*CW*

1. Comte Dooku, *ép. II.*
2. Yoda, *ép. I.*
3. L'un des deux coordinateurs du présent confesse être un *trekkie.*
4. *Le droit contre-attaque : L'univers Star Wars au prisme du droit*, PUFC, coll. « Droit, politique, société », 2021.
5. V. R. Maurel (coord.), « Le Procès des Jedi », *Revue du droit insolite*, vol. 1 (2021), p. 148-180 ; égal. V. Meurville-Bossuat, « Le droit dans Star Wars. Aspects légaux de la force et des faiblesses du commandement de l'armée des clones dans ses fondements doctrinaux », in Q. Le Pluard et M. Talbot (dir.), *Du Droit dans Disney*, Mare & Martin, coll. « Droit et cinéma », 2020, p. 195-210.

3. «***It's* [not a] *trap***»[1] -. Si les vingt contributions portent sur le même thème, tentant d'allier vulgarisation et technicité, il en est des plus poussées que d'autres. Aussi, un jeu de symbole a été mis en œuvre pour permettre à chacun d'y trouver rapidement son compte :

La Résistance a vérifié cette contribution. Tout est clair et accessible sans danger pour le grand public. Il n'y a pas de piège et aucun *stormtrooper* ne se retournera contre vous.

Les éléments développés ici peuvent apparaître un peu techniques, mais avec un peu de volonté tout lecteur peut en venir à bout. Il n'est absolument pas besoin d'avoir un droïde de protocole parlant plus de 30 millions de langues à sa disposition, quoique cela puisse parfois aider.

Les développements de cette contribution nécessitent un certain bagage dans la matière développée ou en droit de manière générale pour en saisir tous les aspects. Néanmoins, l'essentiel de la démonstration demeure à la portée du plus grand nombre.

Toute contribution présentant ces quatre symbole ne peut être comprise qu'à condition d'avoir dédié sa vie au droit[2]. Autrement dit, les chances de la comprendre sont aussi restreintes que de tirer avec succès une torpille d'un X-Wing à travers l'étroit couloir de l'Étoile de la Mort : à moins d'être inspiré par la Force, il y a beaucoup de chance de passer à côté.

Il n'y a, fort heureusement, pas de contribution à quatre signes dans cet ouvrage.

4. Plan (de l'Étoile Noire) –. Le nombre de parties et de sous-parties que doit présenter une démonstration est un sujet controversé, particulièrement en droit. Pourtant, un plan original s'impose parfois, comme si une Force mystérieuse était à l'œuvre.

1. Amiral Ackbar, *ép. VI.*
2. Et encore, une vie d'une durée bien supérieure à celle de la vie humaine, tels les 900 ans de Maître Yoda.

Ce fut le cas pour cet ouvrage, dans lequel, curieusement, des dyades se sont naturellement imposées, obligeant à adopter la forme actuelle, *a priori* iconoclaste.

Aussi, l'ouvrage se présente en dix parties comprenant chacune deux sous-parties (la réunion des avant-propos et du rapport de synthèse composant la dixième). Ce faisant, la tradition immémoriale du plan binaire est, paradoxalement, plus que respectée[1].

5. «*Si les Sith étaient de retour, nous les aurions sentis*»[2] -. Une dernière précision s'impose avant de laisser place aux contributeurs. Pourvu qu'il ne soit pas aveuglé par un orgueil démesuré comme le furent à l'occasion les membres du Conseil Jedi, le lecteur attentif (re)trouvera des *alias*[3] parmi les contributeurs, telles les identités de Dark Vador pour Anakin Skywalker, de Dark Tyranus pour le comte Dooku ou de Dark Sidious pour Sheev Palpatine. Pourtant, cette pratique du pseudonyme n'est pas seulement utilisée à des fins aussi malhonnêtes que la commande d'une armée de clones pour une République pouvant s'avérer réticente au principe[4].

---

1. Le nombre 2 en binaire s'écrivant 10.
2. Mace Windu, *ép. I.*
3. S'il était besoin de les nommer : Dark Prunelle d'Aquint-le Quirpenn' et Dark Tudal le Quirpenn', couple uni bien au-delà de la dyade de Force.
4. V. not. Q. Le Pluard et M. Talbot, «Remerciements et prologue», in Eid. (dir.), *Droits, mythes et légendes*, t. I, Mare & Martin, coll. «Libre Droit», p. 15-19 ; et plus généralement les «Remerciements et prologue» des tomes II et III de la même saga.

INTRODUCTION

1. PROLOGUE

Serge SLAMA
Professeur de droit public
Université galactique Grenoble-Alpes (UgGA)

En ouvrant cet ouvrage le lecteur ou la lectrice des contributions réunies par les deux jeunes padawan du droit, des bordures ouest de l'Hexagone, Quentin Le Pluard et Martin Uguen, doit s'attendre à un véritable saut dans l'hyperespace juridique. Alors même que l'univers de Star wars apparaît futuriste, on sait – grâce à l'incontournable Prologue – que la saga se déroule «*Il y a bien longtemps, dans une galaxie lointaine, très lointaine*». Pourtant, on découvre à la lecture de cet ouvrage que les débats juridiques qui traversaient, dans des temps lointains, cette lointaine galaxie font écho à nos propres lois terrestres et même à celles de notre modeste (comparé à l'œcuménopole Coruscant) contrée, la France.

Dans toute la République, nul padawan n'ignore que le débat sur ce «*système juridique d'il y a longtemps, dans une galaxie très lointaine*» a été ouvert, en France, par le juge suprême Alexis Frank[1], de l'Ordre des Chevaliers de Zakel[2]. Décrivant, en deux temps (comme tout bon juriste formé par l'université galactique), les institutions de Star Wars, il constatait que c'est l'instabilité des institutions de la République galactique qui a amené l'avènement du régime tyrannique caractérisé par la confusion des pouvoirs. S'ouvrit alors une controverse, digne de celle des Duinuogwuins

1. A. Frank, «Essai sur un système juridique d'il y a longtemps, dans une galaxie très lointaine», Blog droit administratif, 7 novembre 2008 repris in A. Ciaudo, Y. Lécuyer, A.-L. Mosbrucker, *Le droit contre-attaque. L'univers de Star Wars au prisme du droit*, PU de Franche-Comté, coll. «Droit, politique & société», 2022, p. 95-108.
2. Pour les béotiens des temps anciens de la République galactique, précisons que les Chevaliers de Zakel formaient un ordre de guerriers sensibles à la Force et servaient les Empereurs de Zakel, notamment l'Empereur Immortel Valkorion. Ils différaient des Jedi et des Sith, croyant que l'utilisation de la Force devait seulement servir à renforcer la justice (https://starwars.fandom.com/fr/wiki/Chevaliers_de_Zakel).

(15500 av.BY.), sur la nature étatique, ou non, de la République galactique. Rapidement, il est toutefois apparu que cette controverse était en réalité initiée par de juristes internationalistes, Valère Ndior et Raphaël Maurel[1], probablement à la solde des seigneurs noirs des Sith, peut-être de Dark Bane lui-même, pour attiser la sécession au sein de la République galactique[2] et fournir une doctrine juridique à la Confédération des Systèmes Indépendants, également connue sous les noms d'« Alliance Séparatiste » et même d'« État Séparatiste », avec leurs alliés Neimoidiens de la Fédération du commerce.

Fort heureusement, à la suite du célèbre procès fait aux Jedi à la faculté de droit de Nanterre-Alderaan[3], la Vérité sur la nature étatique de la République galactique, et l'équilibre dans la force, purent être justement rétablis par Yannick Lécuyer[4] – même si l'un de ces sécessionistes tente encore dans le présent ouvrage, sous couvert de la doctrine du droit administratif global (qui n'est en réalité qu'un bon vieux droit administratif étatique), de défendre la thèse d'une République, devenue un Empire galactique, qui ne serait pas un État fédéral mais une organisation internationale. Celle-ci est pourtant dotée d'une Constitution[5], d'un Sénat[6], d'un

1. « Fictions et Droit international II : Les héros de l'illicéité. Pourquoi le chancelier Palpatine a agi dans le respect du droit international », *Blog le droit international expliqué à Raoul*, 2013. URL : http://diraoul.over-blog.com ; « Star wars : une représentation du système juridique international ? » in A. Ciaudo, Y. Lécuyer, A.-L. Mosbrucker, *Le droit contre-attaque…*, *op. cit.*, p. 71-91.

2. Aux dernières nouvelles, ces deux juristes auraient rejoint le Mouvement Indépendantiste pour l'Autodétermination, dirigé par le Comte Dooku et auraient cherché à muter à l'Université de Reena pour développer leur conception internationaliste des institutions républicaines galactiques…

3. R. Maurel (coord.), « Le Procès des Jedi », *Revue du droit insolite*, vol. 1 (2021), p. 148-180.

4. Y. Lecuyer, « Pour en finir avec les incertitudes sur la nature étatique de la République galactique », in A. Ciaudo, Y. Lécuyer, A.-L. Mosbrucker, *Le droit contre-attaque…*, *op. cit.*, p. 123-138.

5. Dans l'*ép. III*, le Chancelier Palpatine évoque cette Constitution Galactique. Dans l'univers étendu, elle aurait été écrite au lendemain de la Guerre Jedi-Sith par de nombreux philosophes dont le magistrat Sistros. Cette Constitution proclame notamment l'égalité entre toutes les espèces intelligentes, la prohibition de l'esclavage et de la servitude et garantit un certain nombre de droits pour les personnes biologiques. Sa révision durant la Guerre des clones par le Chancelier Suprême Palpatine donna lieu à des critiques du Comité Loyaliste et à une pétition de la délégation des 2000 (cf. https://starwars.fandom.com/fr/wiki/Constitution_Galactique).

6. Institutions fondatrices de la Constitution Galactique qui avait établi la République Galactique, ce Sénat Galactique a été fondé il y a des centaines de génération. Composé d'immenses chambres, il réunissait des milliers de séna-

Chancelier suprême, d'un gouvernement avec des ministères[1], d'une armée (de clones puis le corps impérial des *Stormtroopers*), d'une monnaie officielle (Datarie Républicaine puis crédit impérial), d'un drapeau, d'une police et de services secrets impériaux, de forces de défense fédérales, d'une justice pénale fédérale, d'un système carcéral[2], de frontières (bordures), de contrôles migratoires pour accéder aux planètes de la République puis de l'Empire galactique[3] ou encore d'un système fiscal[4]...

S'il prolonge, sur certains aspects, *Le droit contre-attaque*[5] du Seigneur Sith, et avocat de la Chancellerie suprême, Alexandre Ciaudo, et des célèbres Jedi, Yannick Lecuyer et Anne-Laure Mosbrucker, le présent recueil de contributions fait un pas de côté et développe des analyses, au prisme du droit français et international, des éléments juridiques de l'univers de Star wars. À ce titre, il ne s'agit pas que d'un opus pour les initiés de Star Wars mais également d'un ouvrage didactique, rédigé collectivement par des jeunes (et moins jeunes) enseignants-chercheurs en droit. Ces contributions permettent non seulement de revisiter divers aspects juridiques de l'ennéalogie mais, aussi et surtout, de (re)découvrir, de manière pédagogique et souvent amusante, divers aspects du droit français concernant aussi bien le droit civil (des personnes ou des biens), le droit pénal, le droit administratif, le droit de travail, le droit du numérique, le droit des robots et mêmes des transhumains, le droit de l'arbitrage mais aussi le droit international humanitaire ou encore le droit pénal international.

Structuré autour d'un plan original, en dix parties, qui devrait résister aux assauts des Xwing et des chasseurs TIE, l'ouvrage

---

teurs représentant, comme le Congrès américain, tous les mondes ou secteurs rassemblant plusieurs mondes ayant ratifié la constitution républicaine. URL : https://starwars.fandom.com/fr/wiki/S%C3%A9nat_Galactique.

1. Sont évoqués les ministères de la Guerre, des Finances, de l'Industrie, des Sciences, de la Technologie et des Transports.

2. Dans *Star Wars : Andor*, Cassian Andor est condamné à six ans d'emprisonnement dans le complexe industriel et pénitencier sur la lune Narkina par une juge du tribunal de Niamos sur la base de nouvelles directives impériales adoptées en l'an V av. BY.

3. S. Slama, «Liberté de circulation intra-galactique et contrôles migratoires dans l'univers Star Wars : la banalité du côté obscur de la force» in A. Ciaudo, Y. Lécuyer, A.-L. Mosbrucker, *Le droit contre-attaque..., op. cit.*, p. 163-171.

4. Th. Schmitt, «La fiscalité de la galaxie» in A. Ciaudo, Y. Lécuyer, A.-L. Mosbrucker, *Le droit contre-attaque..., op. cit.*, p. 109-112.

5. Un exemplaire de cet ouvrage aurait été aperçu dans la grotte du miroir sur l'Île du Temple jusqu'avant qu'elle brûle.

réunit vingt contributions qui devraient permettre au lecteur de faire un certain nombre de découvertes.

En effet, pêle-mêle, le lecteur va pouvoir être initié au droit des successions et des biens, en suivant à la trace la transmission des reliques d'Anakin Skywalker / Dark Vador (Prunelle d'Aquint-le Quirpenn') et la transmission à Rey du nom de famille Skywalker, caractérisée par des relations incestueuses – se réduisant néanmoins à un baiser volé (Benoît le Dévédec et Simon Goodwin) et des adoptions peu orthodoxes (Marion Talbot) – ou encore l'acquisition, plus ou moins frauduleuse, de pièces de *Speeder* par un jeune enfant pour pouvoir courir la dangereuse course de la Boonta (Dorothée Guérin).

Il apparaît en effet que la famille Skywalker, pour ce qu'on en connaît, constitue une famille christique. D'une part, si on ignore l'identité du père d'Anakin, on sait, par sa mère, Shmi (une esclave), qu'il fut conçu par les midi-chloriens pour réaliser la prophétie de l'Élu et rétablir l'équilibre dans la Force. D'autre part, Rey est la fille de Miramir et de Dathan. Or ce dernier est le clone de Sheev Palpatine *alias* Dark Sidious, qui fut utilisé pour réinsérer l'esprit Sith (pas très saint) du défunt Empereur dans un nouveau corps. Toutefois, insensible à la force, il fut abandonné. Heureusement cachée depuis son enfance, Rey refusera de suivre l'enseignement de son grand-père biologique pour devenir une Sith – ce qui ne serait pas banal pour une femme – et le tua, avec l'aide de son amoureux / frère adoptif, avant de prendre le nom de Skywalker… Amen…

S'il a les mêmes prédispositions midi-chloriennes qu'Anakin, Luke ou Rey, le lecteur sera ensuite initié aux risques de commission d'une infraction en utilisant de manière inappropriée la Force (Mathilde Roubaud) et aux ressources du droit public français pour dissoudre l'Ordre Jedi (Thomas Gaschard). En effet les pouvoirs reconnus au Haut conseil des Jedi apparaissent peu compatibles avec le caractère laïque de la République et républicain du Gouvernement. L'auteur suggère donc au ministre de l'Intérieur, un certain Gérald D., de prononcer la dissolution administrative de l'Ordre Jedi pour atteinte armée à la forme républicaine du Gouvernement.

Cet Ordre est toutefois présenté comme une banale association « loi de 1901 » alors qu'il a tous les atours d'une congrégation religieuse ou d'une obédience franc-maçonne.

En effet, la République galactique de Star Wars semble davantage inspirée d'une théocratie, en particulier la République islamique d'Iran[1], que d'un régime républicain à la française ou à l'américaine. Cela n'est pas lorsqu'on a à l'esprit que la saga Star wars s'est largement inspirée de *Dune* de Frank Herbert. En ce sens, l'Ordre des Jedi s'inspire très largement de l'ordre du Bene Gesserit (composé uniquement de femmes) et Paul Atréides, devenu le Muad'Dib, va, avec ses guerriers fremens, mener un jihad.

Mais on pourrait aussi considérer que l'Ordre des Jedi constitue une obédience franc-maçonne. En effet, comme les loges franc-maçonnes, le Haut Conseil des Jedi tient ses réunions dans un temple avec un Grand Maître. Certaines obédiences franc-maçonnes croient en l'Être suprême et, en tout cas, en la Vérité, la Justice, le Progrès ou l'Humanité, et les membres d'une loge sont cooptés et initiés à l'occasion d'une cérémonie dans laquelle sont effectués différents rites initiatiques… Et quand on connaît l'aversion des nazis ou du Gouvernement de Vichy à l'encontre des francs-maçons, très lié au régime républicain, est-ce étonnant que l'Ordre 66 ait visé à la destruction de l'Ordre Jedi ?

À la lecture de cet ouvrage, le padawan du droit pourra utilement, avant de commencer leur apprentissage computer, les règles (trop méconnues) du Code galactique du travail. En effet un contrat d'apprentissage unit un padawan à son maître Jedi (Bernard Gauriau). Il pourra aussi être initié aux règles de l'arbitrage comme mode de règlement des litiges, aussi bien commerciaux que politiques, qui sont fréquents dans la République / Empire galactique (Sandrine Clavel). Surtout qu'on sait que le Conseil des Jedi confie parfois aux bons offices de certains chevaliers Jedi (et de leur Padawan) des missions d'ambassadeurs pour régler ces différends.

---

1. La République islamique d'Iran est en effet une théocratie avec à sa tête un « Guide suprême », élu par l'Assemblée des experts, composée de religieux élus. Sous sa responsabilité, le pouvoir exécutif est détenu par le président de la République, chef du gouvernement, qui dispose d'un cabinet composé de ministres. Le pouvoir législatif appartient à un parlement élu au suffrage universel supervisé par un « Conseil des gardiens de la Constitution ». Il existe aussi un « Conseil de discernement de l'intérêt supérieur du régime », composé des chefs des trois pouvoirs, des six clercs du Conseil des Gardiens et de membres désignés par le Guide suprême

Mais avant de mener ces missions, il pourrait être utile de maîtriser, sur le bout des doigts (et avec l'esprit de la force), le Code des Jedi afin de ne pas manquer, comme Anakin, à la déontologie des Jedi et sombrer du côté obscur (Benoît Le Dévédéc).

L'univers de Star Wars obéit également à un certain nombre de canons (juridiques), qui nécessite de maîtriser, comme un sabre laser, l'herméneutique et l'épistémologie juridique (Tudal le Quirpenn').

Cet ouvrage nous initie ensuite au droit international humanitaire avec les règles devant s'imposer dans le conflit armé que connaît la République galactique dans le traitement des prisonniers de guerre (Agathe Chapelain), qui ne manquent pas dans Star Wars et subissent, par moments, la torture ou des traitements inhumains, cruels ou dégradants peu enviables.

La destruction de planètes entières par l'Empire galactique, en particulier la destruction en l'an 0 av. BY d'Alderaan par l'Étoile Noire (appelé le « Désastre ») et de Jedha City, nécessite aussi de maîtriser les règles régissant les crimes contre l'humanité (Pierre-Jérôme Delage) et contre l'espèce humaine / intelligentes ou plus largement contre la communauté universelle (Fabien Romey).

Mais l'Étoile Noire n'est pas la seule menace planant sur les planètes de la galaxie. À l'image de la planète Kamino, il existe aussi des périls environnementaux nécessitant de maîtriser le développement de la planète bleue afin de conserver le milieu marin (Mariana Bruck De Moraes Ponna Schiavetti)

Enfin, l'ouvrage initie aux aspects bioéthiques inter-galactiques, car le transhumanisme n'est pas sans poser des difficultés dans la République galactique (Quentin Le Pluard) mais aussi à la nécessaire protection des données personnelles car il n'est pas certain que le Sénat galactique ait adopté un RGPD (Martin Uguen), malgré les fréquents détournements des données et piratages informatiques (par R2-D2) dans la saga. Il paraît aussi indispensable que la République galactique adopte un véritable statut juridique du droïde (Alain Kiemde). À l'évidence, eu égard à l'importance et à la récurrence des Droïdes dans Star Wars, en particulier C-3PO, R2-D2 et BB-8, ces droïdes ne sont pas des choses mais bien des personnes électroniques. Les partisans des droits des droïdes ont d'ailleurs réclamé que des droits leurs soient reconnus dans la constitution de la République galactique pour les protéger[1]. On ne peut plus admettre qu'il soit possible, sans son consentement, d'effacer la mémoire de C-3PO, même pour protéger le secret de la République (surtout que celle du plus discret R2-D2 ne l'est pas) ou que son concepteur, Anakin, puisse l'avoir fabriqué sans avoir pris la peine de recouvrir ses circuits de la carcasse dorée habituelle des droïdes de protocole, ce qui est contraire à sa dignité. Pour autant, ces droïdes, même s'ils sont connus pour leurs actes de bravoure sauvant la République et la Rébellion, doivent-ils être reconnus comme citoyens à part entière ?[2]

À n'en pas douter, à la découverte des contributions réunies dans cet ouvrage le lecteur restera sur sa faim et voudra aller plus loin dans ses réflexions galactico-juridiques. On attend donc avec impatience l'épisode suivant…

1. *Solo : A Star Wars Story : Tales from Vandor* (cf. https://starwars.fandom.com/fr/wiki/Constitution_Galactique).
2. S. Slama, « Entités artificielles intelligentes : de quelle citoyenneté ? », *La Revue des droits de l'homme* [En ligne], 22 | 2022, mis en ligne le 13 septembre 2022. URL : http://journals.openedition.org/revdh/15609.

PARTIE 1

CONTRIBUTIONS

ASSISTER À LA DÉVOLUTION DE SKYWALKER

Certaines choses se vendent et s'achètent, d'autres n'ont pas de prix. Sur la base de ce constat, les droits subjectifs se divisent en deux types : d'une part les droits patrimoniaux, cessibles, transmissibles, prescriptibles et saisissables, d'autre part les droits extrapatrimoniaux, indisponibles et intransmissibles... du moins en principe. Le droit de propriété est le principal exemple des premiers ; le nom de famille est un bon exemple des seconds. Si l'un se transmet notamment à cause de mort[1], l'autre se transmet notamment par la vie[2].

Ainsi, le chemin se fait du tangible à l'intangible, de la transmission des reliques d'Anakin Skywalker, développée par Mme Prunelle d'Aquint-le Quirpenn', à celle de la transmission de son nom de famille, exposée par Mme Marion Talbot. Se penchant sur deux matières étymologiquement machistes – ayant connu deux évolutions contradictoires[3] –, deux plumes féminines nous permettent d'assister à la dévolution du patrimoine et à celle du nom de famille, anciennement dit « patronymique ».

Assister, c'est à la fois être témoin, et porter aide, secours[4] ; c'est faire partie de l'assistance et apporter la sienne à l'opération[5]. En ce sens, c'est là la mission du juriste, voire celle du droit (objectif cette fois) lui-même qui se tient près de chaque individu, du début à la fin de sa vie, de la naissance à la mort, assistant de tous les jours.

QLP

---

1. Art. 720*sqq*. du Code civil.
2. Art. 321-11*sqq*. du même code.
3. Le matrimoine, existant pour désigner les biens dévolus par la mère au Moyen-Âge, a été totalement remplacé par le patrimoine et l'adjectif matrimonial renvoie dorénavant exclusivement à ce qui a trait au mariage. À l'inverse, l'on ne parle plus de nom patronymique mais seulement de nom de famille.
4. V. l'art. 212 du Code civil : « *Les époux se doivent mutuellement respect, fidélité, secours,* ***assistance***. » Dans un autre registre, moins heureux, peut être cité l'art. 121-7 du Code pénal prévoyant qu'« *est complice d'un crime ou d'un délit la personne qui sciemment, par aide ou* ***assistance****, en a facilité la préparation ou la consommation* ».
5. V. en ce sens, le principe premier paragraphe du canon 1108 du Code de droit canonique de 1983 : « *Seuls sont valides les mariages contractés devant l'Ordinaire du lieu ou bien devant le curé, ou devant un prêtre ou un diacre délégué par l'un d'entre eux, qui* ***assiste*** *au mariage, ainsi que devant deux témoins* [...] ».

2. « DROIT DES SUCCESSIONS ET DES BIENS DANS STAR WARS : LES DESTINÉES JURIDIQUES DES RELIQUES D'ANAKIN SKYWALKER »

Prunelle **D'AQUINT-LE QUIRPENN'**
PhD Student in Law
University of Cerea

1. Du sabre laser d'Anakin et du casque de Vador –. Il n'y a pas grand-chose de plus emblématique pour la saga Star Wars que le casque du Seigneur Sith le plus connu, celui de Dark Vador, si ce n'est peut-être l'arme qu'il brandit et que son fils, Luke Skywalker, lui oppose, le sabre laser, «*l'arme noble d'une époque civilisée*» selon les termes d'Obi-Wan Kenobi[1]. Du point de vue du droit, tous les deux sont des biens meubles[2], par opposition aux biens immeubles[3] que constituent juridiquement la hutte de Yoda sur les marais de Dagobah ou la ferme hydroponique de l'oncle de Luke sur Tatooïne. Pour autant, si les choses mobilières sont traditionnellement qualifiées de «choses viles», il s'agit ici de biens particuliers.

Présents dans les trois trilogies, les reliques d'Anakin Skywalker que sont son sabre laser et le casque de son armure passent de main en main. Le sabre est brandi par toute la lignée Skywalker, d'Anakin jusqu'à Rey, quand le casque est récupéré par Ben Solo.

1. *Ép. IV*.
2. Art. 528 du Code civil.
3. Art. 518 du même code.

Mais chacun s'en trouve-t-il maître – propriétaire pour utiliser le terme juridique adéquat – pour autant ? L'occasion d'apprendre ou de réviser quelque peu le droit des biens ainsi que le droit des successions, voire de découvrir la saga sous un angle nouveau ?

Suivons le même chemin qu'Anakin, du côté lumineux de la Force au côté obscur, de Rey à Kylo Ren, du sabre laser (**I.**) au casque (**II.**).

I. LE SABRE LASER D'ANAKIN SKYWALKER, D'ANAKIN À REY

2. Retracer l'histoire du sabre laser –. Assemblé par Anakin après avoir perdu son premier sabre laser avant la bataille de Géonosis, ce nouveau sabre lui servira, notamment, à décapiter le Comte Dooku ou à perpétrer le massacre des enfants du Temple Jedi de Coruscant. Après sa défaite sur Mustafar contre son maître Obi-Wan Kenobi, ce dernier le récupère et le conserve pour l'offrir à Luke Skywalker des années plus tard. Luke brandira ce sabre contre son père, devenu Dark Vador, et le perdra dans la cité des nuages de Bespin. Il ressurgira des années plus tard, après la mort de Dark Vador, pendant l'exil de Luke, lorsque Rey le retrouvera dans les affaires de Maz Kanata. Après avoir découvert où Luke se trouvait, elle lui rend son sabre laser. Il le jettera alors en arrière, dans les rochers de son île. Rey le récupérera et l'utilisera jusqu'après l'union de Luke avec la Force, notamment pour combattre l'Empereur, et l'enterrera avec celui de sa sœur, Leia Skywalker. Retraçant son histoire à grand trait, Maz Kanata dit à Rey : « *Ce sabre appartenait à Luke, et avant lui à son père et maintenant, il t'a choisi Rey.* »[1] Le droit des biens et des successions donne-t-il raison à cette commerçante qui a partie liée avec des pirates, des rebelles et des contrebandiers ? la propriété du sabre passe-t-elle d'Anakin à Luke, puis de Luke à Rey ?

3. La propriété du sabre laser volé –. Il y a plusieurs étapes dans cette petite histoire du sabre des Skywalker. Si la propriété originaire revient à Anakin, ce dernier se le fait dérober par Obi-Wan – peu important le degré de moralité de son padawan

1. *Ép. VII.*

à ce moment, le maître Jedi soustrait frauduleusement la chose d'autrui[1]. Anakin conserve néanmoins la propriété sur son bien et pourrait le revendiquer en quelque main qu'il se trouve à ce stade, le droit de propriété n'est en effet pas susceptible de prescription extinctive[2] : autrement dit, il ne se perd pas par le non-usage, il est perpétuel.

Néanmoins, si le droit de propriété est imprescriptible, d'autres peuvent acquérir un nouveau droit de propriété sur le bien par l'effet de l'effet de la prescription acquisitive induite par la possession[3]. Celle-ci doit néanmoins remplir certaines conditions pour faire effet et permettre l'établissement d'un juste droit, en termes de durée et de qualité de la possession notamment. S'agissant de la prescription acquisitive mobilière, la règle n'est pas claire et les auteurs ne sont pas tous d'accord en la matière. D'aucuns estiment que, lorsque le possesseur est de mauvaise foi (ce qui est le cas ici), il n'y a pas de prescription acquisitive possible, d'autres qu'il faut 5 ans, d'autres encore 30...

Obi-Wan d'abord, Luke ensuite, pourraient éventuellement revendiquer la propriété du sabre qu'ils ont utilisé, l'un serait toutefois considéré de mauvaise foi puisqu'il sait l'avoir subtilisé, l'autre de bonne foi puisqu'il croyait – sur les dires du premier – le tenir de son père qu'il pensait décédé.

4. La succession d'Anakin et l'indignité successorale –. Au décès d'Anakin, les choses semblent plus simples... Encore que !

1. «*Il n'est pas nécessaire, pour qu'il y ait lieu de poursuivre l'auteur d'un crime ou d'un délit que les personnes lésées par ce crime ou ce délit soient désignées comme les propriétaires des choses soustraites; la loi ne considère que la mauvaise foi de celui qui s'approprie une chose qu'il sait ne pas lui appartenir.*» Cass., crim., 11 mars 1942 : *Bull. crim.*, n° 23 ; 5 juin 1956 : *ibid.*, n° 430 ; *D.*, 1956, p. 526 ; *JCP*, 1956, II, p. 9412; *S.*, 1956, p. 92; 27 avr. 1966 : *D.*, 1966, p. 489; Dans le même sens : «*L'art. 379 C. pén.* [311-1 nouveau] *n'exige nullement que les juges du fond précisent à qui appartient la chose soustraite, dès lors qu'il est constant qu'elle n'appartient pas au prévenu, mais est chose d'autrui.*» Cass., crim., 23 déc. 1963 : *Bull. crim.*, n° 376. Obi-Wan se rend donc coupable de vol, sauf à considérer qu'il agit ici comme représentant de la Force publique et que ce retrait constitue une peine complémentaire à la sanction exécutée (à savoir la perte de ses quatre membres, organiques ou artificiels).
2. Art. 2227 du Code civil : «*Le droit de propriété est imprescriptible.*»
3. Art. 2258 du même code : «*La prescription acquisitive est un moyen d'acquérir un bien ou un droit par l'effet de la possession sans que celui qui l'allègue soit obligé d'en rapporter un titre ou qu'on puisse lui opposer l'exception déduite de la mauvaise foi.*»

d'une part le bien est perdu, ce qui ne détruit pas le droit de propriété sur la chose, son propriétaire pouvant la revendiquer pendant 3 ans selon les dispositions du Code civil[1]. D'autre part, il faut regarder qui pourrait hériter du droit de propriété sur ce sabre laser. Il faut pour cela regarder qui sont les héritiers les plus proches. Selon le mode de calcul (le *comput*) du Code civil[2], le calcul se fait – en l'absence de conjoint survivant (Padmé étant bien prédécédée) – en fonction des ordres, chacun excluant les suivants :

- d'abord le premier ordre[3] qui est constitué des descendants (les enfants, les petits-enfants…), sans limite de degrés, c'est-à-dire ici de générations ;
- puis les ascendants et les collatéraux privilégiés (les pères et mères d'une part et les frères et sœurs de l'autre) ;
- puis les ascendants ordinaires (les grands-parents, les arrière-grands-parents…), sans limite de degrés et enfin les collatéraux ordinaires (oncles, tantes, cousins…) jusqu'à une certaine limite de degré, c'est-à-dire ici de générations entre le défunt et les héritiers, en remontant jusqu'à l'ancêtre commun.

La famille d'Anakin au moment de son décès est relativement restreinte : Luke et Leia sont ses descendants au 1er degré quand Shmi était son ascendante privilégiée (au 1er degré même si cela va sans dire). En tant que petit-fils d'Anakin, Ben Solo appartient également au premier ordre des héritiers, mais il se situe au 2e degré puisqu'il y a deux générations entre lui et son grand-père.

Leia et Luke auraient donc vocation à hériter d'Anakin[4], notamment du sabre laser. Sans précision d'un éventuel testament d'Anakin, ils se trouveraient en indivision sur lui, c'est-à-dire en possédant chacun la moitié. Leia considérant par la suite que le sabre appartient bien à son frère, ils semblent néanmoins s'être accordés sur le fait que le sabre revenait à Luke.

Or cet accord peut apparaître en contradiction avec la notion d'indignité successorale qui empêche une personne d'hériter lorsque celle-ci a blessé ou causé la mort du défunt. Il faut néanmoins,

1. Art. 2276, al. 2.
2. Art. 734*sqq*. du Code civil.
3. À ne pas confondre avec le Premier Ordre de Star Wars.
4. À condition qu'ils ne tombent pas sous le coup d'une indignité successorale, ce qui ne serait pas le cas en droit français puisqu'il n'a pas été condamné pour avoir tenté d'attenter à la vie de son père – condition requise pour être qualifié d'indigne (et donc inapte à succéder) par les articles 725 et 726 du Code civil.

pour pouvoir mettre en œuvre cette sanction, une condamnation pénale, critère qui fait défaut en l'espèce. Luke a donc pu devenir propriétaire du sabre de son père par l'effet de sa succession.

5. L'abandon du sabre laser –. Lorsque Rey ramène le sabre à Luke en exil sur la planète Ahch-To, celui-ci fait mine de le jeter, s'en dessaisissant. Il démontre ici ce que les juristes auraient pu qualifier d'abandon ou, anciennement, de «*déguerpissement*». En effet, par cet action, il matérialise l'acte d'abandonner le bien en question, c'est le *corpus*, et en signifie sa volonté, c'est l'*animus dereliquendi*. Les deux conditions juridiques de l'abandon étant constatées, le sabre devient alors, une «*res derelictae*», c'est-à-dire une chose abandonnée.

«*Le sabre de votre frère, un jour je le mériterai.*» dit Rey à Leia[1]. Et en effet, à la suite de cet abandon par Luke, elle mérite ce sabre laser. Puisque cette chose est considérée comme une chose sans maître, elle peut dès lors faire l'objet d'une occupation, c'est-à-dire d'une appropriation par tout individu qui manifesterait la volonté d'en devenir propriétaire et un acte matériel d'occupation. En s'en emparant et en l'utilisant, Rey devient bien propriétaire par occupation du sabre laser d'Anakin Skywalker.

Elle va, par la suite, suivre l'exemple de Luke puisqu'en enterrant le sabre à côté de celui de Leia, elle va manifester à la fois un acte matériel et une volonté d'abandon de ce bien.

6. Le destin du sabre laser –. Sous les sables de Tatooine, le destin du sabre d'Anakin Skywalker est caché. Il ne sera peut-être jamais retrouvé et sombrera dans l'oubli. Néanmoins, si d'aventure, quelques décennies plus tard, lorsque son existence aura disparu des mémoires, son ascendance perdue, quelque pillard Tusken ou quelqu'habitant de Naboo par exemple, creusant par-là par hasard, le découvrait, le droit français le considérerait juridiquement comme un trésor. Selon les règles qui régissent l'attribution de ce bien particulier, il appartiendrait, pour moitié, à celui qui l'a découvert (poétiquement qualifié «*d'inventeur*») et pour moitié au propriétaire du fonds sur lequel le bien avait été enterré[2].

---

1. *Ép. VIII.*
2. Art. 714 du Code civil. Pour un exposé plus général du régime juridique du trésor, v. not. notre contribution «Le trésor du Capitaine Kidd : Ceci n'est pas

II. LE CASQUE DE DARK VADOR, DE VADOR À KYLO REN

7. Retracer l'histoire du casque –. Bien éminemment particulier puisqu'attaché au corps de Dark Vador, prothèse lui permettant de survivre et lui donnant cette respiration si particulière, le casque de son armure fut brulé avec son corps sur la lune forestière d'Endor. Trente ans après, Ben Solo *alias* Kylo Ren partit le récupérer et lui voua un culte, le gardant sur son vaisseau, jusqu'à ce que Rey le détruise.

Lorsque le suprême leader Snoke déclare Kylo Ren «*fils des ténèbres, héritier présomptif de Lord Vader*»[1], fait-il également référence à la propriété de ce fameux casque que possède Ben Solo, légitimant les droits de son apprenti sur lui ? Ou cette possession est-elle illégale, puisque contraire à la loi (française à tout le moins, galactique peut-être) ?

8. Qualification du casque porté par Dark Vador –. Si, à l'instar du sabre laser d'Anakin Skywalker, le casque de Dark Vador peut être qualifié de bien meuble, il suit un régime particulier puisque constituant une prothèse lui permettant de survivre. Des règles protectrices lui seront applicables, par exemple celle qui déclare les prothèses insaisissables[2], même pour en payer le prix[3]. En effet, la prothèse sera considérée comme faisant partie intégrante du corps de la personne[4] et suivra donc son régime juridique, particulièrement protecteur, que traduisent les mots

---

un trésor», in Q. Le Pluard et M. Talbot (coord.), *Droit, mythes et légendes*, t. II, Mare & Martin, 2023, p. 281-286.

1. *Ép. VII.*
2. Art. L. 112-2 du Code des procédures civiles d'exécution.
3. «*Attendu que pour débouter Mme y... De ses prétentions, l'arrêt attaqué a retenu que l'article 592-2 du code de procédure civile autorisait la saisie des objets nécessaires aux handicapes pour paiement des sommes dues à leur fabricant ou vendeur;*
*Attendu qu'en se déterminant par un tel motif, alors que ce texte ne concerne pas les objets qui font **partie intégrante** de la **personne humaine**, la cour d'appel a, par fausse application, viole le texte susvisé;*» Cass., civ. 1re, 11 déc. 1985, n° 84-10.339, P. (par nous souligné) ; v. également, sur l'assimilation des prothèses à la personne : X. Labbée, «Le chien-prothèse», *D.*, 1999 (n° 23), p. 350.
4. [V. *infra*, la contribution de M. Q. Le Pluard, «Le transhumanisme, dans une galaxie lointaine, très lointaine : Aspects d'une bioéthique (inter-)galactique», NDC.]

d'inviolabilité, de respect, de non-patrimonialité. Cela est néanmoins vrai pour le temps où la prothèse est attachée au corps de la personne vivante, lorsqu'elle décède, cela est plus compliqué.

9. Qualification du casque attaché à la dépouille d'Anakin –. À son décès, cela a été vu[1], les biens du défunt sont transmis à ses héritiers, en priorité à ses descendants. Ressortant de cette catégorie (héritier du premier ordre au deuxième degré), Ben Solo aurait pu avoir vocation à recueillir certains des biens de son grand-père Anakin, il aurait néanmoins fallu qu'il existe au moment de son décès et qu'il ne soit pas exclu du fait de l'existence d'héritiers plus proches (en l'occurrence Luke et Leia, sa mère et son oncle, héritier du premier ordre au premier degré), soit que ceux-ci soient prédécédés, soient qu'ils renoncent à la succession – ce qui n'est pas le cas, Luke ayant recueilli le sabre laser d'Anakin. Ben n'aurait donc pas été désigné comme propriétaire du casque de Dark Vador, Luke et Leia l'auraient devancé.

Surtout, en ayant été conservé avec le corps consumé d'Anakin, le casque de son armure n'entre pas, de ce fait, dans son patrimoine transmis aux héritiers puisqu'il fait partie intégrante de la sépulture. De ce point de vue, il serait possible de se demander si, en récupérant le casque de Vador là où il reposait, Kylo Ren ne se rend pas de plus coupable du délit de profanation de sépulture. Définie dans le Code pénal, cette infraction se réalise lorsque l'auteur a l'intention de porter atteinte au respect dû au mort[2]. À tout le moins, Ben Solo ne serait pas considéré comme propriétaire du casque, seulement comme voleur[3] et, de ce fait, comme possesseur de mauvaise foi.

---

1. V. *supra*, § 4.
2. V. en ce sens, Cass., crim., 31 oct. 1889, *DP*, 1890, 1, p. 137 ; Cass., crim., 20 juin 1896 : *S.*, 1897, 1, p. 105, rapp. Larouverade, et note Lacointa ; *DP*, 1897, 1, p. 29. V. égal. CA Nancy, 16 mars 1967 : *D.*, 1971, Somm. 212.
3. « *On ne saurait considérer comme choses volontairement abandonnées, avec l'intention de les laisser au premier occupant, les bijoux et tous autres objets déposés dans les cercueils ou qui ornent les tombes* » (T. corr. Nantes, 12 oct. 1942 : *Gaz. Pal.*, 1942, II, p. 252). Il en de même des « *ossements rassemblés dans un caveau ou une crypte, lesquels sont des objets confiés à la garde des autorités administratives ou religieuses.* » (T. corr. Nice, 22 déc. 1952 : *D.*, 1953, p. 139). « *Ne sauraient être considérés comme choses volontairement abandonnées les bijoux et autres objets trouvés dans des caveaux, des cercueils, des fosses communes et des concessions non renouvelées ; en conséquence, les fossoyeurs qui s'approprient les objets trouvés par eux commettent le délit de vol par personne chargée d'une mission de service public* ». Cass., crim., 25 oct. 2000, n° 00-82.152,

10. Conclusion –. Si Rey est fondée à se revendiquer comme maître du sabre d'Anakin, il n'en va pas de même pour Kylo Ren s'agissant du casque. L'analyse juridique de la destinée des reliques d'Anakin Skywalker démontre en somme une certaine corrélation entre les règles juridiques françaises de droit des biens et de droit des successions et la distinction Sith ou Jedi. Ces quelques réflexions démontrent que même les univers de fiction ne peuvent faire l'économie de mécanismes juridiques qui sous-tendent la dévolution successorale[1]. Ainsi, il n'est pas étonnant d'apprendre l'existence d'un «tribunal des successions et des tutelles» dans l'univers de Star Wars, mentionné dans l'ouvrage *Dark Plagueis*[2]. C'est bien la preuve que, dans notre galaxie ou dans une autre lointaine, très lointaine, il y aura toujours besoin de juristes s'y connaissant en droit des biens et en droit des successions.

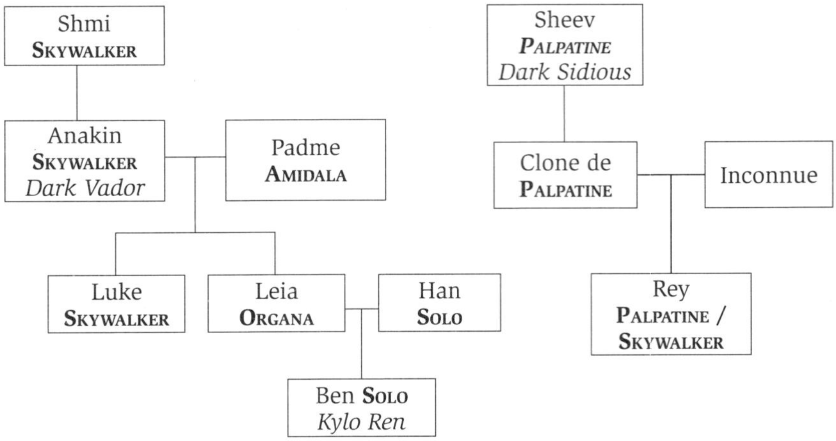

P. : *D.*, 2000, IR, p. 302; *ibid.*, 2001, p. 1052, note GARÉ; *JCP*, 2001, II, p. 10566, note MISTRETTA; *Dr penal*, 2001, comm. 18, obs. VÉRON.

1. Pour une recherche sur les mécanismes successoraux applicables dans le monde magique d'Harry Potter, V. Q. LE PLUARD, «La dévolution successorale de *la noble et très ancienne maison des Black* : Toujours purs?», in V. NDIOR et N. ROUSSEAUX (dir.), *Le droit dans la saga Harry Potter*, Enrick B. Éditions, coll. «Le meilleur du Droit», 2019, p. 199-208; pour ceux de droit des biens en vigueur dans la saga Pirates des Caraïbes, v. notre contribution, «"Éclairage du statut juridique du coffre de pirate par la saga *Pirates des Caraïbes*", in Q. LE PLUARD et M. TALBOT (coord.), *Du droit dans Disney*, Mare & Martin, coll. «Droit & cinéma», 2020, p. 245-260.

2. J. LUCENO, *Dark Plagueis*, Pocket, coll. «Star Wars, Légendes», 2012, p. 88. Nous remercions infiniment, notre ami Q. Le Pluard, de nous avoir indiqué ce passage de l'ouvrage.

3. « DE PALPATINE À REY SKYWALKER, DES ORIGINES À L'ADOPTION D'UNE NOUVELLE FAMILLE »

Marion TALBOT
Doctorante et ATER en droit privé et sciences criminelles
Université de Brest, Lab-*LEX* (UR 7480)

« *I'm Rey Skywalker.* »[1]

1. « *Il y a bien longtemps dans une galaxie lointaine, très lointaine…* » fut menée la Guerre civile galactique. La victoire finale de l'Alliance contre l'Empire lors de la bataille d'Endor contribua à la naissance de la nouvelle République. Trente ans plus tard cependant, un petit nombre d'irréductibles a survécu pour se regrouper dans les régions inconnues sous le nom de Premier Ordre. Leia Organa, héroïne de la première heure comprit l'importance de cette nouvelle menace et pressentit que le conflit était à nouveau inévitable. En créant une force de partisans, la Résistance, elle espéra mener cette nouvelle guerre à son terme[2]. Pour l'aider, elle fut accompagnée de fidèles mais aussi de nouveaux combattants comme Poe Dameron, Finn et Rey. Malgré le retour d'entre les morts de l'Empereur Palpatine avec son plan visant à transformer le Premier Ordre en Nouvel Empire, ils finiront par gagner cette bataille, celle qui devait décider du sort de la galaxie.

S'il s'agit d'une victoire collective, le rôle de Rey, héritière des Jedi ne fut pas des moindres puisqu'elle tua Dark Sidious, son

1. Rey, *ép. IX*.
2. P. Hidalgo, *Star Wars. L'ascension de Skywalker. Le Guide Visuel*, J. Bétan, A. Demoulin et L. Galliot (trad.), Hachette Livre, 2019, p. 14-15.

grand-père paternel. L'histoire ne la destinait pas à cet avenir. Née sur une planète inconnue, abandonnée sur Jakku, sa plus grande faiblesse résidait en son absence d'identité[1]. Sa rencontre avec BB-8 et Finn changea le cours de sa vie. Loin de réaliser qui elle est et ce qu'elle possède, Rey finit par comprendre que la Force a toujours fait partie d'elle. C'est ainsi qu'elle commença son étude des voies de la Force avec Luke puis avec Leia. En eux, elle trouva la sagesse de mentors pour la guider et la former. Pourtant, son affection pour les jumeaux Skywalker va bien au-delà d'une relation unissant un padawan à son maître. Elle voit en eux la famille qu'elle n'a pas vraiment eue.

2. Cette dernière trilogie de la saga Star Wars nous plonge ainsi dans une nouvelle ère, une nouvelle perturbation dans la Force mais elle met aussi un point final aux tribulations de la famille Skywalker. La liste de ses membres s'est étoffée et le dernier opus marque la puissance que peut revêtir la transmission d'un nom et plus généralement l'appartenance à une lignée dans la construction de chaque individu. Élément d'identification et d'individualisation, le nom permet de situer l'être humain en l'affiliant socialement à une communauté[2]. Il assiste l'individu dès les premiers moments, contribue à la construction de son «*sentiment d'identité*»[3], et constitue un élément de l'individu lui-même[4]. En ce qu'il est dit de famille, le nom est aussi une affaire de filiation et le plus souvent l'apanage de la parentalité.

3. Néanmoins, parce qu'elle est simplement dotée d'un prénom, Rey semble faire figure d'exception. Partagée entre la recherche de son identité et cette volonté d'appartenir à une nouvelle famille, lorsqu'elle apprend qu'elle est la descendante de l'Empereur, elle préfère finalement opter pour l'abandon de sa filiation d'origine pour s'approprier un nouveau nom. Biologiquement elle est une Palpatine (**I.**) pourtant, dans son âme et son cœur, elle s'est élevée comme une véritable Skywalker (**II.**).

---

1. Id., *Star Wars. Le réveil de la force. L'encyclopédie illustrée*, Ph. Touboul (trad.), Hachette Livre, 2015, p. 30-31.
2. A. Lefebvre-Teillard, *Le nom : droit et histoire*, Paris : PUF, coll. «Léviathan», 1990, p. 7; J.-Chr. Saint-Pau (dir.), *Droits de la personnalité*, LexisNexis, coll. «Traités», 2013, p. 471.
3. D. Gutmann, *Le sentiment d'identité : étude de droit des personnes et de la famille*, LGDJ, coll. «Bibliothèque de droit privé», 2000, 520 p.
4. Ph. Jestaz, «À propos du nom patronymique : diagnostic et pronostic», *RTD civ.*, 1989, p. 270-272.

I. LES ORIGINES D'UNE PALPATINE

4. L'état civil constitue «*le fil d'Ariane*»[1] de toute personne. Un moyen de relier à tout jamais le passé, le présent et l'avenir. Dès lors, lorsqu'une personne n'en possède pas, elle n'existe pas juridiquement pour l'État (**A.**) et sa famille (**B.**).

A. La quête d'un état civil

5. La naissance d'un enfant marque le commencement d'une nouvelle personne. Cet individu devant se faire connaître de l'État, il doit être procédé à une déclaration de naissance auprès du service de l'état civil concerné[2]. L'officier de l'état civil dressera ensuite l'acte de naissance de cette personne nouvellement apparue sur la scène juridique. Conformément à l'article 57 du Code civil, ce document doit comporter certaines mentions comme le prénom, le nom de famille ou encore si la filiation est établie, l'identité des parents[3]. S'agissant de Rey, deux problèmes se posent : tout d'abord, elle ne possède qu'un prénom. Ensuite, elle ignore tout de son lignage. Cela suppose-t-il que Rey ait été abandonnée à sa naissance et que ses parents aient décidé de ne pas la reconnaître? Une réponse négative s'impose. Rey a été placée sous la garde d'Unkar Plutt à l'âge de 7 ans et elle se souvient encore du décollage du *Bestoon Legacy*. Les difficultés s'accentuent au regard des règles de transmission du nom de famille. Puisque Rey l'ignore, nous pouvons supposer que c'est le nom de son père descendant direct de l'empereur Palpatine qui lui a été transmis. De ce constat, il faut en déduire que Rey est probablement née sous l'égide de l'ancienne législation[4] puisque la tradition consistait à attribuer systématiquement au nouveau-né le nom paternel. Une autre solution est malgré tout envisageable. Le

1. Cl. Neirinck, «Les caractères de l'état civil», in Ead (dir.), *L'état civil dans tous ses états*, LGDJ, coll. «Droit et société», 2008, p. 54.
2. Art. 55 et 56 du Code civil.
3. M. Bruggeman, «Le contenu de l'acte de naissance», in Cl. Neirinck (dir.), *op.cit.*, p. 113-123.
4. Sur les évolutions législatives en matière de nom de famille, v. J. Foyer, «Du nom patronymique au nom de famille, progrès ou régression», in *Une certaine idée du droit : Mélanges offerts à André Decocq*, LexisNexis, 2004, p. 241-255.

droit positif[1] consacrant désormais une certaine liberté et égalité[2], il est possible d'envisager que ses parents n'aient pas exprimé leur volonté dans une déclaration conjointe[3].

6. Néanmoins, si Rey a hérité du nom de famille de son père, comment peut-on justifier en droit français l'ignorance de son nom et par voie de conséquence de son état civil alors que justement ce dernier est vecteur de reconnaissance sociale[4] ? Au demeurant, l'article 1er de la loi du 6 fructidor an II impose à tous les citoyens de porter le nom apposé sur leur acte de naissance. Cependant, la situation particulière de Rey peut trouver une explication. Tout d'abord, il pourrait y avoir eu une perte ou une destruction fortuite de son acte de naissance[5]. Il est vrai, l'hypothèse peut sembler peu plausible, mais elle l'est beaucoup moins en temps de guerre[6]. Le contexte entourant les premières années de sa vie pourrait l'expliquer. Malgré la fondation officielle de la nouvelle République et la capitulation de l'Empire galactique, il ne s'agissait pas d'une réelle paix retrouvée mais seulement d'un armistice en attendant la construction du Premier Ordre. En réalité, il est aujourd'hui difficile de croire à cette supposition pour la simple raison que l'article 40 du Code civil dispose que pour prévenir tout risque de perte ou de destruction, les actes de l'état civil sont inscrits dans des registres tenus en deux exemplaires. De plus, un acte

---

1. Les règles d'attribution du nom de famille ont été modifiées par la loi 4 mars 2002. La mise en œuvre du nouveau système est apparue délicat, c'est pourquoi une loi du 18 juin 2003 est venue préciser que les nouvelles règles ne seraient applicables qu'après le 1er janvier 2005. V., loi n° 2002-304 du 4 mars 2002, relative au nom de famille, *JORF*, n° 54, du 5 mars 2002, p. 4159 ; loi n° 2003-516 du 18 juin 2003, relative à la dévolution du nom de famille, *JORF*, n° 140, du 19 juin 2003, p. 10240. Sur les difficultés d'application du nouveau système, v. J. Massip, *Le nom de famille*, Defrénois, 2005, p. 5-6.
2. Sur les inégalités en matière de transmission de famille antérieures à la loi 4 mars 2002, v. J.-Chr. Saint-Pau (dir.), *op. cit.*, p. 475.
3. L'article 311-21 du Code civil tel qu'il résultait de la loi du 4 mars 2002 prévoyait que le nom paternel était attribué à l'enfant dès lors que les parents n'avaient pas procéder à une déclaration conjointe mentionnant le choix du nom soit parce qu'ils ignoraient cette possibilité, soit parce qu'ils n'arrivaient pas à se mettre d'accord. L'article susvisé a finalement été complété par une loi du 17 mai 2013 laquelle prévoit désormais qu'en cas de désaccord, ce sont les deux noms parentaux accolés qui sont attribués à l'enfant. V, loi n° 2013-404 du 17 mai 2013, ouvrant le mariage aux couples de personnes de même sexe, *JORF*, n° 114, du 18 mai 2013, p. 8253.
4. A.-M. Leroyer, « La notion d'état des personnes » in *Ruptures, mouvements et continuité du droit : autour de Michelle Gobert*, Économica, 2004, p. 272.
5. M. Bruggeman, « Le rôle de l'état civil », in Cl. Neirinck (dir.), *op.cit.*, p. 26-27.
6. Cass., civ. 1re, 12 juill. 1960, n° 58-12.800.

peut être reconstitué par reproduction à partir du second registre existant en cas de disparition ou de destruction du premier[1]. Est également reconnue la faculté pour les officiers de l'état civil de recourir à des systèmes informatisés dès lors qu'ils sont assurés des conditions de sécurité[2]. Enfin, l'article 46 du Code civil prévoit qu'en cas d'absence ou de perte de l'acte dans les registres, la preuve pourra en être reçue tant par titres que par témoins[3]. Au vu de l'ensemble de ces précisions, il est improbable que l'acte de naissance de Rey ait été perdu voire détruit.

7. La seule explication revient finalement à la constatation de l'absence d'un acte de naissance. Sans état civil, la personne n'existe pas et ne peut être reconnue par l'État[4]. Elle doit alors être considérée comme une personne non identifiée, c'est-à-dire un individu n'ayant pas fait l'objet d'une déclaration à la naissance et pour lequel une incertitude demeure quant au lieu et la date de naissance[5]. En se dispensant de l'obligation qui pourtant leur était imposée[6] ses parents souhaitaient seulement la préserver de l'emprise obscure de son grand-père paternel.

B. Les droits d'un ascendant

8. Les éléments de l'état de la personne sont immuables[7]. Au cours de son existence, même si des nouveaux actes sont enregistrés et que cela entraîne des modifications, des rectifications ou encore des ajouts[8], l'état civil est présent pour graver dans le

1. T. civ. Seine, 31 oct. 1952 : *JCP G.*, 1953, II, p. 7367.
2. Art. 40, al. 2, du Code civil.
3. « [...] *Tous les faits de l'état civil mentionnés normalement dans les registres, peut-être, en cas de destruction, prouvée par titre, témoins ou présomptions graves, précises et concordantes* », CA Paris, 21 févr. 1938 : *DH*, 1939, somm. 13.
4. M. Bruggeman, « Le rôle de l'état civil », art. cit., p. 25.
5. S. Mirabail, « Une nouvelle catégorie de marginaux : les êtres humains non identifiés », *D.*, 1997, p. 431.
6. Art. 433-18-1 du Code pénal.
7. Sur l'importance de l'immutabilité, v. J. Rochfeld, *Les grandes notions du droit privé*, 2e éd., PUF, coll. « Thémis », 2013, p. 42-44.
8. L'immutabilité est cependant discutée. Parce que nombre d'éléments de l'état sont aujourd'hui modifiables, certains considèrent qu'il s'agirait davantage d'une « *mutabilité contrôlée* », voire « *relative* ». V. en ce sens, A. Etienney-De Sainte Marie, « Que reste-t-il du principe de l'indisponibilité de l'état des personnes ? » in *Mélanges en l'honneur du professeur Bernard Teyssié*, LexisNexis, 2019, p. 468 ; Fr. Viney, « Les dispositions relatives à l'état civil dans la loi de modernisation de la justice du xxie siècle », *AJ Famille*, 2016, p. 577.

marbre les nouvelles étapes de l'évolution du statut des individus. Face à cette impossibilité de faire disparaître ce qui a été transcrit, «*l'immutabilité* [demeure] *la gardienne de l'histoire juridique de la personne en interdisant que le présent fasse disparaître le passé*»[1]. La quête de Rey pour son identité et ses origines permet de comprendre que l'immutabilité est une réponse à la question que se pose tout être humain : «qui suis-je?»[2] Mais comment répondre à cette interrogation lorsque l'on ignore tout de soi? Alors qu'elle n'était qu'une enfant, Rey a été abandonnée par ses parents et placée sous la garde d'un tiers. En raison de l'ignorance du droit de son existence, aucune démarche n'a été faite pour lui venir en aide alors que tout un arsenal juridique existe en la matière. Par exemple, une procédure judiciaire de délaissement aurait pu être intentée à l'encontre de ses parents[3]. Il aurait également pu être envisagé de leur imposer une délégation de l'autorité parentale[4]. De plus, dans le cadre des différentes procédures qui y sont prévues et lorsque les circonstances l'exigent, le Code civil prévoit que l'autorité parentale peut être confiée au tiers[5] ayant recueilli l'enfant. Cependant force est de constater que le patron des ferrailleurs n'était pas le plus à même de prendre soin de la petite fille.

9. En s'abstenant d'offrir à leur fille une véritable identité, les parents de Rey cherchaient avant tout à la protéger. Le patronyme Palpatine au lourd passé est certes le nom de son père, mais il est aussi celui de son grand-père, Dark Sidious[6]. Lui transmettre ce nom aurait eu pour conséquence de permettre son identification au sein de cette famille mais surtout à un ascendant de revendiquer des droits sur sa petite-fille. S'il est vrai que les liens intergénérationnels contribuent à la formation de la personnalité d'un enfant et que celui-ci est en droit de construire des liens avec ses grands-parents, encore faut-il que cela soit dans son intérêt[7]. L'histoire ne nous le dit pas, mais il y a fort à parier que le sort

1. Cl. Neirinck, «Les caractères de l'état civil», art. cit., p. 51.
2. M. Lasbats, «Les grands-parents dans notre société», *AJ Famille*, 2008, p. 147.
3. Art. 381-1 et 381-2 du Code civil.
4. Art. 377*sq*. du même code.
5. En matière familiale, le recours à la notion de «tiers» renvoie «*à la personne qui n'est ni le père ni la mère de l'enfant et prend en charge celui-ci* [...].», D. Fenouillet, «Faut-il réformer le rôle des tiers en droit de la famille», *LPA*, 2010 (n° 39), p. 7.
6. Th. Garé, *Les grands-parents dans le droit de la famille*, Éditions du CNRS, 1989, p. 322.
7. Cass., civ. 1re, 18 janv. 2007, n° 06-11.357 : *RRJ*, 2007, p. 29, obs. F. Eudier.

de la galaxie aurait été complètement différent si l'Empereur avait eu connaissance de l'existence d'une descendance. Il aurait tout mis en œuvre pour la faire basculer du côté obscur de la Force, comme autrefois avec Anakin Skywalker. Néanmoins, une fois de plus, le droit aurait pu venir en aide aux parents de Rey. En ce sens, l'article 371-4 du Code civil reconnaît certes aux grands-parents un véritable droit d'entretenir des relations personnelles avec l'enfant, mais la loi se positionne davantage du côté de la descendance et édicte un droit de l'enfant[1]. Dès lors, l'exercice de ce droit sera refusé si l'intérêt de l'enfant n'est pas placé au premier plan. En raison du comportement passé de l'Empereur, nous pouvons affirmer sans trop de risque que l'instauration d'une relation entre Rey et celui-ci n'aurait pas été tolérée.

De même, la découverte de Rey sur ses origines, la fin de sa quête, ne permettra pas à son grand-père d'exercer une quelconque emprise sur elle : face à ses lourds secrets passés, elle a préféré briser ces liens nouvellement dévoilés et se tourner vers ceux qu'elle considère comme sa véritable famille, les Skywalker.

II. L'ASCENSION D'UNE NOUVELLE SKYWALKER

10. À défaut d'un lignage biologique, une autre institution artificielle permet à l'individu de se sentir intégrer, de s'élever socialement (A). Mais le droit est aussi fascinant par sa diversification et sa permissibilité. Il autorise parfois l'individu à emprunter un autre nom afin de dissimuler sa véritable identité (B).

A. L'adoption d'une nouvelle famille

11. En créant artificiellement une filiation, l'adoption permet à une personne étrangère de prendre place dans une nouvelle famille[2]. Couramment définie comme une institution destinée à offrir à un enfant des parents, l'adoption est également un moyen

1. A. Gouttenoire, « Le droit de l'enfant d'entretenir des relations personnelles avec ses grands-parents », *AJ Famille*, 2008, p. 138.
2. M.-P. Marmier, *L'adoption*, A. Colin, coll. « collection U. série sociologique », 1972, p. 18.

de perpétuer la transmission d'un nom, d'un patrimoine et pourquoi pas le culte des ancêtres[1]. En ce sens, les liens de Rey avec les Skywalker sont indéniables. Cette famille ne se résumant pas seulement à un nom, celle-ci doit être entendue largement et prendre en compte la totalité des membres la constituant. Il en est ainsi de Han Solo et de Leia Organa. Dès lors, puisque Rey voyait en Han le père qu'elle n'a pas réellement connu et comme sa relation avec Leia ne se résumait pas à constituer une simple source d'inspiration pour la jeune femme, la question d'une éventuelle adoption peut de prime abord se poser. L'adoption plénière étant fermée aux adoptés ayant atteint l'âge de la majorité[2], il ne s'agira dans ce cas que d'une adoption simple puisque celle-ci est permise sans condition d'âge s'agissant de l'adopté[3]. En outre, si l'histoire fait état de la célébration d'un mariage entre Han et Leia[4], *a contrario* nous ne pouvons être certains malgré la séparation du couple de la prononciation d'une séparation de corps ou encore d'un divorce. En ce cas, deux procédures sont envisageables : soit l'adoption en tant que couple marié[5], soit l'adoption par l'un des deux en tant que célibataire[6]. Toutefois, malgré l'apparence de conditions respectées, l'adoption ne justifie pas l'attribution de ce nouveau nom. Bien que l'article 363 al. 4 du Code civil autorise que le nom de l'adopté soit substitué par celui du ou des adoptants, la liberté parentale est en effet encadrée par les strictes limites du nom de famille déjà dévolu aux adoptants[7]. Han et Leia ne s'appelant pas Skywalker, ils ne peuvent transmettre ce nom à Rey.

12. En définitive, Luke est le dernier espoir permettant de trouver une justification plausible[8]. Conformément aux règles

---

1. *Ibid*, p. 29-30.
2. Art. 345 du Code civil.
3. Art. 360 du même code.
4. Ils se sont mariés trente ans avant la destruction de la base *Starkiller* par la Résistance v. en ce sens, P. Hidalgo, *Star Wars. L'ascension de Skywalker. Le Guide Visuel*, *op. cit.*, p. 9.
5. Art. 343 du Code civil.
6. Art. 343-1 du même code.
7. Sur la transmission du nom dans le cadre d'une adoption simple, v. A.-M. Leroyer, « L'identification de l'adopté simple : la question du nom », *Dr et patri.*, 2013, doss. n° 229, p. 50-55.
8. À sa naissance Luke ne pouvait pas se faire appeler Skywalker en raison de l'absence d'établissement d'une filiation paternelle et du mariage invalidé de ses parents. Seul le changement de nom par possession acquisitive lui aurait permis de se nommer ainsi et de substituer le nom dévolu par sa mère par celui de son père. En ce sens, v. M. Françoise, « *Star Wars* à l'épreuve du droit de la famille », in A. Ciaudo, Y. Lécuyer et A.-L. Mosbrucker (dir.), *Le droit contre-attaque : l'uni-*

susvisées, l'adoption de Rey par Luke aurait pu se faire uniquement en la forme simple. À nouveau cependant, les conditions du droit de la famille posent quelques complications. Les principales difficultés sont relatives d'une part à l'exigence du recueil de l'enfant au foyer de l'adoptant et d'autre part au décès de ce dernier. Autorisée par le Code civil, l'adoption à titre posthume[1] obéit aux mêmes exigences que celle faite du vivant du futur parent. Seulement, il existe quelques adaptations de la législation. Tout d'abord, par une lecture combinée des articles 353 al. 4 et 361 du Code civil il faut comprendre que l'adoption n'est possible que si le décès de l'adoptant est intervenu après avoir recueilli l'enfant[2]. Une certaine souplesse est néanmoins observée lorsque la procédure concerne un majeur puisque dans ce cas il suffira d'établir que le majeur a été accueilli au foyer de l'adoptant pendant sa minorité[3]. Ensuite, il faut que la requête en adoption ait été déposée par l'adoptant avant sa mort. Effectivement, lorsque le décès de l'adoptant intervient postérieurement au dépôt, le tribunal n'est pas dessaisi et doit se prononcer sur ladite mesure[4]. Dans le cas contraire, la procédure peut néanmoins aboutir dès lors que la requête est présentée en son nom par son conjoint ou l'un de ses héritiers. La jurisprudence considère à ce titre que l'enfant faisant l'objet de la mesure d'adoption n'est pas en droit de réintroduire une instance au nom de l'adoptant décédé[5]. Une question se pose malgré tout, comment procéder lorsque le candidat à l'adoption décède sans époux et successeurs ? Face au silence du Code civil, l'intérêt de l'enfant guide sans doute une réponse négative en faveur d'une poursuite de la procédure[6]. La mort de l'adoptant anéantit l'intérêt de l'enfant à faire partie d'une famille

---

vers Star Wars *au prisme du droit*, Presses universitaires de Franche-Comté, coll. « Droit, politique société », 2021, p. 177-178.

1. Sur les conditions et les effets de l'adoption à titre posthume, v. N. Baillon-Wirtz, *La famille et la mort*, Defrénois, coll. « Doctorat & Notariat », 2006, p. 103-115.

2. Cass., civ. 1re, 20 nov. 1990, n° 89-14.565 : *D.*, 1991, p. 230, note Bétant-Robet.

3. V. en ce sens, J.-F. Eschylle, « La fable successorale… Un adulte, adopté de fait alors qu'il était enfant, a-t-il des droits dans la succession de ses "parents nourriciers" décédés ? », *JCP N.*, 1995, I, p. 419.

4. Cass., civ. 1re, 11 juill. 2006, n° 04-10.839 : *AJ famille*, 2006, p. 373, obs. Chénedé ; *Dr fam.*, n° 205, 2006, note Murat ; *RJPF*, 2006 (n° 11), p 35, obs. Garé ; *RTD civ.*, 2006, p. 750, obs. Hauser.

5. CA Paris, 16 janv. 2003 : *RTD civ.* 2003, p. 280, obs. Hauser ; *AJ famille*, 2003, p. 143, obs. Bicheron.

6. « *Il est difficile d'imaginer que l'intérêt de l'enfant, dans le cas où l'adoptant ne laisse aucun héritier et par là même aucune famille, soit satisfait. Puisque l'intérêt de l'enfant est la cause de l'adoption, il n'existe donc, en cette hypothèse,*

désormais inexistante et constitue par voie de conséquence «*un obstacle absolu à l'établissement du lien de filiation*»[1]. Somme toute, Luke n'a pas pu adopter Rey et partant lui transmettre le nom de Skywalker. Si les deux protagonistes ont vécu quelques courts moments sur cette île au nord d'*Ahch-To*, Luke n'a pas réellement recueilli Rey[2]. Déjà majeure à cette époque, c'est elle qui est venue à lui pour mettre fin à son exil.

B. L'appropriation d'un nom

13. Lorsque Rey a eu connaissance de sa véritable identité, il est probable qu'un jugement supplétif soit intervenu pour établir son état civil. Dès lors, en vertu du principe d'immutabilité, une lourde tâche lui était dévolue, celle de vivre en portant le nom de famille de Palpatine. Fort heureusement, le législateur admet qu'une personne puisse changer de nom à la condition toutefois de justifier d'un intérêt légitime[3]. Ainsi en est-il par exemple en présence d'un nom déshonoré en raison de la condamnation de son titulaire pour des actes criminels particulièrement graves[4]. Une petite-fille se trouve donc en droit de demander un changement dès lors que le comportement justifiant la légitimité de l'intérêt provient de son grand-père. Seulement, la demande peut malgré tout être rejetée en considération du nom sollicité par le demandeur. Dans le cas de Rey, l'alternative de la procédure de changement de nom lui aurait permis de prendre uniquement celui de sa mère. Une fois de plus, nous sommes dans une impasse.

14. En réalité, la raison de ce changement de nom se trouve ailleurs. En dépit de sa rigidité, le droit n'est pas hostile à reconnaître

---

aucune raison suffisamment grave qui puisse légitimer de recourir à une fiction juridique.», N. Baillon-Wirtz, *op. cit.*, p. 107.

1. *Ibid.*

2. La condition du recueil de l'enfant au foyer de l'adoptant dans le cadre d'une adoption simple d'un majeur est critiquée par une partie de la doctrine. Certains considèrent que ce critère devrait être remplacé par un autre plus à même de correspondre à la situation. Il suffirait d'exiger de l'adoptant qu'il justifie d'un «*attachement affectif d'une certaine durée*» envers le futur adopté sans qu'il soit nécessaire que les deux aient vécu véritablement sous le même toit. V. A. Kimmel-Alcover, «Les détournements de l'adoption», in A. Fine et Cl. Neirinck (dir.), *Parents de sang, parents adoptifs : approches juridiques et anthropologies de l'adoption, France, Europe, USA, Canada*, LGDJ, coll. «Droit et société. Série anthropologique», 2000, p. 284.

3. Art. 61 du Code civil.

4. M. Schulz, «Changement de nom», *AJ famille*, 2009, p. 204.

des effets à la volonté de dissimuler son identité. La législation est permissive et assigne en effet dans certains cas et à l'égard de certaines personnes le droit de couvrir son identité d'un masque[1]. Agissant comme un déguisement, la dénomination d'une personne peut ainsi procéder de l'usage d'un pseudonyme[2]. Défini par la jurisprudence comme «*un nom fantaisie librement choisi par une personne pour masquer au public sa personnalité véritable dans l'exercice d'une activité particulière*»[3], il voile de mystère l'identité de son titulaire. Librement choisi par ce dernier, il pourra ainsi constituer un signe de sa véritable personnalité[4] dans l'exercice de sa profession dont le champ n'est pas cantonné à son caractère littéraire et artistique[5].

Le recours au pseudonyme obéit à certaines exigences que la personne qui s'en réclame titulaire doit respecter. En ce sens, il ne doit pas être un moyen de détourner la législation applicable en matière de dévolution du nom de famille. De même, un nom qui aurait été refusé dans le cadre d'une procédure de changement ne peut pas être choisi comme pseudonyme[6]. Également, il ne serait être question de causer un préjudice à autrui en usant d'un pseudonyme identique ou semblable à un nom de famille porté par des tiers[7]. En vérité, l'utilisation d'un nom déjà porté est autorisée mais cela ne doit en aucun cas permettre une confusion[8] ou une usurpation[9]. Enfin, même s'il est admis que le pseudonyme puisse figurer sur la carte nationale d'identité, il

1. M. Gobert, «Le nom ou la redécouverte d'un masque», *JCP*, 1980, I, p. 2966. *Contra*, considérant que «*la liberté en matière d'identification* [est] *un leurre.* [...] *La libéralisation du choix du nom et du prénom demeure de l'ordre du fantasme et la liberté que semble offrir le pseudonyme apparait au final comme un miroir aux alouettes*», M. Lamarche, «Identification par choix (nom, prénom, pseudonyme), *Dr et patri.*, 2013, doss. n° 229.
2. P. Neveu, «Le pseudonyme», *JCP*, 1961, I, p. 1662; J.-M. Leloup, «Le pseudonyme», *RTD civ.*, 1963, p. 449.
3. Cass., civ. 1re, 23 févr. 1965, *Bull. civ.* I, n° 148 : *D.*, 1965, p. 387; *JCP G*, 1965, II, p. 14255, note P. Neveu; *RTD civ.*, 1966, p. 67, obs. R. Nerson.
4. T. civ. Seine, 28 nov. 1927 : *Gaz. Pal.*, 1928, I, p. 14; CA Paris, 11 sept. 1996 : *D.*, 1996, *IR*, p. 249; *RTD civ.*, 1997, p. 96, obs. J. Hauser.
5. P. Neveu, *art. cit.*; M. Herzog-Evans, «Autonomie de la volonté et nom. Un plaidoyer», *RRJ*, 1997 (n° 1), p. 52.
6. Cass., crim., 16 févr. 2000, n° 99-82.182.
7. TGI Marseille, 9 févr. 1965 : *D.*, 1965, p. 270.
8. B. Teyssié, *Droit des personnes*, 19e éd., LexisNexis, coll. «Manuels», 2017, p. 272-273.
9. A. Marais, *Droit des personnes*, 3e éd., Dalloz, coll. «Cours Dalloz», 2018, p. 106.

ne s'agit que d'une tolérance de l'administration qui peut d'une part le refuser, et d'autre part il convient de rappeler qu'il est inopposable à l'autorité publique[1]. Le pseudonyme n'a de sens que dans les rapports privés car à l'égard de l'État et sous peine d'une condamnation pénale[2], l'obligation reste de porter le nom attribué dans l'état civil. S'agissant de Rey, il a été fait mention de plusieurs hypothèses comme une procédure d'adoption ou de changement de nom, mais l'histoire ne donne aucun indice en ce sens. Simplement, il faut considérer que l'utilisation du nom Skywalker constitue un pseudonyme. En raison de l'étroitesse de ces liens avec l'ensemble des membres de cette famille et de leurs disparations, il ne fait aucun doute qu'elle est en droit de l'utiliser sans que cela puisse porter un éventuel préjudice.

15. En définitive, pour l'État, Rey demeure une Palpatine mais en sa qualité de Jedi, elle est une nouvelle Skywalker. Victime de l'immutabilité de l'état civil, il lui est impossible de mettre en adéquation son identité juridique avec celle véritablement vécue[3]. Même si l'on s'interroge encore et toujours sur la vigueur de ce principe, il faut avouer que l'autonomie de la volonté individuelle a toujours ses limites.

---

1. J.-Chr. Saint-Pau (dir.), *op. cit.*, p. 499.
2. Art. 433-19 du Code pénal.
3. J. Rochfeld, art. cit., p. 42-44.

PARTIE 2

LE RETOUR DE LA FAMILLE SKYWALKER

La famille est une microsociété, elle créé des liens qui relient ses membres. Ensemble, ils forment un amas de pièce détachées que l'on va réunir, sous l'œil vigilant du droit, pour former un tout dont la valeur dépasse celle de ses seules composantes. Des choses leurs sont interdites (s'unir juridiquement par exemple) ; d'autres au contraires leurs sont rendues possibles ainsi. Espace d'amour réglementé dirait-on, donc.

Là encore, le patrimonial précède l'extrapatrimonial. D'abord, l'acquisition de pièce de *speeder* par le jeune Anakin Skywalker pour pouvoir courir la course de la *Boonta*, analysée par Mme Dorothée Guérin ; ensuite, la question de l'inceste dans la famille du jeune Skywalker tranchée par MM. Benoît le Dévédec et Simon Goodwin.

Retrouvons donc, la famille Skywalker, non plus pour des questions de dévolutions successorales ou patronymiques, mais pour des affaires de sexe et d'argent. Un bon résumé du domaine du droit privé finalement.

QLP

4. « UN ENFANT PEUT-IL ACQUÉRIR DES PIÈCES DÉTACHÉES POUR RÉPARER UN SPEEDER ET COURIR UNE COURSE ? »

Dorothée GUÉRIN
Maître de conférences HDR en droit privé
Université de Bretagne Occidentale, Lab-*LEX* (UR 7480)

Dans l'univers *Star Wars*, un *speeder* représente un véhicule atmosphérique rapide équipé d'une technologie annulant l'effet gravitationnel, appelée répulseurs antigravité. Plus que ses performances techniques, le *speeder* est le symbole de l'émancipation d'un garçon mineur âgé de neuf ans. C'est à la condition de pouvoir concourir la course de *podracer*, *La Boonta Eve de -32* et de la remporter que le très jeune Anakin Skywalker gagnera sa liberté et la permission de quitter le désert de Tatooine. Fils d'une esclave, le jeune Anakin Skywalker a bénéficié de plusieurs espaces de liberté pour réaliser son rêve.

D'une part, il eut la permission et l'ingéniosité de reconstruire un prototype à partir de pièces détachées d'engins endommagés. Pour réaliser cet exploit lui a été octroyé un prêt d'usage relatif aux matériels et outillages nécessaires à la réparation et confection de l'engin. Très probablement a-t-il été également amené à conclure d'autres transactions telles que des contrats d'échange ou d'achat de faible valeur pour devenir propriétaire des pièces détachées qu'il allait intégrer à la construction du *speeder* appartenant au maître de sa mère. D'autre part, Anakin Skywalker fut autorisé à concourir à un évènement sportif alors que son très jeune âge aurait dû l'en empêcher. Les organisateurs de la course lui ont permis de concourir avec des adversaires qui n'étaient ni de son âge ni de sa corpulence. Ces îlots d'autonomie représentent la première clef de toute son histoire, pour autant, ont-ils été réalisés conformément aux règles juridiques ?

Aurait-il bénéficié de la même autonomie dans la galaxie de notre planète bleue ? aurait-il pu se procurer des pièces détachées pour réparer un véhicule motorisé et le conduire pour participer à une course de vitesse contre des adultes ?

Les dispositifs à destination des mineurs émancipés ont principalement et de manière universelle – y compris dans l'univers Star Wars – deux objectifs : leur protection et leur éducation. La protection et l'éducation participent à leur apprentissage et leur permettent d'être en principe armés pour affronter les libertés mais aussi les obligations, devoirs, responsabilités de tout individu majeur et notamment d'un futur Jedi. La surprotection est cependant à combattre car elle nie qu'une bonne préparation à la majorité durant la minorité doit avoir pour objectif de limiter les risques liés à la bascule des 18 ans, d'où des dispositifs cherchant un équilibre entre besoin de protection et développement de l'autonomie. Outre la procédure de l'émancipation, ont été dénombrés de nombreux dispositifs juridiques leur accordant des parcelles d'autonomie, par le biais d'une partielle ou complète capacité décisionnelle ou grâce à l'assistance de leurs représentants légaux ou le contrôle de tiers[1]. La protection juridique assurée lors de leur minorité, les exclusions de la vie juridique ainsi que les îlots d'autonomie qui leur sont accordés peu à peu, l'accompagnement dont ils ont pu bénéficier, sont autant de mécanismes les protégeant et les préparant à l'autonomie et à leur majorité.

Plus précisément, les règles de la planète bleue distinguent deux hypothèses. Soit, la vulnérabilité des jeunes mineurs est présumée et les règles juridiques s'articulent autour de leur incapacité décisionnelle. L'autonomisation des jeunes mineurs passe alors le plus souvent, par des mécanismes de participation ou de contrôle permettant de prendre en compte leur parole. Soit la vulnérabilité des jeunes mineurs est écartée, leur est alors accordée

1. V. sur ces questions, D. Guérin (dir.), *Jeunesse et Droit par le prisme de la Vulnérabilité*, Lexis-Nexis, 2021, notamment J. Boisson, «De l'émancipation judiciaire du droit civil à la pré-majorité», in *Jeunesse et Droit par le prisme de la Vulnérabilité*, préc., p. 301 et svts ou J.-J. Lemouland, «Les dispositifs de contrôle en droit civil», in *Jeunesse et Droit par le prisme de la Vulnérabilité*, *préc.*, p. 175 et svts.

la reconnaissance d'une autonomie à décider pour eux-mêmes, partiellement ou totalement, celle-ci étant accompagnée de dispositifs permettant, le cas échéant, de les protéger. En l'espèce, la vulnérabilité du jeune Anakin Skywalker a été ici quelque peu occultée pour lui permettre d'accéder à une certaine autonomie.

Pour répondre par le prisme du droit positif français à la question du contour légal de l'autonomie qui a été accordée au jeune Anakin, nous reviendrons sur trois aspects : sa conformité aux droits fondamentaux (I.), aux droits des obligations (II.) et aux règles sportives (III.).

I. L'AUTONOMIE ET LA CAPACITÉ RÉSIDUELLE RECONNUES À TOUT INDIVIDU

D'origine grecque, le terme «autonomie» signifie le droit de se régir par ses propres lois et désigne le pouvoir de se déterminer soit même[1]. L'autonomie a été très étroitement liée voire conditionnée à la question de l'aptitude de la personne, elle-même attachée à celle de la capacité[2]. Seule une personne apte et capable dispose du pouvoir d'exercer ses droits. Une personne inapte est une personne qui bien qu'ayant la personnalité juridique n'a pas encore ou ne dispose plus des facultés physiques et intellectuelles lui permettant d'exprimer un consentement. Dans l'univers de Star Wars, comme dans l'Ancien Droit, il faut ajouter à cette catégorie les personnes esclaves. Une relation causale très forte s'est instaurée entre l'inaptitude et l'incapacité juridique, l'inaptitude de la personne entraînait son incapacité juridique et la disparition de toute autonomie. Le dogme de la protection par l'incapacité conduisait à sa limitation ou disparition. Une conception fondée sur les droits de la personne issue notamment des droits supra planétaires invite à un changement total de paradigme par une revalorisation de la volonté et de l'autonomie.

Le 20 novembre 1959, l'Assemblée générale des Nations Unies réalise le premier consensus international sur la nécessaire reconnaissance

1. G. Cornu (dir.), *Vocabulaire juridique*, PUF, coll. «Quadrige», 13e éd., 2020, v° «Autonomie», p. 105*sq*.
2. B. Moore, «Considérations terminologiques sur les notions d'aptitude et de capacité» in L. Langevin et Ch. Landheer-Cieslak (dir), *Mélanges en l'honneur d'Edith Deleury : La personne humaine, entre autonomie et vulnérabilité*, Ed. Yvon Blais, 2015, p. 389 et 394.

de droits fondamentaux à l'enfant à travers la Déclaration des droits de l'enfant[1] qui conduira, 30 ans après, à l'adoption de la Convention internationale relative aux droits de l'enfant du 20 novembre 1989[2]. L'enfant est reconnu comme un sujet de droit à protéger[3] mais aussi tel « un sujet de droit actif »[4] dont la volonté doit être questionnée et auquel sont reconnues des parcelles d'autonomie. Discret dans les premiers textes, l'impératif de reconnaissance d'une sphère d'autonomie est devenu peu à peu indispensable pour permettre un exercice effectif de leurs libertés et droits fondamentaux.

Les conventions, rapports nationaux et internationaux invitent à replacer au cœur des dispositifs le principe d'autonomie et notamment dans les plus petits actes du quotidien. Les actes de la vie courante représentent précisément une sphère d'autonomie octroyée aux mineurs non émancipés et un espace intangible de liberté permettant de préserver leurs droits les plus élémentaires. Dans la tendance actuelle du droit des incapacités où est préconisée la solution la plus compatible et favorable à l'autonomie de la personne, cette parcelle d'autonomie intangible que sont les actes de la vie courante est particulièrement intéressante. Elle contribue à prouver que cet îlot d'autonomie a toujours existé, qu'il a survécu aux restrictions posées et atteste de la réalité d'une autonomie juridique et d'une aptitude de fait[5] reconnue aux mineurs non émancipés. Ces actes représentent un espace particulier où a été maintenue « *une présomption de volonté autonome* »[6]. Les actes courants – tels qu'ils sont désormais dénommés par les articles 1148[7] et 1149[8] du Code civil – illustrent le main-

1. https://www.humanium.org/fr/normes/declaration-1959/. F. Dekeuwer-Défossez, *Les droits de l'enfant*, 10e éd., PUF, coll. « Que sais-je », 2018, p. 4.
2. https://www.humanium.org/fr/texte-integral-convention-internationale-relative-droits-enfant-1989. C. Lavallée, *La protection internationale des droits de l'enfant : entre idéalisme et pragmatisme*, Bruxelles, Bruylant, 2015, p. 19 et s.
3. M. Péron, G.A de Alemida, B. Graeff et D. Guérin, « L'enfant sujet des droits de l'homme : réflexions en droit français et en droit brésilen », *Revista de Estudos Constitucionais, Hermenêutica e Teoria do Direito*, 2019, n° 2.
4. Ph. Bonfils et A. Gouttenoire, *Droit des mineurs*, 2e éd., Dalloz, 2014, p. 27*sqq*.
5. D. Noguéro, « Vulnérabilité et Aptitude en France », in Travaux de l'Association Henri Capitant, *La Vulnérabilité*, Bruylant, 2020, p. 173*sqq*., spé. p. 181.
6. P. Bordais, *Essai d'une théorie générale de l'autodétermination de la personne humaine*, th. Bordeaux, 2019, n° 454.
7. « *Toute personne incapable de contracter peut néanmoins accomplir seule les actes courants autorisés par la loi ou l'usage, pourvu qu'ils soient conclus à des conditions normales.* »
8. « *Les actes courants accomplis par le mineur peuvent être annulés pour simple lésion. Toutefois, la nullité n'est pas encourue lorsque la lésion résulte d'un événement imprévisible.*

tien d'une autonomie juridique par la capacité résiduelle qu'ils accordent au mineur non émancipé.

Ils présentent un enjeu considérable en ce qu'ils délimitent le champ d'application réel de l'autonomie des personnes les plus fragiles et les plus protégées par un régime d'incapacité légale, de mesurer la portée de leur capacité résiduelle et de vérifier la conformité de notre dispositif aux impératifs du droit supranational. Il est délicat de prendre position et d'extrapoler les dispositifs juridiques de l'univers de Star Wars. Toutefois, bien que l'esclavagisme dénonce un non-respect flagrant des droits fondamentaux, les valeurs défendues et valorisées dans cet univers laissent à penser que les esclaves disposent également d'une parcelle d'autonomie intangible, à l'image de la mère d'Anakin qui dispose du pouvoir moral de laisser partir son enfant.

II. L'AUTONOMIE ET LA CAPACITÉ RÉSIDUELLE EN DROIT DES OBLIGATIONS

Le droit des obligations a conservé une approche dualiste entre l'incapacité des mineurs quel que soit leur âge et la capacité des majeurs. L'article 1146 du Code civil dispose que les mineurs non émancipés sont incapables de contracter. Ces incapables en raison de leur âge en droit français – et qui plus est, en raison de leur statut d'esclave, selon le droit applicable à Tatooine – ne peuvent en principe conclure des actes juridiques que par le biais de la représentation juridique confiée à leur représentant ou administrateur légal[1]. L'achat de pièces détachées d'un *speeder* ou d'une voiture de course peut ainsi de toute évidence être conclu par le maître de la représentante légale, la mère du jeune Anakin, ou encore par les représentants légaux ou l'administrateur légal de tout mineur non émancipé vivant sur Terre.

La simple déclaration de majorité faite par le mineur ne fait pas obstacle à l'annulation.
Le mineur ne peut se soustraire aux engagements qu'il a pris dans l'exercice de sa profession. »

1. Art. 388-1 du Code civil.

Cette incapacité juridique d'exercice s'appuie sur une présomption de vulnérabilité[1]. Leur âge présume d'une impossibilité à consentir valablement[2]. Les mineurs très jeunes ne sont pas doués de discernement et ne peuvent consentir, la théorie classique de l'acte juridique invitant d'ailleurs à qualifier les actes qu'ils seraient amenés à passer comme inexistants[3]. Toutefois les mineurs plus âgés vont progressivement, devenir aptes à exprimer leur volonté. Ils acquièrent peu à peu du discernement et détiennent indiscutablement l'aptitude à consentir bien avant leur majorité. Cependant, le principe de l'incapacité demeure pour tous les mineurs[4]. Exception à cette exclusion de la vie contractuelle, les actes courants autorisés par la loi et l'usage visés à l'article 1148 du Code civil précité peuvent être passés par un mineur seul. Certaines dispositions légales notamment en droit bancaire autorisent, à certaines conditions, les mineurs non émancipés à réaliser certaines opérations comme l'ouverture d'un livret d'épargne ou d'un compte bancaire. La question demeure entière concernant l'usage. L'usage autorise-t-il un mineur à conclure de petits achats et notamment, pour ce qui nous intéresse, l'achat de pièces détachées pour un véhicule motorisé ?

La référence à l'usage pour déterminer la capacité résiduelle des personnes incapables a été introduite par la loi n° 64-1230 du 14 décembre 1964 aux articles 389-3 et 450 du Code civil de la Planète bleue ; elle est toutefois beaucoup plus ancienne. En vertu d'une capacité naturelle, résiduelle et pour des raisons pratiques, il a de tout temps été admis que les mineurs réalisent seuls certains actes comme l'achat de produits alimentaires, de titres de transport, de places de cinéma, ces actes étant rattachés le plus souvent, dans le cadre de la trilogie des actes en matière patrimoniale, aux actes conservatoires ou d'administration.

---

1. X. Lagarde, « Avant-propos », in *Rapport annuel de la Cour de cassation*, 2009 (*Les personne vulnérables dans la jurisprudence de la Cour de cassation*), p. 59 ; G. Raoul-Cormeil, « La notion de personne vulnérable en droit civil », in J.-M. Larralde et M. Couturier (dir.), *Cahiers de la Recherche sur les Droit Fondamentaux*, vol. 18 (*Penser / Exposer la vulnérabilité*), 2020, p. 47-54.
2. G. Cornu, « L'âge civil », in *Mélanges Roubier*, t. II, 1961, p. 9 ; J.-P. Gridel, « L'âge et la capacité civile », D., 1998, p. 90.
3. Ce qui a pour effet de leur appliquer la sanction de la nullité absolue. Ph. Bonfils, A. Gouttenoire, *Droit des mineurs*, *op. cit.*, n° 964 ; Fr. Terré et D. Fenouillet, *Droit civil, Les personnes*, 8e. éd., Dalloz, 2012, n° 390.
4. G. Cornu, « L'âge civil », *loc. cit.* ; J.-P. Gridel, « L'âge et la capacité civile », art. cit. ; A. Cermolacce, « Les contrats des mineurs », *Dr Famille*, 2006, étude 27.

La notion d'usage évolue librement en fonction des besoins de la société et entraine une adaptation du droit. Elle renvoie au standard juridique de la conformité ou de la normalité en phase avec les mœurs d'une société et transcende la distinction patrimoniale et personnelle[1]. En conditionnant la reconnaissance des actes issus d'une capacité résiduelle autorisés par l'usage «*conclus à des conditions normales*», l'article 1148 confie la règle à l'appréciation du juge qui aura pour mission d'apprécier la normalité du comportement.

Au vu des textes depuis la réforme du droit des obligations issue de l'ordonnance du 16 février 2016 et l'analyse de la jurisprudence qui a permis d'affiner les conditions de normalité de l'acte, un mineur pourrait acquérir des pièces détachées d'un engin motorisé à certaines conditions. Il doit s'agir d'un acte conclu dans des conditions normales, de manière habituelle et utile au quotidien de la personne concernée, et proportionné aux revenus et habitudes de vie de son milieu familial du mineur ou encore du maître dans l'univers de *Star Wars*. Relevons que les juges sont sensibles aux risques qu'un tel achat entraîne sur la personne ou son patrimoine ainsi qu'à son aptitude à conduire ce type de véhicule[2].

L'acte réalisé par Anakin doit figurer parmi les actes utiles à son quotidien. Ce critère découle assez spontanément du fondement empirique de l'autonomie résiduelle. Une juridiction terrienne refuse de qualifier l'achat d'un scooter par un mineur de 17 ans et demi d'acte usuel dès lors que «*l'acquisition d'un scooter ou d'un véhicule excède cette notion d'actes de la vie courante*»[3]. Ce premier critère s'avère réducteur. Il élimine de nombreux actes conclus de manière plus épisodique, non couramment. En sont ainsi exclus les achats d'ordre exceptionnel, *a fortiori* comme l'achat d'un véhicule comme un *speeder*. À l'inverse, l'achat de sodas ou de *bantha bleu*, d'un téléphone[4], d'un vélo, d'un billet de bus ou d'une place sur un navire, de pièces de construction

1. V. *infra*, la jurisprudence sur les engins motorisés. Dans ces espèces, les actes courants ont des conséquences patrimoniales et/ou personnelles, cette distinction ayant en réalité peu ou pas impact sur leur qualification.
2. L'auteur, «La nouvelle capacité contractuelle des mineurs non émancipés», in *Jeunesse et Droit par le prisme de la vulnérabilité*, *op. cit.*, p. 235.
3. Caen, 15 oct 2015, n° 14/00044 : comm. G. Raoul-Cormeil, *JCP*, mars 2016, n° 306.
4. Amien, 8 juillet 2021, n° 19/06070 : *Dr famille*, 2022, p. 37, comm. D. Guérin.

ou de pièces détachées peuvent selon les habitudes de vie du mineur rejoindre cette catégorie. Le fait de se procurer des pièces de construction ou des pièces détachées participait utilement au quotidien du jeune Anakin qui avait pour mission de réparer entre autres, des droïdes.

La valeur des actes courants réalisés par un mineur non émancipé doit être proportionnelle au regard des revenus et habitudes de vie de son milieu familial ou encore de son maître. Adeline Goutenoire invite à ce que les actes soient appréciés au regard de la pratique familiale antérieure et du milieu social et économique du mineur[1]. Gilles Raoul-Cormeil propose une appréciation *in concreto* en replaçant le jeune dans son contexte familial au regard des limites posées par ses parents[2], l'acte devant être proportionnel à son patrimoine[3], en adéquation à ses habitudes de vie et celles de sa famille[4]. Dans un arrêt du 8 avril 2021, la Cour d'appel de Metz a été amenée à se prononcer sur un contrat de pension équestre conclu par une mineure non émancipée. Le litige portait sur le paiement des prestations liées au droit d'hébergement, d'accès aux installations sportives et plusieurs autres prestations destinées à son cheval. Les juges écartent la qualification d'actes courants et prononcent la nullité du contrat : «*le mineur est capable d'accomplir tous les actes de la vie courante dès lors que ceux-ci et les dépenses qu'ils génèrent, sont en rapport avec le train de vie de sa famille*»[5]. La convention ne peut s'analyser comme un acte courant au regard du train de vie de la famille à l'époque dès lors que la jeune fille ainsi que son père étaient sans emploi. Dans le cas qui nous intéresse, les montants payés ou la valeur des échanges réalisés seul par Anakin sont tout à fait proportionnels aux revenus du maître de sa mère, un esclavagiste bénéficiant de revenus confortables, à défaut d'être honorables.

---

1. A. Gouttenoire, «La capacité usuelle du mineur», in *Mélanges en l'honneur du professeur Jean Hauser*, Dalloz, 2012, p. 163-177.
2. G. Raoul-Cormeil, «L'achat d'un scooter n'est pas un acte de la vie courante», *JCP*, mars 2016, n° 306.
3. V. également sur cette question, S. Robinne, *Contribution à l'étude de la notion de revenus en droit privé*, Presses universitaires de Perpignan, 2003. L'auteur valorise le critère des revenus qui se renouvèlent et ne portent pas atteinte au patrimoine de l'incapable et qui mesurent l'impact de l'acte réalisé.
4. G. Raoul-Cormeil, in Th. Douville (dir), *La réforme du droit des contrats*, Gualino, 2016, p. 110.
5. Metz, 8 avril 2021, n° 19/00867.

La jurisprudence considère également que les actes usuels ne doivent pas exposer le mineur à des risques particuliers[1], la notion de risque étant appréciée au regard des conséquences dommageables physiques et patrimoniales que leur conclusion pourrait engendrer. Compte tenu des risques particuliers auxquels est exposé le mineur, la jurisprudence refuse de qualifier d'acte autorisé, tout achat d'automobile[2], de cyclomoteur[3] ou scooter[4] comme très certainement d'un *speeder*. Nous critiquons ce critère jurisprudentiel qui repose uniquement sur la volonté de protéger le mineur en niant l'apprentissage de l'autonomie qui augmente avec l'avancée en âge et engendre inévitablement et progressivement une prise de risque[5]. La conduite d'un scooter ou d'un *speeder* présente un danger tout comme l'utilisation des réseaux sociaux sur le net. Le maintien de la reconnaissance de l'autonomie à toute personne présentant une aptitude suffisante constitue une prise de risque qu'il faut désormais accepter. L'absence de risque ne peut – ou ne doit plus – être un critère de qualification si l'on veut pouvoir préparer le mineur à la majorité. Permettre à un mineur de gagner en compétence en construisant un premier engin motorisé avec pour finalité de courir une course représente de toute évidence une prise de risque qui ne devrait toutefois pas avoir d'incidence et restreindre son autonomie résiduelle contractuelle.

La jurisprudence prend également en considération le critère de l'aptitude physique et psychologique du mineur notamment dans le cadre des actes d'achat de véhicule automobile. Il est possible de citer un des tous premiers arrêts sur cette question : un arrêt de la deuxième chambre civile de la Cour de cassation en date du 4 novembre 1970 donne raison aux juges du fond d'avoir qualifié d'acte courant la location d'une voiture dès lors que le mineur était d'une part, titulaire d'un permis de conduire

---

1. A. Goutenoire, « La capacité usuelle du mineur », *loc. cit.* ; Cass, 1re civ., 9 mai 1972, *JCP*, 1972, JP, n° 871 ; Nancy, 4 juin 2009, n° 06/03236 : *Droit de la famille*, 2010, comm. 155, I. Maria ; Caen, 15 oct 2015, *loc. cit.*
2. À noter qu'elle adopte une position différente pour un contrat de location d'automobile, v. Cass., 1re civ., 4 nov. 1970, n° 69-12.788, *Bull. civ.*, II, n° 294 ; *D.*, 1971, p. 186.
3. Nancy, 4 juin 2009, *loc. cit.*
4. Caen, 15 oct. 2015, *loc. cit.*
5. D. Guérin, « La nouvelle capacité contractuelle des mineurs non émancipés », préc., p. 235 et svts.

et porteur d'une somme suffisante pour le dépôt de garantie[1]. Il est ici clairement fait référence à l'aptitude intellectuelle du mineur ainsi qu'à sa capacité financière. Plus récemment, la première chambre civile de la Cour de cassation dans un arrêt du 26 septembre 2012 dont l'intérêt principal concernait la confirmation de l'acte nul, s'appuie *a contrario* sur l'absence du permis de conduire pour justifier la nullité de l'achat[2]. Bien que nous ne soyons pas favorable à ce dernier indice, il faut reconnaître qu'il constituerait un élément d'appréciation favorable à l'autonomie du jeune Anakin.

III. L'AUTONOMIE ET LES RÈGLES SPORTIVES

Le sport représente de toute évidence une sphère d'activité et d'apprentissage des mineurs non émancipés. Ses bienfaits physiques, psychologiques et pédagogiques pour les mineurs sont unanimement reconnus sur notre planète ou dans l'univers de Star Wars. Les mineurs dès leur plus jeune âge sont incités à pratiquer une activité sportive. Par conséquent, il existe de nombreuses dérogations accordant de l'autonomie à ce public dans le cadre sportif. Leurs conditions physiques et mentales sont ainsi valorisées et recherchées. Les dispositifs encadrent leurs activités sportives afin de les préserver des excès. Toutefois, de nombreuses compétitions et notamment diverses courses de véhicules motorisés sont ouvertes à des mineurs non émancipés à la condition qu'ils aient l'autorisation de leurs représentants légaux ou de leur administrateur légal. Le maître du jeune Anakin l'a de toute évidence autorisé à concourir d'autant plus que les enjeux financiers étaient attrayants.

La particularité de la situation d'Anakin dans la participation de cette course soulève cependant une réserve importante dans l'univers de notre galaxie. Si les mineurs peuvent et sont même largement incités à défendre les couleurs de leur patrie ou peuple, le règlement du Comité interplanétaire des sports automobiles contraint les sportifs à se confronter exclusivement à des

1. Cass., civ. 2e, 4 nov. 1970, *loc. cit.*
2. Cass., civ. 1re, 26 sept. 2012, n° 11-20.429 : *Contrats Concurrence Consommation*, déc. 2012, comm. 271, obs. L. Leveneur.

concurrents de même catégorie. Anakin Skywalker n'aurait ainsi jamais pu, selon le règlement des jeux olympiques de la Planète bleue, concourir à cette course.

Les actes préparatoires à la course réalisés seul par le jeune Anakin Skywalker sont conformes au respect de la capacité résiduelle valorisée par les droits fondamentaux et autorisés par le droit des obligations de la Planète bleue. À l'inverse, le fait de concourir une course dans une autre catégorie que la sienne semble contraire aux conventions sportives universellement reconnues. Sans cette course, jamais il n'aurait pu s'émanciper de son statut et gagner sa liberté, ni devenir un jeune chevalier Jedi ni le Sith Dark Vador. Cette entorse au règlement des jeux nous a offert une belle saga ainsi qu'une belle aventure scientifique.

5. « L'INCESTE DANS LA FAMILLE SKYWALKER »

Benoît LE DÉVÉDEC
Doctorant, Université Paris-Panthéon-Assas
ATER, Université de Lille

&

Simon GOODWIN
Doctorant, Université de Bourgogne
Membre de la 501e Légion

« L'attachement est prohibé. La possession est prohibée. La compassion qui est à l'amour à la fois inconditionnel et infini est l'un des fondements de la vie du Jedi. On pourrait dire qu'on nous encourage à aimer. »[1]

1. Le nom de Skywalker résonne dans toute la galaxie. Il est celui d'une des familles les plus connues – sinon la plus connue – des soixante-dix dernières années. Des incidents de Naboo sous la République, qui ont abouti à la Guerre des clones, jusqu'à la Bataille d'Exegol mettant un terme à l'expansion du Premier Ordre, au moins un Skywalker est partie prenante de chaque grand événement ayant façonné l'histoire politique, militaire et religieuse récente. Bien que relativement peu nombreux, les membres de cette famille, par lignage ou par alliance, ont ainsi eu de multiples fonctions, comme celles de reine, princesse, sénatrice, membre du conseil Jedi, refondateur de cet Ordre, seigneur Sith, général dans plusieurs armées ou encore suprême leader du Premier Ordre. Par l'adoption, il est même possible d'affilier indirectement à cette famille un sénateur, ainsi qu'un seigneur noir des Sith, dernier chancelier suprême de la République galactique, devenu

1. Anakin Skywalker, *Ép. II*.

empereur. Mais il ne faut pas oublier que certains ont connu des statuts et des fonctions moins prestigieux, notamment deux esclaves affranchis, au moins quatre fermiers et même un contrebandier. Comme toutes les familles, l'ascension des Skywalker se conjugue avec parfaite banalité. Et il est une chose assez banale qui se retrouve dans nombre d'entre elles : l'inceste.

2. La première manifestation d'une relation incestueuse chez les Skywalker se déroule sur la première Étoile Noire, en 0 av. BY, lorsque la princesse et générale Leia Organa embrasse, «*pour la chance*», Luke Skywalker, qu'elle ne savait pas encore être son frère jumeau. En 3 ap. BY, elle réitère l'expérience sur la planète Hoth, cette fois-ci devant Han Solo et Chewbaka. Ces événements, couplés avec la proximité de la fratrie qui s'ignore, iront jusqu'à faire douter Han Solo de la nature des relations entre le Jedi et la princesse. «*Non, ce n'est pas du tout ce que vous croyez : c'est mon frère*» : l'affaire semble réglée. Pour autant, qu'en dit le droit?

3. L'inceste n'est pas défini dans le Code civil galactique et, en tout état de cause, ce cas d'espèce n'intéresse pas les empêchements au mariage, au PACS ou à la filiation qui découlent sans le nommer de cet interdit universel. Le Code pénal galactique n'a cependant pas cette pudeur. C'est en effet par la loi n° 2010-121 tendant à inscrire l'inceste commis sur les mineurs dans le Code pénal galactique et à améliorer la détection et la prise en charge des victimes d'actes incestueux que ce code a intégré pour la première fois dans sa lettre le tabou de l'inceste. Cette dernière prévoyait que les viols et les agressions sexuelles autres que le viol et les atteintes sexuelles sur mineurs étaient «*qualifiés d'incestueux lorsqu'ils sont commis au sein de la famille sur la personne d'un mineur par un ascendant, un frère, une sœur ou par toute autre personne, y compris s'il s'agit d'un concubin d'un membre de la famille, ayant sur la victime une autorité de droit ou de fait*». Reprochant au rédacteur de la loi son manque de précision, notamment l'absence de définition de la famille et de ses limites, le Conseil des sages de Coruscant a abrogé ses dispositions par deux décisions QPC (n° 2011-163 et n° 2011-222). En réponse, et en moins de 5 ans, trois lois se sont succédé, telle une attaque de clones, pour dessiner l'actuelle définition de l'inceste.

4. C'est la loi n° 2016-297 relative à la protection de l'enfant qui a fait réapparaître l'inceste dans le Code pénal galactique.

Limitant toujours l'inceste aux seules victimes mineures, et sans avoir recours à la notion de famille, délicate à définir et à délimiter, le Sénat galactique fera le choix, plus simple, de lister les différentes personnes concernées par la qualification d'inceste. La loi n° 2018-703 renforçant la lutte contre les violences sexuelles et sexistes a étendu la qualification d'inceste aux victimes majeures, et la loi n° 2021-478 visant à protéger les mineurs des crimes et délits sexuels et de l'inceste a quant à elle augmenté le nombre de personnes concernées par la surqualification.

5. En effet, la République ne reconnaît pas l'inceste comme une infraction autonome, mais comme une simple surqualification des viols, des agressions sexuelles autres que le viol, qu'ils soient commis sur majeurs ou sur mineurs, et des délits d'atteintes sexuelles sur mineurs. L'inceste est également, depuis peu, un élément constitutif de deux nouvelles infractions prévues aux articles 222-23-2 et 222-29-3 du Code pénal galactique : le viol incestueux sur mineur et l'agression sexuelle incestueuse autre que le viol sur mineur. Selon les articles 222-22-3 et 227-27-2-1 de ce même code, pour être surqualifiées ou constituées, ces infractions doivent avoir été commises par un ascendant, un frère, une sœur, un oncle, une tante, un grand-oncle, une grand-tante, un neveu ou une nièce. Elles peuvent également avoir été commises par le conjoint, le concubin ou le partenaire d'un pacte civil de solidarité d'un de ces membres de la famille, s'il a sur la victime une autorité de droit ou de fait[1]. Autrement dit, le droit pénal ne reconnait l'inceste qu'à condition qu'une des infractions citées ait été commise. Il n'y a dès lors pas d'inceste réprimable si la relation sexuelle en question concerne deux mineurs ou concerne deux majeurs, sauf s'il est prouvé le recours à la violence, la contrainte, la menace ou la surprise.

6. Les baisers de la première fratrie Skywalker ne peuvent donc être qualifiés d'incestueux que s'ils surqualifient une atteinte sexuelle sur mineur, un viol, une agression sexuelle autre que le viol, ou s'ils sont constitutifs d'un viol incestueux sur mineur ou d'une agression sexuelle incestueuse autre que le viol sur mineur.

1. Lorsque l'inceste est un élément constitutif de l'infraction, la nécessité d'avoir une autorité de droit ou de fait sur la victime, qui ne peut être que mineure, s'applique à toutes les personnes mentionnées et pas seulement à leurs conjoints, concubins ou partenaires, à l'exception de l'ascendant pour qui une telle autorité n'est pas requise.

Qu'il s'agisse du baiser de la base militaire de l'Empire ou de celui de la base militaire de la Rébellion, ces deux atteintes sexuelles ont été commises alors que les jumeaux avaient tous les deux plus de 18 ans, âge de la majorité en application de l'article 488 du Code civil galactique[1]. Il faut donc exclure les infractions ne s'appliquant qu'aux victimes mineures. S'agissant de baisers, et en l'absence de pénétration sexuelle ou d'acte bucco-génital, il faut également exclure le crime de viol. Reste donc le délit d'agression sexuelle autre que le viol, nécessitant une atteinte sexuelle et l'usage de violence, contrainte, menace ou de surprise. En l'espèce, un baiser est bel et bien constitutif d'une atteinte sexuelle[2], et dans les deux situations, la princesse Leia Organa a embrassé de force son frère jumeau, sans qu'il ait la possibilité ni de consentir, ni de ne pas consentir. Qu'importe l'image romantique véhiculée à son endroit, un «*baiser volé*» n'est ni plus ni moins qu'une agression sexuelle autre que le viol, au sens de l'article 222-27 du Code pénal galactique. Si le futur Jedi était tout à fait satisfait, après coup, d'avoir été embrassé par une princesse, reste que le consentement de la victime est sans incidence en droit pénal, y compris en matière d'agression sexuelle. L'absence de consentement de la victime n'est, selon la lettre du Code pénal galactique, ni un élément constitutif, ni même une condition préalable à l'infraction. Seul compte le comportement de l'auteur, et ici, il y a bien usage de violence et/ou de contrainte physiques.

7. Malgré tout, et cela a été dit, la fratrie n'avait pas connaissance de son lien de parenté. Dès lors, et selon une conception subjective difficilement contestable, il n'apparaît pas possible de faire peser sur Leia Organa la surqualification d'inceste qu'elle ignorait au moment des faits. En outre, s'il semble peu probable que le procureur de la Nouvelle République galactique territorialement compétent se saisisse d'une telle affaire, en vertu du principe d'opportunité des poursuites prévu à l'article 40 du Code de procédure pénale galactique, les faits sont, en tout état de cause, prescrits depuis plus de 25 ans[3].

8. La deuxième manifestation d'une relation incestueuse chez les Skywalker se déroule quant à elle à la suite de la bataille

---

1. Les jumeaux étant nés en 19 av BY, par définition le même jour.
2. B. Le Dévédec, «Que reste-t-il de l'atteinte sexuelle?», *Droit pénal*, 2021 (n° 11), p. 12-.14
3. Plus précisément depuis 26 ans, au jour de la bataille d'Exegol.

d'Exegol, en 35 ap. BY, lorsque Rey Palpatine et Ben Solo s'embrassent. Les deux protagonistes ont, au moment des faits, respectivement 20 et 30 ans[1], ils sont donc majeurs, et rien ne laisse entrevoir l'usage de violence, contrainte, menace ou surprise par Rey Palpatine, visiblement à l'origine de ce baiser parfaitement consenti par ailleurs[2]. Le droit pénal ne s'intéresse donc pas à cette situation. Il aurait pu en être différemment du droit civil si les deux parties de la dyade de la Force avaient concrétisé plus encore leur union, dans l'hypothèse bien sûr où Ben Solo ne se serait pas sacrifié (sacrifice qui permit le retour de la Jedi, réveillée par la Force). Il s'agit donc d'une réflexion fondée sur la fiction, mais c'est la voie (de la doctrine).

9. Comme évoqué plus avant, le Code civil galactique prévoit trois empêchements, au mariage, au PACS et à la reconnaissance de la filiation, en lien avec l'inceste et ce, sans en prononcer le nom. Ainsi, les articles 161 et suivants de ce code prohibent de manière nette le mariage entre ascendants et descendants, entre alliés dans la même ligne, entre membres d'une même fratrie ainsi qu'entre oncle ou tante et nièce ou neveu. Dans ce dernier cas, ainsi que dans celui des alliés en ligne directe lorsque la personne qui a créé l'alliance est décédée, l'article 164 du même code permet au chancelier suprême de lever la prohibition. On parle d'inceste relatif, par opposition à l'inceste absolu qui désigne les unions dont la prohibition ne peut faire l'objet d'une dispense. Les mêmes interdits ont été repris par la loi n° 99-944 relative au pacte civil de solidarité à l'article 515-2 du Code civil galactique, sans pour autant prévoir de possibilités de dispense. Les prohibitions au mariage sont également applicables en cas d'adoption en vertu des articles 356 et 366 du même code. Pour les adoptions plénières, elles confèrent à l'adopté une filiation qui se substitue à sa filiation d'origine, de telle sorte que les interdits s'appliquent au sein de sa nouvelle famille comme s'il était un enfant biologique. À l'égard de sa famille d'origine, s'il perd tout lien de filiation, les prohibitions aux mariages qui viennent d'être vues subsistent. S'agissant des adoptions simples, le mariage est prohibé entre l'adoptant, l'adopté et ses descendants, entre l'adopté et le conjoint de l'adoptant, entre l'adoptant et le conjoint de l'adopté, entre les enfants adoptifs du même individu,

1. Ben Solo étant né en 5 ap. BY et Rey Palpatine en 15 ap. BY.
2. Même si, cela a été vu, cet élément ne change rien à la constitution d'une agression sexuelle avec contact physique.

ainsi qu'entre l'adopté et les enfants de l'adoptant. Il n'est en revanche prévu aucun empêchement au PACS en cas d'adoption, ce qui peut laisser quelque peu dubitatif.

10. Enfin, et si malgré l'interdiction d'union qui s'oppose aux couples incestueux, leur relation a eu pour fruit la naissance d'un enfant, alors le registre d'état civil mentionnera la filiation à l'égard d'un des deux parents, à l'exclusion de l'autre. Ce dernier sera alors légalement son frère, sa sœur, son oncle, sa tante, son grand-père ou sa grand-mère, alors qu'il sera aussi biologiquement son père ou sa mère. En pratique, le premier parent qui revendique la filiation en exclura l'autre. L'article 310-2 du Code civil galactique qui pose cet empêchement ne s'applique qu'aux incestes absolus ainsi qu'aux incestes d'alliés dans la même ligne, mais pas aux incestes relatifs que sont ceux entre oncle ou tante et neveu ou nièce. Il ne s'applique pas davantage aux adoptions simples, et son application aux adoptions plénières est loin d'être évidente.

11. En l'espèce, si Ben Solo avait survécu, la dyade aurait-elle pu s'unir ? Rien n'est moins sûr ! *A priori*, le maître des chevaliers de Ren n'a pas de lien de sang avec Rey Palpatine, mais cette dernière prendra par la suite le nom de Skywalker, ce qui interroge sur une éventuelle adoption par des membres de la famille de Ben Solo, que sont Luke et Leia Skywalker[1]. La petite fille du seigneur noir des Sith serait alors la cousine et la sœur adoptive de Ben Solo, et c'est précisément ce dernier lien adelphique qui interdit tout mariage. Cependant, il semble qu'aucun empêchement n'existe entre frère et sœurs adoptifs en matière de PACS. Dans le même ordre d'idée, il n'apparaît aucun empêchement à la reconnaissance de la double filiation du fruit d'un inceste en raison des liens adoptifs, même si un doute persiste lorsqu'il s'agit d'une adoption plénière. Mais en réalité, il semble que cette menace ne soit que fantôme, et pour cause.

12. Ce qui justifie les doutes sur de possibles empêchements au mariage et à la filiation de la dyade, c'est l'adoption de Rey Palpatine par Luke et Leia Skywalker. Or, outre le fait que cette adoption est posthume, la rendant vraisemblablement impossible, elle enfreint elle-même l'empêchement légal à la reconnaissance

1. V. *supra* la contribution de Mme M. Talbot, « De Palpatine à Rey Skywalker, des origines à l'adoption d'une nouvelle famille ».

d'une double filiation, et qui constitue la troisième et dernière manifestation d'une relation incestueuse chez les Skywalker. En effet, l'article 310-2, en ce qu'il interdit la double filiation «*par quelque moyen que ce soit*», s'applique évidemment à la filiation classique, biologique, mais s'applique également à la filiation par adoption, qu'elle soit plénière, ou simple. Ainsi, Rey Palpatine ne peut être adoptée à la fois par Luke et par Leia Skywalker. Si toutefois elle devait être adoptée par l'un des deux derniers Jedi, il faudrait qu'elle soit adoptée par Luke. Cela constituerait un nouvel espoir lui permettant d'échapper aux empêchements qui découlent du lien adelphique qui l'unirait à Ben Solo en cas d'adoption par Leia.

PARTIE 3

ATTAQUES ET CONTRE-ATTAQUES

« Q*uand on l'attaque, l'Empire contre-attaque*». Y a-t-il besoin d'en dire davantage que ces quelques mots du centurion Caïus Céplus dans *Asterix et Obélix mission Cléopatre* pour comprendre les mécanismes d'actions et de réactions en jeu dans la saga? «*Action... Réaction!*», pour citer un autre film[1]. De la vengeance à la compensation, en passant par la loi du Talion, le droit aussi est un ensemble de réactions qui doivent, aujourd'hui, être proportionnées, et non plus démesurées.

«*La fin justifie les moyens*» dit-on pourtant, invoquant l'autorité de Machiavel; or c'est de moyens dont il est question dans les deux contributions qui vont suivre. Du moyen de commettre une infraction tout d'abord, en utilisant la Force, étudié par Mme Mathilde Roubaud; du moyen de dissoudre l'Ordre Jedi ensuite, par M. Thomas Gaschard. Là encore, l'action et la réaction en un sens.

QLP

1. Chr. Barratier (réal.), *Les Choristes*, 2004.

6. « USAGE DE LA FORCE ET DROIT PÉNAL »

Mathilde ROUBAUD
Diplômée du Master 2 Droit pénal
et sciences criminelles – Droit pénal fondamental
Université de Montpellier

« C'est un champ d'énergie créé par tous les êtres vivants.
Elle nous entoure et nous pénètre.
C'est ce qui lie la galaxie en un tout uni. »[1]

1. Une notion lointaine, dans une galaxie très lointaine –. Malgré les nombreuses tentatives de la part des Jedi pour la définir, la Force reste un concept complexe à saisir de prime abord. Dans Star Wars, elle crée et maintient la vie comme elle permet de conserver le « tout galactique » uni. C'est une énergie présente partout, chez tous les individus, irriguant l'univers. Mais elle ne se contente pas d'exister simplement et d'agir sur des êtres qui demeurent passifs. Une minorité d'individus y sont particulièrement sensibles et sont capables de la maîtriser afin de l'exploiter et d'en obtenir de nombreux avantages. Avec une appellation claire, *The Force* en version originale, elle permet de prolonger et de décupler la puissance de celui qui l'emploie. En raison de cet usage, elle devient l'instrument privilégié de stratégie, de combat et de défense des Jedi ou des Sith. En fonction du rapport qu'ils entretiennent avec cette énergie, ils pencheront du côté lumineux ou obscur.

2. Plan stratégique d'attaque –. Faute d'une présence prégnante de la Force dans le coin de notre galaxie où le Code pénal s'applique, la répression de son usage doit être réfléchie et adaptée. Il s'agit de comprendre comment le droit pénal peut appréhender un phénomène inédit et des pouvoirs inhabituels. L'usage de la Force

1. Ben Kenobi, *ép. IV.*

peut être parfaitement anodin et inoffensif[1] mais, parfois, les actes commis par ce biais interrogent quant à leur licéité[2]. Cependant, leur traduction pénale se révélera peut-être délicate en raison des particularités qui sont inhérentes à Star Wars. Quand pénaliser un tel recours ? Quel degré de gravité faut-il lui accorder ? Comment considérer l'inégalité entre ceux qui y sont sensibles et ceux qui y résistent ? Qu'en est-il de la supériorité de ceux qui en ont la maîtrise par rapport à la majorité de ceux qui la subissent et leur vulnérabilité à cet égard ? En somme, comment obtenir une réponse pénale cohérente face à des éléments inconnus des juges et non envisagés par le législateur ?

Cela mènera en définitive à se demander si les concepts et mécanismes juridiques préexistants à la Force suffisent pour garantir une réponse pénale. L'étude sera permise par l'analyse des deux manifestations les plus présentes du recours à la Force dans Star Wars, la manipulation de la matière (**I.**) et la manipulation de l'esprit (**II.**).

I. LA MANIPULATION DE LA MATIÈRE PAR L'USAGE DE LA FORCE

3. La notion de « matière » renvoie à la matière artificielle ainsi qu'à la matière biologique. Il s'agit de réfléchir à la façon dont les pouvoirs de la Force affectent les objets ou le physique des personnes. Cela implique de porter un regard sur les qualifications susceptibles de convenir à cette faculté de manipuler ces éléments, appelée la psychokinèse (**A.**), avant de s'interroger sur une prise en compte du recours à la Force comme circonstance susceptible d'aggraver les infractions concernées (**B.**).

A. Le caractère infractionnel de la psychokinèse

4. L'indifférence des qualifications quant aux moyens –. Les pouvoirs de la Force permettent aux Jedi et aux Sith d'agir sur la matière, parfois de façon blâmable. Cependant, le législateur ne

1. Elle est ainsi utilisée pour faire flotter une poire destinée à être mangée, ép. III.
2. V. *infra*.

prévoit pas l'usage de la Force dans la loi pénale, ce qui pourrait constituer un obstacle majeur à la répression[1]. Contourner cette difficulté implique d'opter pour des qualifications dont la matérialité ne spécifie nullement les moyens, ne s'attachant qu'au résultat. Par exemple, à l'égard des dommages causés aux biens lors des combats épiques de la saga, les dispositions des articles 322-1 et suivants du Code pénal trouveront à s'appliquer. Si les textes posent des exigences quant à l'ampleur du dommage[2], la façon dont la destruction, détérioration ou dégradation doit être causée est tue. Cela permet, de toute évidence, de rendre l'infraction applicable à de nombreux faits et, par extension, à ceux issus d'un recours à la Force. Le pouvoir de projection offre un excellent exemple des dégâts pouvant être engendrés et ce sont les droïdes qui en subissent notamment les affres[3].

Les individus de la **galaxie** n'échappent pas aux manipulations de la Force. Pour reprendre l'exemple précédent, il arrive fréquemment que lors d'un duel, l'adversaire soit projeté en l'air pour retomber brutalement contre une paroi ou au sol[4]. Le changement de cible conduit à viser désormais les atteintes volontaires à l'intégrité physique contenues aux articles 222-7 et suivants du Code pénal. Le raisonnement sera le même, la loi ne précise pas ce que sont les violences, laissant aux juges l'éventualité de reconnaître la Force comme moyen de commission. En la matière, la pluralité des textes les réprimant[5] fournit un spectre suffisamment large, laissant supposer que l'adaptation à la saga se ferait sans mal. Dark Vador illustre de manière emblématique de ces violences : consterné par son manque de foi en la Force, il étrangle l'amiral Motti avec ses pouvoirs, lui offrant une sinistre démonstration par l'exemple[6]. L'emprise à distance de l'homme n'aura pas manqué de marquer les esprits, prouvant que la Force confère une indéniable puissance et l'impact sur les corps n'est pas à minimiser.

1. En vertu du principe de légalité (art. 111-3 du Code pénal).
2. V. *infra* n° 5.
3. Luke Skywalker utilise ainsi le pouvoir de projection par la Force en plus de son sabre pour éliminer les droïdes sur son chemin. V. *The Mandalorian, chap. 16 : Le sauvetage*, J. Favreau, 2020.
4. V. par exemple le duel d'Obi-Wan contre Anakin, usant tous les deux de ce pouvoir au même moment dans leur combat sur Mustafar (*ép. III*).
5. Art. 222-7 et s. et art. R. 625-1 du Code pénal.
6. *Ép. IV.*

Toutefois, il n'est pas obligatoire que l'influence exercée sur la matière soit extraordinaire pour être susceptible de revêtir une qualification pénale. Le subtil comportement de Qui-Gon Jinn pour faire tomber le cube du destin de Watto sur une face bleue[1] pourrait constituer des manœuvres frauduleuses, nécessaires à la caractérisation d'une escroquerie[2]. En conclusion, la répression sera permise lorsque ces pouvoirs sont employés au préjudice d'autrui, en l'absence salvatrice de précisions légales quant aux moyens. Les qualifications précitées sont pertinentes puisque dans leur écriture elles s'adaptent sans difficulté à l'utilisation malveillante de la Force. Cette pertinence est ponctuellement renforcée par un caractère graduel dans la gravité des qualifications.

5. L'importance de la gradation de la gravité des qualifications –. Le fait de constater que les atteintes, aux biens ou aux personnes, s'accentuent dans leur gravité au sein du Code pénal est un mécanisme intéressant en matière d'usage de la Force. En effet, cela permet d'accroître le nombre de comportements délictueux pris en compte. Naturellement, il y a la classification classique en fonction de la gravité de l'infraction[3]. Par exemple, concernant les atteintes à l'intégrité physique, les textes admettent tout un spectre de violences, des plus légères[4] aux plus graves[5].

Cette gradation se retrouve dans les atteintes aux biens comme la destruction, dégradation, détérioration, puisque celles-ci peuvent constituer une contravention si le dommage qui en résulte est léger[6] ou un délit si le dommage est plus important[7]. Il en va de même en fonction du caractère dangereux ou non que l'acte représente pour les personnes[8]. Enfin, ces incriminations, dans leur rédaction même, contiennent une accentuation significative, prenant en compte une escalade dans l'endommagement causé, jusqu'à la disparition de la chose, ruinant définitivement

1. *Ép. I.*
2. Art. 313-1 du Code pénal.
3. Art. 111-1 du même code.
4. Art. R. 625-1 du même code.
5. V. not. art. 222-7 du même code.
6. Art. R. 635-1 du même code.
7. Art. 322-1 du même code.
8. Le chapitre II du Code pénal, relatif aux destructions, dégradations et détériorations est divisé en deux sections, distinguant selon qu'elles présentent ou non un danger pour les personnes. Art. 322-1*sqq.* et art. 322-5*sqq.*

son usage. Que ce soit pour ces atteintes ou pour celles relatives aux personnes, force est de constater que la plume du législateur a créé des infractions dont la matérialité et la gradation permettent de comprendre une pluralité d'actes, quand bien même ceux-ci ne correspondent pas aux carcans classiques et connus.

B. Le recours à la Force comme circonstance aggravante

6. La détermination de la nature de la Force –. Les pouvoirs de la Force sont l'apanage d'une poignée d'élus et décuplent leur puissance, facilitant leurs desseins. S'agissant d'une véritable aide dont Jedi et Sith disposent, il convient de se demander si le recours à la Force ne pourrait pas être de nature à aggraver la répression de l'infraction. Pour le savoir, il faut rechercher si un tel recours correspond à une commission avec usage d'une arme[1] ou à une commission avec l'aide ou l'assistance d'une complice[2]. Cela revient à trancher quant à la nature même de la Force, à déterminer si elle est une personne ou un objet. En tant que flux d'énergie, il serait incorrect d'estimer que la Force est une personne, mais cela ne rend pas sa qualification en tant qu'objet évidente. Qu'elle se catégorise comme une chose ne fait aucun doute, mais reste à savoir si le terme «*objet*» employé par le Code pénal en est un synonyme parfait ou si la nuance entre les notions l'exclut[3]. L'objet renvoie à ce qui, «*peut être perçu par les sens*»[4]. La définition posée par le langage courant est suffisamment large pour estimer que la Force y répond. Son usage la matérialise dans l'univers, elle devient visible, palpable ou tangible[5]. Ce faisant, il est possible de la considérer comme un objet susceptible d'être une arme en fonction de l'usage qui en est fait.

7. L'usage de la Force comme usage d'une arme par destination –. L'article 132-75 du Code pénal, en ses deux premiers alinéas, prévoit deux catégories d'armes : celles qui sont des objets spécialement conçus pour blesser ou tuer, «*les armes par*

1. Art. 132-75 du Code pénal.
2. Art. 121-7 du même code.
3. La question importe, la loi pénale étant d'interprétation stricte (art. 111-4 du même code).
4. *Dictionnaire Hachette*, 2007, v° «objet», 1er sens.
5. Les exemples sont nombreux, il est notamment possible de citer la luminosité de la foudre Sith, v. *ép. IV*. Ou encore l'impact physique de l'étranglement par la Force exercé par Anakin Skywalker sur Padmé Amidala, v. *ép. III*.

nature», et les objets dont l'usage premier a été détourné à cette fin, «*les armes par destination*». En tant qu'énergie pilier de l'univers, la Force, intrinsèquement, n'a rien de menaçant et ne présente pas un danger. C'est dans la façon dont elle sera employée qu'elle présentera un risque pour autrui. Puisque, par nature, elle n'est pas une arme, c'est le deuxième alinéa qu'il conviendra de retenir. À cet égard, il faut noter que les dispositions du Code pénal s'adaptent, une fois encore, permettant d'assimiler usage de la Force et usage d'une arme. Et c'est reconnaître que tout le monde ne se bat pas à armes égales dans Star Wars et que la puissance à laquelle Jedi et Sith ont accès n'a rien de commun et surpasse toutes les autres techniques de combat. Que ce soit du côté lumineux ou obscur, ils ont recours à la Force lorsque la situation est sur le point de basculer. Ainsi, Palpatine se rend coupable d'actes de tortures et de barbarie[1] aggravés par l'usage d'une arme[2], lorsqu'il inflige longuement les éclairs de la foudre Sith à Luke Skywalker[3] pour le contraindre à rejoindre le côté obscur.

La Force et les pouvoirs qui en découlent deviennent régulièrement l'ultime moyen de renverser les événements en la faveur de celui qui l'emploie. C'est précisément l'esprit de la notion d'arme par destination, l'objet devient arme puisque dans la situation dans laquelle se trouve l'auteur il devient le moyen le plus efficace pour y faire face[4]. Cet usage sera de nature à aggraver la sanction, puisque la nocivité de l'acte est mise en exergue[5]. Il est techniquement intéressant et satisfaisant de relever que le droit pénal est en mesure d'apporter une réponse pointue à des techniques de délinquance marginales ou inédites. Aggraver la commission d'infraction par l'usage de la Force apparaît non seulement comme étant logique mais devient même indispensable. Cela étant, se cantonner aux effets de l'usage de la Force sur la matière ne saurait suffire, la manipulation de l'esprit faisant également l'objet d'innombrables recours dans la *Guerre des étoiles*.

1. Art. 222-1 du Code pénal.
2. Art. 222-3, 10° du même code.
3. *Ép. IV*.
4. Deviennent ainsi des armes : un casque de motocycliste (CA Rouen, 15 juin 1982, *D.* 1983, p. 145, note Chambon), un verre (Cass., crim., 7 mai 1996, n° 95-83.561, P. : *Dr pénal*, 1996, Comm. 215, obs. Véron) ou encore des tabourets de bar (Cass., crim., 23 oct. 1996, n° 95-85.585, P.).
5. C. de Jacobet de Nombel, *Théorie générale des circonstances aggravantes*, Dalloz, Thèse, coll. «Nouvelle bibliothèque des thèses», 2006, n° 9.

II. LA MANIPULATION DE L'ESPRIT PAR L'USAGE DE LA FORCE

8. L'impact psychologique généré par le recours à la Force intéresse les développements qui suivront. Les pouvoirs Jedi et Sith permettent de manipuler, pénétrer et occuper l'esprit d'autrui, de façon plus ou moins forte, plus ou moins pérenne. De la même manière que pour l'usage de la Force sur la matière, il convient d'abord d'en étudier le caractère infractionnel **(A)**. Nécessairement, la réflexion conduira à penser cette exploitation de la Force comme source d'irresponsabilité pénale **(B)**.

A. Le caractère infractionnel de la manipulation de l'esprit

9. L'exploitation de l'état de faiblesse par le pouvoir de suggestion –. Les pouvoirs de manipulation des Jedi et Sith ne se limitent pas à la matière et, grâce à la Force, ils parviennent à s'immiscer dans l'esprit de leurs cibles et les contraignent à s'exécuter contre leur gré. Kenobi convainc ainsi les *stormtroopers* qu'ils n'ont pas à relever leur identité[1]. En droit pénal, c'est notamment l'abus frauduleux de l'état d'ignorance ou de faiblesse qui est associé à la manipulation de l'esprit. Les dispositions du Code pénal prévoient que la personne doit se trouver dans un «*état de sujétion psychologique ou physique résultant de l'exercice de pressions graves ou réitérées ou de techniques propres à altérer son jugement*»[2]. L'impact du pouvoir de suggestion permet *a minima* d'annihiler le libre-arbitre de la personne ciblée, dépassant largement l'exigence légale d'altération. La victime se retrouve alors effectivement dans un état de sujétion psychologique *et* physique, la plaçant dans une situation de faiblesse par rapport à celui qui maîtrise la Force. Il est presque étonnant de constater combien cette partie de l'article se montre pertinente.

Plus encore, l'objectif dans lequel il s'inscrit fait écho à l'aspect spirituel autour de la Force, cultivé par les Jedi et les Sith. Souhaitant lutter contre les dérives sectaires, le législateur a entendu ériger une infraction qui protègerait les individus de ce

1. *Ép. IV*, v. aussi *ép. VII*, Rey se libérant de ses entraves.
2. Art. 223-15-2 du Code pénal.

genre de manœuvres[1]. Évidemment, une fois l'état de sujétion établi, nul doute qu'il sera possible pour les auteurs de conduire leur cible à la commission d'un acte gravement préjudiciable tel qu'attendu par la loi. Pour s'en convaincre, il suffit de rappeler la scène où Qui-Gon Jinn souhaite obtenir de Watto une pièce de mécanique rare et chère[2]. Ce fait ne saurait toutefois constituer une tentative, en l'absence de texte l'incriminant pour l'abus de faiblesse[3]. Pour autant, il est permis d'imaginer que si le législateur l'avait prévu, la résistance de Watto aurait pu suffire à caractériser l'absence de désistement volontaire[4]. Ce raisonnement est purement conditionnel mais il met l'accent sur les enjeux de la force mentale et ses intrications avec le droit pénal.

10. Les autres atteintes à l'intégrité psychique –. Pour tous les cas où les manœuvres ne conduisent pas à un acte préjudiciable, il sera toujours envisageable de s'orienter vers les atteintes volontaires à l'intégrité psychique[5]. Ces atteintes doivent également être échelonnées, dépendant de la maîtrise de la Force qu'a l'auteur et de la faiblesse mentale de la victime. Il sera, de fait, possible de reprendre toute la gradation précédemment évoquée, appliquée particulièrement à cette forme de violence. Cela permet également de revenir aux actes de tortures et barbarie, Dark Sidious n'en ayant guère le monopole. Les Jedi s'illustrent aussi dans cet exercice, notamment lorsqu'ils cherchent à soutirer des informations à Cad Bane[6]. Alors même qu'ils expriment clairement que «*le danger est de voir son esprit complètement détruit durant la manipulation*», Mace Windu, Anakin Skywalker et Obi-Wan Kenobi forcent les barrières mentales du chasseur de primes à plusieurs reprises jusqu'à l'épuiser pour qu'il cède. Même s'il s'agissait, en l'espèce, de sauver des enfants, les interrogatoires de ce genre sont proscrits et la preuve qui en est tirée est irrecevable[7]. La France a, ainsi, été condamnée par la Cour EDH sur

---

1. Parmi les atteintes aux personnes depuis la loi n° 2001-504 du 12 juin 2001, tendant à renforcer la prévention et la répression des mouvements sectaires portant atteinte aux droits de l'homme et aux libertés fondamentales, *JORF*, n° 135, du 13 juin 2001, p. 9337-9340, art. 20.
2. *Ép. I.*
3. Art. 121-4, 2° du Code pénal.
4. Art. 121-5 du même Code. V. égal. Cass., crim., 16 mars 1961 : *Bull. crim.*, n° 172, p. 332, *Demoiselle Lubac*, l'extension à une résistance psychique serait parfaitement envisageable.
5. Art. 222-7 et s. et art. 222-14-3 du Code pénal.
6. *CW* (saison 2, ép. 1 : *Les enfants de la Force*).
7. V. Cour EDH, req. n° 22978/05, 1er juin 2010, affaire Gäfgen c. Allemagne.

le fondement de l'article 3 de la Convention de sauvegarde des Droits de l'Homme et des Libertés fondamentales concernant les traitements inhumains et dégradants commis durant une garde à vue[1]. Il est primordial de ne pas ignorer le pan psychique lié à ces atteintes, surtout quand elles sont facilitées par des techniques spécifiques, y compris de la part de héros. Elles se veulent légitimées par des mobiles qui ne sauraient les justifier et l'appartenance de leurs auteurs au côté lumineux ne retire rien à l'illégalité de leur action. Emprunter la voie du Jedi ne détourne pas nécessairement de la voie de la délinquance.

B. L'exploitation de la Force comme cause d'irresponsabilité pénale

11. De l'impact du recours à la Force sur les esprits –. Le recours à la Force est susceptible d'affecter sérieusement plusieurs niveaux de l'état mental des personnes visées. L'un des premiers enseignements de Kenobi à Luke est un vrai euphémisme[2], plus qu'une simple influence, elle prive la cible de tout contrôle sur ses actes. Du point de vue du droit pénal, si la personne devient un simple pantin sous l'influence de la Force alors il sera possible de plaider l'irresponsabilité pénale devant les juridictions. La question n'est pas vaine s'agissant des soldats de l'Empire ou du Premier Ordre. Si leurs échecs en matière de contrôle, de sécurité, de vigilance tombent sous le coup de qualifications pénales spéciales, alors en toute logique, les causes d'irresponsabilité pénale trouveront à s'appliquer[3]. La vulnérabilité de l'esprit exploitée via la Force justifie la nécessité de protéger les cibles de ces pouvoirs. Ainsi, selon qu'ils abolissent le discernement ou annihilent la volonté, la solution différera.

12. Les pouvoirs de la Force abolissant le discernement –. Le droit pénal, pour retenir la responsabilité, exige que l'acte soit imputable à l'agent, que celui-ci ait pu avoir conscience de ce qu'il a fait. Sans discernement pas de responsabilité, notamment

1. V. Cour EDH, req. n° 12850/87, 27 août 1992, affaire Tomasi c. France.
2. «*La Force, grâce à la Force on arrive à influencer les esprits faibles*», Ben Kenobi, *ép. IV.*
3. Sur le plan théorique. Car en pratique, envisager un procès équitable aux *troopers* défaillants relève de l'utopie compte-tenu des pratiques des partisans du côté obscur.

en cas de trouble psychique ou neuropsychique l'ayant aboli[1]. Il convient de se demander alors si, sous l'effet de la suggestion Jedi, la cible perd toutes facultés de discernement. Si tel est le cas, alors le 1er alinéa de l'article 122-1 du Code pénal pourra être retenu. Il est difficile de savoir précisément quels sont les effets de la suggestion Jedi, les supports cinématographiques étant assez lacunaires sur ce point. Cela étant, le fait que les cibles ne remettent pas en cause leur comportement après l'emprise invite à penser qu'elles n'ont non seulement pas conscience de ce qu'elles font mais, qu'en outre, une forme d'amnésie pourrait les affecter. Tout leur semble cohérent et logique, sans aucune remise en cause de leur part, ainsi l'abolition du discernement pourrait être retenue, quoiqu'en apporter la preuve sera une tâche ardue. Il faut mettre en perspective cette conclusion avec un autre effet des pouvoirs de la Force, l'annihilation de la volonté.

13. Les pouvoirs de la Force annihilant la volonté –. Plus rarement il est clairement signifié que sans avoir le contrôle de leurs actes, les cibles des pouvoirs de la Force ont conscience de ce qui leur arrive[2]. Dans ce cas, c'est la volonté de l'agent qui fait défaut et conduit à la non-imputabilité. Se plaçant au regard de l'article 122-22, ils agissent sous l'empire d'une force, la plus puissante de toutes, *la* Force. Ce seraient alors des cas de contrainte morale externe devant répondre à l'exigence de deux critères, l'imprévisibilité et l'irrésistibilité. Concernant le premier, il se vérifie aisément, nul ne peut prévoir quand Jedi ou Sith y auront recours, envers qui et pourquoi. Le caractère irrésistible pose davantage de difficultés : classiquement analysé *in abstracto*, il faut démontrer une impossibilité absolue de respecter la loi pénale. Or, la résistance à la Force est naturelle pour certaines espèces, comme les Toydarien[3], ce qui la rend immédiatement relative. Mais afin de poursuivre un objectif de protection, il ne serait pas illogique de changer de paradigme et de favoriser une approche *in concreto*. Cela conduirait à observer l'irrésistibilité en tenant compte des prédispositions biologiques de chaque espèce. Un second obstacle se dresse néanmoins, puisque certains humains n'y sont guère plus sensibles, notamment en raison de

1. Art. 122-1 du Code pénal.
2. V. la bande dessinée Star Wars (2015) #26, J. Aaron, S. Immonen et S. Larroca : «*My arm… what's… I can't stop it from…*», le personnage donnant un coup de poing à son comparse sous l'influence de Maître Yoda.
3. *Ép. I.*

leur entraînement[1]. Le raisonnement espèces par espèces ne tient plus si certains y résistent au sein d'une seule. Pourtant, pour la plupart de ses représentants l'usage de la Force annihilera leur volonté, les dépossédant de leur faculté de faire un choix. Retenir une irrésistibilité absolue revient à demander que tous soient à la hauteur des plus expérimentés et des plus puissants mentalement. Que resterait-il des héros si tous se hissaient à leur niveau ? Star Wars permet d'envisager l'appréciation *in concreto* et de reconnaître qu'à certains égards elle serait davantage adaptée.

« *Ainsi vont les choses. Ainsi va la Force.* »[2]

14. De manière assez surprenante, la traduction de l'usage de la Force en des concepts juridiques tangibles et concrets ne se heurte pas à des incompatibilités inextricables. Les obstacles rencontrés sont marginaux et il faut admettre que le droit pénal positif est idoine à la répression des usages malveillants de la Force. Plus encore, la façon dont sont rédigés les textes et l'interprétation qui en découle constituent une garantie plutôt efficace pour assurer la continuité de l'application de la loi pénale. Si d'aventure les terriens découvraient à leur tour des moyens aussi inédits que prodigieux similaires à l'usage de la Force, la réponse pénale ne serait pas nécessairement entravée pour autant. Ce n'est guère la qualité extraordinaire des Jedi et des Sith qui les exemptera de comparaître devant les juges pour répondre de leurs actes.

L'usage de la Force met en lumière les qualités de la loi pénale et, réciproquement, les textes révèlent tout le caractère sombre du recours à la Force mythique. L'intervention effective du droit pénal dans Star Wars est peut-être la clef de voûte du rétablissement de l'équilibre de la galaxie. Finalement, sans doute est-il possible de s'accorder avec les Jedi sur au moins un point, il sera toujours préférable que la Force soit avec nous, plutôt que contre nous.

---

1. V. *CW* (saison 3, ép. 6 : *L'Académie*), les gardes sur Mandalore feignent d'obéir à Ahsoka Tano.
2. *Ép. IV*.

7. « LA DISSOLUTION DE L'ORDRE JEDI, UNE ALTERNATIVE AU PROTOCOLE 66 »

Thomas GASCHARD
Doctorant en droit public
Université de Rennes 1, IDPSP (EA 14087)

1. L'annonce vient de tomber : le Général Grievous, commandant de l'armée droïdes de l'Alliance séparatiste, a été éliminé sur Utapau par le maître Jedi Obi-Wan Kenobi[1]. Les réactions ne se font pas attendre. Une escorte de Jedi menée par Mace Windu se rend aux appartements du Chancelier Suprême Palpatine pour s'assurer qu'il restituera ses pleins pouvoirs au Sénat de la République galactique. Pareils aux dictateurs de la Rome antique, Palpatine en fut investi pour remédier à la situation d'urgence suscitée par le comportement belliqueux de forces sécessionnistes[2]. Ainsi, la condition d'urgence s'est éteinte avec Grievous ; la répartition des pouvoirs doit retourner à la normale.

La transition ne se déroule pas comme prévu. Averti sur le tarmac par Anakin Skywalker de l'identité Sith de Palpatine, Windu s'envole avec la ferme intention de l'arrêter. Sur place, la véritable nature du Chancelier se confirme, et s'ensuit un duel entre le seigneur Sith et le maître Jedi. Derrière le vrombissement des sabres laser et l'odeur de chair calcinée, c'est une lutte idéologique qui se joue. L'Ordre Sith contre l'Ordre Jedi. Le côté obscur de la Force, contre le côté lumineux. Alors que Windu s'apprête

1. *Ép. III.*
2. *Ép. II.*

à exécuter son adversaire (l'arrestation est devenue inquisition), Skywalker le désarme en lui tranchant la main. La confusion profite au chancelier qui, tout en projetant le maître Jedi dans le vide, clame triomphalement qu'il n'y a, à présent, plus «*aucune limite à* [son] *pouvoir*». La connotation politique (affermissement de son contrôle sur les institutions politiques) de ces paroles souligne la bascule provoquée par l'intervention d'Anakin qui, tel un pion sur l'échiquier de Palpatine, assoie l'emprise des Sith sur la galaxie.

2. Durant la Prélogie[1], Sheev Palpatine, ou devrait-on dire Dark Sidious, opérait simultanément sur deux tableaux. D'un côté, il brandissait des épouvantails (Dark Maul, le Comte Dooku *alias* Dark Tyrannus, Grievous et autres partisans de l'Alliance séparatiste) ; de l'autre, il s'attelait à gravir les échelons des institutions républicaines. La malignité est nécessité pour le Seigneur Noir. L'Ordre Sith a perdu toute splendeur, d'aucuns ont même cru en son extinction[2], tandis que l'Ordre Jedi s'est imposé dans les plus hautes sphères institutionnelles et militaires. L'inversion des forces semble impossible; elle va pourtant se produire.

Par le truchement de manipulations en tout genre, Palpatine s'est pourvu d'une assise politique solide (passant du statut de notable de Naboo à sénateur de la planète, jusqu'au rang de Chancelier suprême) et d'une force militaire d'élite à ses ordres (l'armée des clones)[3]. L'Empire qu'il convoite prend forme, mais ne saurait se concrétiser tant que les Jedi subsistent. La tentative d'assassinat sur Palpatine précipitera leur (quasi-) disparition, puisqu'il tire de cette atteinte à sa personne le motif nécessaire à la désignation du nouvel *ennemi*[4] de la République. *Exit* les sépa-

1. *Ép. I, II, III* et *CW*.
2. *Ép. I.*
3. La saison 6 de la série animée *The Clone Wars*, assimilée à l'univers *canon* de Star Wars, nous en apprend davantage sur le formatage des clones aux ordres personnels de Palpatine. Chaque clone est doté d'une puce inhibitrice dont la fonction initiale est d'assurer leur loyauté envers les Jedi. Cette fonction fut détournée au profit des Sith, et savamment tenue secrète jusqu'à l'exécution de l'Ordre 66.
4. Dans cette circonstance, la figure de l'ennemi constitue un puissant levier d'action politique. Il émane de son processus d'identification une dimension subjective, fruit d'une volonté d'ériger l'autre ainsi. Est désigné «ennemi» celui (ou ceux) dont le politique estime qu'il porte atteinte à la sécurité et tranquillité du groupe. Cette figure sert autant à canaliser les tensions internes vers une cible commune, qu'à légitimer l'adoption de mesures exceptionnelles (comme

ratistes et leurs droïdes (n'ont-ils d'ailleurs été autre chose qu'une menace fantoche ?) ; les Jedi représentent désormais une menace grave à l'ordre public, et doivent être lourdement sanctionnés.

3. Le *modus operandi* est connu[1] : déclenchement de l'ordre 66, autrement dit, l'éradication pure et simple des Jedi par les clones. La radicalité de cette décision interroge nécessairement sa légalité[2], puisqu'il est *in fine* question de la mise à mort d'un groupe sur simple décision d'une haute autorité politique ; tel un sacrifice sur l'autel de l'ordre public.

Dans une galaxie et temporalité proche, très proche de la nôtre, l'État est reconnu comme détenteur du monopole de la violence légitime[3] et peut, s'il l'estime nécessaire, recourir à la force pour assurer sa pérennité. Cependant, et dans le cadre d'un *État de droit* (en postulant qu'il en soit question dans Star Wars, tout du moins à ce stade du récit), pareille solution doit rester exceptionnelle et proportionnée. L'*État de droit* est une conception juridique de l'organisation des pouvoirs publics. Il suppose une hiérarchisation des normes juridiques dont les autorités publiques, comme le législateur (le Parlement) ou encore les administrations, sont à la fois les productrices et soumises à leur respect. Autrement dit, les autorités publiques disposent de compétences délimitées pour adopter des décisions, et le manquement à ce cadre juridique les expose à des sanctions (comme l'annulation des décisions litigieuses ou l'engagement de leur responsabilité juridique).

Face à ce constat, l'exécution sommaire prononcée par le Chancelier semble difficilement soutenable d'un point de vue juridique, eu égard la disproportion de ses moyens et conséquences, et interroge sur les alternatives juridiques susceptibles de mettre un terme aux activités de l'Ordre Jedi, sans faire usage de la force…

---

celles privatives de liberté, répressives ou déséquilibrant la répartition des pouvoirs institutionnels, même temporairement). Ainsi, l'ennemi est un prétexte malléable selon les besoins.

1. *Ép. III.*

2. [V. V. Meurville--Bossuat, « Le droit dans Star Wars. Aspects légaux de la force et des faiblesses du commandement de l'armée des clones dans ses fondements doctrinaux », in Q. Le Pluard et M. Talbot (coord.), *Du Droit dans Disney*, Mare & Martin, coll. « Droit et cinéma », 2020, p. 195-210.]

3. Formule attribuée au sociologue et juriste allemand Max Weber (1864-1920).

4. Si les solutions sont multiples[1], une seule retiendra notre attention : la dissolution administrative de l'Ordre Jedi pour atteinte armée à la forme républicaine du Gouvernement (**II.**). Avant de l'étudier, il est nécessaire de s'attarder sur la qualification juridique de cet organisme. Le raisonnement juridique impose ce travail préliminaire, puisque les règles de droit applicables dépendent du qualificatif retenu. En l'espèce, la qualification d'association déclarée de droit privé fonctionnerait en raison des caractéristiques de l'Ordre[2] (**I.**).

I. L'ASSOCIATION JEDI

5. L'Ordre Jedi est une communauté d'adorateurs du côté lumineux de la Force, dont l'objectif est le maintien de la paix dans la République galactique. Il dispose d'une hiérarchie spécifique que les membres gravissent au gré de leur apprentissage de la Force. Trône en son sommet le Haut Conseil, composé des maîtres Jedi les plus éminents de l'Ordre, comme Yoda, Windu ou encore Kenobi.

Une association est définie selon le 1er article de la loi du 1er juillet 1901 relative au contrat d'association[3] comme «*la convention par laquelle deux ou plusieurs personnes mettent en commun, d'une façon permanente, leurs connaissances ou leur activité dans un but autre que de partager des bénéfices*». Autrement dit, l'association est une agrégation d'individus, donnant naissance à une personne morale de droit privé, ayant un objectif licite et non lucratif commun.

---

1. Parmi elles figuraient la dissolution pour dérive sectaire prévue par la loi n° 2001-504 du 12 juin 2001 tendant à renforcer la prévention et la répression des mouvements sectaires portant atteinte aux droits de l'homme et aux libertés fondamentales, *JORF*, n° 135, du 13 juin 2001, texte n° 2. Malheureusement, la limite de caractères par contribution ne permettait de développer convenablement cette solution. Nous appelons donc, celui qui le souhaite, à apporter sa pierre à l'édifice.
2. Par transparence, nous indiquons dès maintenant que ce qualificatif n'est pas dénué d'imperfections. Étant dans un univers fictif, nous gagerons que l'ensemble de nos règles juridiques ne s'y impose pas. L'intention ludico-pédagogique mérite selon nous cette concession, mais par acquis de conscience, nous reviendrons sur certains de ces défauts en conclusion.
3. *JORF*, n°177, du 2 juill. 1901, p. 4025-4027.

Une association peut être déclarée ou non. La distinction repose sur l'accomplissement par ses administrateurs de formalités en préfecture[1]. L'absence de déclaration ne rend pas l'association illégale pour autant, il en résultera principalement une absence de personnalité morale, donc de capacité juridique[2], en découle ainsi l'interdiction de passer des contrats ou de recevoir des subventions publiques.

En reprenant chaque élément précité, une correspondance est constatée. L'Ordre Jedi est composé de plusieurs membres (« *deux ou plusieurs personnes* ») et s'est donné pour mission depuis des générations (« *d'une façon permanente* ») de protéger la paix sans finalités pécuniaires (« *mettent en commun* [...] *leurs connaissances ou leur activité dans un but autre que de partager des bénéfices* »).

Concernant sa déclaration en préfecture, difficile d'affirmer que cette formalité a bien été remplie. Cependant, au moins un élément vient étayer la thèse d'une déclaration en bonne et due forme : le financement de l'Ordre Jedi par la République.

Cet aspect reste peu développé dans les films, mais quelques mentions de l'univers étendu en font état. Dans l'un de ses numéros[3], le journal HoloNet News rapporte les injonctions de l'activiste Thrynka Padaunete, *leader* du groupe *People's Inquest*, revendiquant le droit pour tout citoyen de contrôler les comptes de l'Ordre en raison de leur financement public[4]. Outre cette référence, le seul fait que les Jedi officient comme gardiens de la paix au nom de la République laisse aisément entendre que leurs actions soient économiquement soutenues par le régime au titre de leur mission. Dès lors que l'association bénéficie de subventions publiques, il est loisible d'en conclure une déclaration en préfecture puisqu'une association non déclarée ne peut légalement en percevoir[5].

---

1. *Ibid.*, art. 2.
2. *Ibid.*, art. 6.
3. Vol. 531, n° 48.
4. À notre confession, la référence reste quelque peu obscure depuis la distinction entre l'univers *Legend* et *Canon* de Star Wars. Elle provient d'une publication du feu site http://www.holonetnews.com (remplacé par starwars.com) alimenté par les équipes de Lucasfilm dans les années 2000 pour préparer la sortie de l'*Ép. II*. La source est encore disponible sur un site d'archivage du web au lien qui suit : https://web.archive.org/web/20130728120221/http://www.holonetnews.com/48/jediwatch/13321_1.html (consulté le 12/05/2022).
5. Loi du 1er juillet 1901 relative au contrat d'association, art. 6, précit.

6. Après avoir déduit la qualité d'association déclarée de l'Ordre Jedi, il est temps de s'intéresser à l'hypothèse de dissolution prise à titre de sanction par le Chancelier. Traditionnellement, la dissolution d'une association résulte de la volonté de ses membres, ou de ses statuts. Pour autant, dans certaines circonstances, le juge ou encore l'Administration peuvent agir en ce sens selon des procédures spécifiques. La dissolution administrative pour atteinte armée à la forme républicaine du Gouvernement constitue un exemple de dissolution décidée par l'Administration. Cette solution a pour charme, si l'on peut dire, de non plus sanctionner les Jedi par la violence physique, mais la violence politique en raison des spécificités propres à ce dispositif qui confère à l'administration une liberté d'appréciation conséquente (bien qu'encadrée *a minima* par un contrôle juridictionnel exercé auprès du juge administratif[1]).

II. UNE DISSOLUTION ADMINISTRATIVE POUR ATTEINTE ARMÉE À LA FORME RÉPUBLICAINE DU GOUVERNEMENT

7. Si Palpatine a survécu, sa tentative d'assassinat *manu militari* ne peut rester impunie. Une libre interprétation de cet évènement nous amène à conclure qu'il n'est pas seulement question d'une atteinte à sa seule personne, mais à la fonction de Chancelier Suprême, représentant une atteinte à la République galactique. Les puristes objecteront qu'il s'agissait au contraire de la défendre (de la menace Sith), mais en l'absence de témoins, qui pourrait contester la parole du futur Empereur ? À charge pour lui d'inventer quelque prétexte qui lui siéra, si tant est que la seule exhibition de son visage décharné par l'assaut ne suffise à convaincre. Ainsi, Palpatine jouit d'une liberté d'appréciation confortable et peut à loisir invoquer l'atteinte armée à la forme républicaine du Gouvernement par l'Ordre Jedi.

Cette atteinte consiste en la volonté d'une association de perturber la stabilité du régime politique en place par la force. Elle est sanctionnée par le prononcé en Conseil des ministres de la dissolution du groupement à son origine. Les principales conséquences

---

1. v. *infra*, § 10.

sont l'extinction immédiate de la personnalité juridique de l'association et l'interdiction de la reformer[1].

8. Ce motif de dissolution existe depuis 1936, mais on en retrouve des bribes dès 1901 sous une forme quelque peu différente. Comparons rapidement les textes.

La loi précitée du 1er juillet 1901 consacre certes la liberté d'association, mais comporte également des sanctions en cas d'abus. La combinaison de ses articles 3 et 7 permettent au juge judiciaire de dissoudre une association «*qui aurait pour but de porter atteinte à l'intégrité du territoire national et à la forme républicaine du Gouvernement*».

La loi du 10 janvier 1936 est plus souple dans sa rédaction puisqu'elle expose à l'alinéa 3 de son article 1er (aujourd'hui repris à l'alinéa 3 de l'article L. 212-2 du Code de la sécurité intérieure) que seront dissouts les groupements «*qui auraient pour but de porter atteinte à l'intégrité du territoire national ou d'attenter par la force à la forme républicaine du Gouvernement*».

On parle alors de dissolution *judiciaire* pour la première, et de dissolution *administrative* pour la seconde, en référence aux autorités orchestrant la procédure.

9. Ces dispositions divergent au moins sur deux éléments. Premièrement, le texte de 1901 suppose, eu égard sa rédaction, un *cumul* de l'atteinte au territoire et à la forme républicaine du Gouvernement, tandis que le second texte n'en retient qu'un caractère *alternatif* (la distinction repose sur la conjonction de coordination employée entre chaque critère ; nous les avons soulignées dans les citations ci-dessus pour les mettre en évidence). Ce détail n'est pas des moindres puisqu'il serait nécessaire, si tant est que nous envisagions une dissolution judiciaire prévue par la loi de 1901, de démontrer une atteinte au territoire en addition de celle portée contre la stabilité du régime.

Deuxièmement, le recours à la force par le groupement incriminé conditionne le dispositif de dissolution employable. Si violence

1. La dissolution emporte d'autres effets juridiques, tant à l'égard de ses administrateurs que de ses biens, mais il n'est pas utile d'en dresser la liste exhaustive, d'autant qu'ils varient selon les circonstances.

il y a, le dispositif de 1936 s'impose; en son absence, celui de 1901 trouve à s'appliquer[1].

La flexibilité du dispositif de 1936, comparativement à son prédécesseur, trouve son origine dans le contexte historique de son adoption. Les années 1930 sont marquées par de nombreux troubles à l'ordre public causés par des groupuscules extrémistes[2]. L'outil nouvellement adopté en réponse à ce phénomène permit au gouvernement de sanctionner par dissolution tout groupement jugé dangereux pour la République. En découle un dispositif exceptionnel, attentatoire à la liberté d'association, dont l'utilisation peut interroger les strictes finalités la motivant puisqu'il revient au gouvernant d'estimer, selon des critères qui lui sont propres, ce qu'est une *menace à la République*. Précisons pour le lecteur aguerri que la légalité de la décision de dissolution est susceptible de recours devant le juge administratif[3] (dans un souci de clarté pour les profanes, nous préférons extraire cette partie particulièrement technique de la démonstration et inviter les intéressés à consulter la note de bas de page ci-contre[4]).

1. Articulation dégagée par une décision de la Cour de cassation (Cass., civ. 1re, 2 oct. 2007, n° 06-13.732, dite *GPMF*).
2. R. Rambaud., «la loi du 10 janvier 1936 sur les groupes de combat et milices privées (article L. 212-2 du code de la sécurité intérieure) : l'arme de dissolution massive», *RDLF*, 2015, chr. n° 20. Disponible en ligne : http://www.revuedlf.com/droit-administratif/la-loi-du-10-janvier-1936-sur-les-groupes-de-combat-et-milices-privees-article-l-212-1-du-code-de-la-securite-interieure-larme-de-dissolution-massive/ (consulté le 12/05/2022)
3. Pour des exemples de recours récents, qui plus est en référé, v. CE, ord., 29 avr. 2022, n° 462736, Association *Comité Action Palestine* et n° 462982, *Collectif Palestine Vaincra*.
4. L'association visée peut contester la légalité de la décision de dissolution devant le juge administratif, juridiction compétente pour connaître des litiges portés contre les actes administratifs, à l'instar de la décision de dissolution de l'Ordre Jedi. Le contrôle exercé en la matière semble évoluer depuis quelques temps au profit d'un **contrôle de proportionnalité**. Traditionnellement, le juge administratif y exerce un **contrôle** dit ***normal***, se limitant pour l'essentiel à vérifier l'existence des faits allégués (**contrôle de la matérialité des faits**) et leur correspondance au dispositif appliqué (**contrôle de qualification juridique des faits**). Autrement dit, l'acte de dissolution est annulable si les faits justifiant son adoption n'ont pas existé; ou, dans la seconde étape du contrôle, si ces faits ne répondent pas aux conditions légales encadrant l'emploi du dispositif. Pour plus d'informations, v. R. Rambaud, «La loi du 10 janvier 1936 à la croisée des chemins», *AJDA*, 2014, p. 2167; «Le contrôle du Conseil d'État sur la dissolution des associations dangereuses», *AJDA*, 2015, p. 939.
Quant au **contrôle de proportionnalité**, le juge dispose dans ce cadre d'une marge d'appréciation plus importante lui permettant d'évaluer la légalité de la décision par le prisme du *triple test de proportionnalité* (CE, Ass., 26 nov. 2011,

10. Les faits de l'espèce nous conduisent à retenir la dissolution administrative fondée sur l'alinéa 3 de l'article 1er de la loi de 1936 (actuellement alinéa 3 de l'article L. 212-1 du Code de la sécurité intérieure) au détriment du dispositif de 1901. En effet, puisque les agresseurs de Palpatine ont recouru à la force, la dissolution administrative s'impose pour les raisons évoquées plus haut. Ce constat tiré, il ne reste qu'à suivre les démarches procédurales d'adoption de cet acte administratif. En premier lieu, l'acte de dissolution devra être prononcé par décret pris en conseil des ministres et contresigné par le ministre de l'Intérieur (ministre en charge du maintien de l'ordre public sur le territoire). Sauf cohabitation politique[1], cette étape ne présenterait

n° 317827, *Association pour la promotion de l'image*) auquel les mesures de police administrative sont soumises (CE, 9 nov. 2015, n° 376107, *Association générale contre le racisme et pour le respect de l'identité française chrétienne*). Sous l'égide de ce contrôle, le juge s'assure que la mesure soit adaptée, nécessaire et proportionnée. Étant une mesure de police administrative, le contrôle de proportionnalité trouverait à s'appliquer aux mesures de dissolution administrative prises sur le fondement de l'article L. 212-1 du Code de la sécurité intérieure (CSI). L'applicabilité de ce triptyque a récemment été évoquée par le Conseil d'État dans ses décisions relatives à la dissolution de l'association *Génération identitaire*, tant en référé (CE, ord., 3 mai 2021, n° 451743, §. 5 et 13) qu'en recours pour excès de pouvoir (CE, 2 juill. 2021, n° 451741, § 6 et 11). Il nous semble prématuré d'affirmer une pleine substitution au profit d'un contrôle de proportionnalité concernant les mesures de dissolution prises sur le fondement de l'article L. 212-1 du CSI. Le référé précité témoigne notamment en son point 12 d'un contrôle normal (contrôle de la matérialité et qualification juridique des faits) préalable à celui de proportionnalité. La prudence du juge dans l'intensité du contrôle qu'il exerce est de mise en la matière, eu égard la teneur fondamentalement politique de ce mode de dissolution. Les propos d'Alexandre Lallet, rapporteur public de la décision du 2 juillet 2021 (*Association Génération identitaire*), attestent ce jeu d'équilibriste lorsqu'il introduit ses conclusions en affirmant que «*cette affaire est de celles qui vous* [les juges du Conseil d'État] *emmènent aux confins du droit, à la frontière qui le sépare du politique et que le juge doit se garder de franchir, fût-ce involontairement*». Cette tendance s'est rapidement confirmée. Dans une décision du 13 août 2021, DC, n° 2021-823, *Loi confortant le respect des principes de la République*, le Conseil constitutionnel insiste sur la contestabilité, devant le juge administratif, «*y compris par la voie du référé*» (point 39), des décisions de dissolution prises sur le fondement de l'article L. 212-1 du CSI. Dans ce cadre, la juridiction administrative est appelée, toujours par le Conseil constitutionnel, à s'assurer que la dissolution litigieuse est «*adaptée, nécessaire et proportionnée*». Le Conseil d'État n'a pas manqué de respecter cette charge qui, comme il a été évoqué précédemment avec la décision *Association Génération identitaire* de 2021, n'est en réalité par novatrice pour cette juridiction. Le fichage de la récente décision *Soulèvement de la terre* (CE, sect., 9 novembre 2023, n° 476392), autant que le traitement accordé dans l'arrêt (points 6 et s.), confirment l'exercice d'un contrôle de proportionnalité en la matière. La substitution semble donc s'imposer.

1. La cohabitation politique est un phénomène institutionnel où le chef de l'État et le chef du Gouvernement sont issus de familles politiques différentes (pour

susceptiblement aucun problème, elle s'avèrerait même avantageuse en ce que le processus décisionnel reste strictement limité aux autorités étatiques, donc présente peu de risque de blocage à ce stade.

En deuxième lieu, il conviendra à Palpatine de rechercher des arguments suffisamment pertinents en droit et en fait pour motiver la décision de dissolution[1]. Cette étape conditionne la bonne assimilation de son agression à un coup porté au régime, ainsi que la légalité de l'acte administratif en germe puisque les décisions de dissolution administrative sont soumises à obligation de motivation[2]. L'urgence *absolue* de la situation peut justifier une dérogation immédiate à cette obligation, cependant, les Jedi pourront demander la transmission *a posteriori* des motifs dans un délai de deux mois à compter de la publication de l'acte[3], à charge pour l'administration galactique de les communiquer dans un délai d'un mois[4].

Enfin, avant l'adoption définitive de l'acte, les Jedi devront être mis à même de présenter leurs observations (ce que l'on nomme également *droits de la défense* en droit administratif, ou *procédure contradictoire préalable*)[5]. Cette formalité s'applique particulièrement aux actes administratifs défavorables à leur destinataire (ce qui est évidemment le cas en l'espèce puisqu'il est question de dissoudre une organisation), mais il est possible d'y déroger en cas d'urgence[6].

---

ne pas dire *divergentes*). Il se produit notamment lorsque le chef de l'État ne dispose pas de la majorité parlementaire, et nomme, afin d'assurer le bon fonctionnement des institutions, un chef du Gouvernement issu de cette dernière.

1. Art. L. 211-5 du Code des relations entre le public et l'administration (CRPA).
2. Sauf exception, les actes administratifs défavorables à leur destinataire doivent être motivés (art. L. 211-2 du CRPA). Selon le juge administratif, les décisions de dissolution administrative sont soumises à l'obligation de motivation, en l'absence de quoi elles pourront être annulées par ce même juge, s'il est saisi en ce sens (CE, 31 oct. 1984, n° 28070, *Fédération d'action nationale et européenne (FANE)*).
3. Il s'agit du délai de recours contentieux habituel d'une décision administrative prévu à l'article R. 421-1 du code de justice administrative.
4. Art. L. 211-6 du CRPA.
5. Art. L. 121-1*sqq*. du CRPA.
6. Art. L. 121-2 du CRPA. À noter que selon l'intensité de l'*urgence*, l'autorité administrative peut déroger *a minima* au principe du contradictoire, et si l'urgence est considérée comme *absolue* (un degré d'intensité supérieur) par l'administration et validée par le juge administratif en cas de constatation, elle pourra déroger en addition à l'obligation de motivation (CE, 6 juin 2018, n° 410985, *Dos Santos Pedro*, concernant une mesure de l'administration pénitentiaire prise à l'encontre d'un détenu).

CONCLUSION

11. En suivant nos recommandations, le Chancelier Suprême serait à même d'éteindre la menace Jedi sans provoquer d'effusion de sang... La solution reste suffisamment dissuasive puisqu'en l'hypothèse d'une reconstitution de l'association, ses membres pourront faire l'objet de sanctions pénales[1]. La peine est d'autant plus lourde lorsqu'il est question d'un groupe de combat, caractérisé comme étant «*tout groupement de personnes détenant ou ayant accès à des armes, doté d'une organisation hiérarchisée et susceptible de troubler l'ordre public*»[2]. Sans qu'il soit nécessaire de revenir dessus, et si l'on adopte la vision de Palpatine, l'Ordre Jedi répondrait à cette définition. La perspective d'une telle sanction n'en serait alors que plus décourageante pour les Jedi récalcitrants.

Avant de conclure définitivement, nous revenons, comme évoqué[3], sur quelques imperfections de notre démonstration. Ces remarques ne tendent pas à l'invalider *de facto*, mais visent à préciser des subtilités juridiques qui certainement contribueraient à la qualité du raisonnement, mais dégraderaient probablement sa bonne compréhension (notamment auprès des profanes).

Concernant la qualification juridique de l'Ordre Jedi. En réalité, ce travail pourrait faire l'objet d'une contribution autonome, mais pour des raisons de simplification de la démonstration nous nous sommes arrêtés sur le qualificatif d'association, au détriment d'au moins deux obstacles non négligeables relatifs à la nature de l'activité confiée et le financement public de l'Ordre.

Premièrement, le maintien de la paix s'apparente à une mission de préservation de l'ordre public (éviter les troubles), donc un pouvoir de police administrative générale. En principe, la délégation d'un pouvoir de police à une personne privée (ce qu'est une association pour rappel) est interdite, que ce soit par contrat[4] ou autorisation unilatérale[5]. L'interdiction de délégation est d'autant

1. Prévues aux articles 431-13*sqq*. du Code pénal.
2. Art. 431-13 du Code pénal.
3. V. *supra*, § 4.
4. CE, sect., 17 juin 1932, n° 12045, *Ville de Castelnaudary*; CE, 1er avril 1994, nos 144152 et 144241, *Ville de Menton*.
5. Cons. const., 10 mars 2011, n° 2011-625 DC, *Loi d'orientation et de programmation pour la performance de la sécurité intérieure*.

plus formelle lorsqu'il est question de «*tâches inhérentes à l'exercice par l'État de ses missions de souveraineté*»[1], autrement dit les fonctions régaliennes, ce que constitue susceptiblement la mission de maintien de la paix.

Deuxièmement, depuis la loi de séparation de l'Église et de l'État du 9 décembre 1905[2], les cultes ne peuvent bénéficier de financements publics, sauf exceptions comme en Alsace-Moselle en raison du régime concordataire en vigueur depuis 1802. La religiosité régnant au sein de l'Ordre Jedi tendrait à le qualifier d'association *cultuelle* (culte de la Force), auquel cas son financement serait en principe interdit (sauf exception à leur égard).

Pour ces raisons, le qualificatif d'association est effectivement imparfait, mais nous croyons que la démocratisation du droit dans le cadre d'un ouvrage ludique sur un univers fictif vaut ce sacrifice (s'il en est).

1. Cons. const., 29 août 2002, décision n° 2002-461 DC, *Loi de programmation pour la justice*, § 8.
2. *JORF*, n° 336, du 11 déc. 1905, p. 7205-7209.

PARTIE 4

GARDER UN DERNIER ESPOIR

Même au fond de la cellule la plus sombre, il faut se souvenir d'allumer la lumière, se rappeler de garder espoir. Le droit, justement, peut constituer cet espoir, permettant que des règles puissent venir s'appliquer même au cœur d'un conflit que l'on puisse invoquer des « pourparlers » et que l'on soit alors traité aussi dignement que Will Turner par les *Pirates des Caraïbes*[1].

Cet espoir, c'est celui d'un traitement digne des prisonniers de guerre ; mais également celui d'un droit administratif transcendant les frontières, s'appliquant peu importe que l'on soit de France, de Coruscant ou de Mos Eisley. Cet espoir, c'est celui que portent Mme Agathe Chapelain et M. Raphaël Maurel.

QLP

1. G. Verbinsky (réal.), *Pirates des Caraïbes : La Malédiction du Black Pearl*, 2003.

8. « LES PRISONNIÈRES ET PRISONNIERS DE GUERRE DANS LA SAGA STAR WARS »

Agathe CHAPELAIN
Doctorante et ATER en droit public
Université de Brest, Lab-*LEX* (UR 7480)

1. Dans une galaxie lointaine, très lointaine, se déroulent des guerres que l'on peut analyser à la loupe de notre propre galaxie bien plus proche. La saga Star Wars nous offre un large panel de situations de captures, détentions et (moult) évasions. La fiction présente à cet égard un miroir déformé pour réfléchir le droit international humanitaire (DIH). Elle a cela en commun avec les lieux d'incarcération : M. Hubert Bonaldi, ancien directeur de la prison de la Santé, considérait en ce sens que « *la prison n'est qu'un reflet démesurément grandi de la société qui produit ceux qu'elle incarcère* »[1]. Ainsi, par ce microscope à double lentilles, l'une des prisons l'autre de la fiction, pourront être observées et analysées les règles qui encadrent les rapports de détention et ce qu'elles révèlent de notre rapport à la guerre et aux normes qui la régissent. De la fiction à l'ombre des prisons sera ainsi envisagée la délicate question de la concordance entre nos principes juridiquement établis et la réalité des guerres des étoiles.

2. Alors que les guerres se succèdent, chaque membre d'une armée semble répondre à des normes propres : les Jedi ou les Sith à leur Code[2], les droïdes à leur carte à puce, les rebelles à un code de l'honneur non écrit, les contrebandiers à la loi du profit et les clones aux ordres du Chancelier, futur-Empereur, Palpatine.

1. H. Bonaldi, *D'une prison à l'autre*, Édition Grasset, 1977.
2. [V. *infra*, la contribution de M. B. Le Dévédec. « Déontologie et valeur normative : la Force du Code des Jedi », NDC.]

Aucune norme de guerre commune ne semble établie. Le point de départ de cette étude sera pourtant le postulat suivant lequel les Conventions de Genève de 1949[1], ses protocoles additionnels de 1977[2] et la jurisprudence qui s'y réfère sont applicables dans la galaxie des films de la saga Star Wars. De même, au risque de contredire certains brillants juristes contribuant à ce même ouvrage, la galaxie sera considérée comme un espace international regroupant plusieurs États représentés par les planètes, chacune possédant son propre territoire, ses populations et ses régimes de gouvernance distincts.

3. Le DIH est fondé sur le principe de réciprocité. Ainsi l'article premier commun des quatre Conventions de Genève prévoit l'obligation fondamentale des contractants de «*respecter et faire respecter les dispositions des Conventions*». La Cour internationale de Justice a étendu en 2004 cette obligation à tous les États qu'ils soient ou non partie au conflit et qu'ils soient ou non liés formellement par les Conventions de Genève[3]. Ainsi, il sera considéré que la République, ses ennemis et ses alliés tout au long de la saga Star Wars ont connaissance de ce droit et y sont soumis.

4. Plusieurs situations tout au long des films présentent des situations qui semblent s'apparenter à des captures et détentions de prisonniers de guerre. Dans l'optique d'être exhaustifs, nous considérerons pour illustrer notre propos les exemples suivants :

---

1. Convention de Genève (I) pour l'amélioration du sort des blessés et des malades dans les forces armées en campagne, Convention de Genève (II) sur les blessés, malades et naufragés des forces armées sur mer, Convention de Genève (III) relative au traitement des prisonniers de guerre, Convention de Genève (IV) relatives à la protection des personnes civiles en temps de guerre, adoptée à l'occasion de la Conférence diplomatique de Genève de 1949 en Suisse, signées le 12 août 1949 et entrées en vigueur le 21 octobre 1950, *Recueil des Traités des Nations Unies*, vol. 75, p. 135, n° 972.
2. Protocole additionnel aux Conventions de Genève du 12 août 1949 relatif à la protection des victimes des conflit armés internationaux (Protocole I) ; protocole additionnel aux Conventions de Genève du 12 août 1949 relatif à la protection des victimes de conflits armés non-internationaux (Protocole II) ; protocole additionnel aux Conventions de Genève du 12 août 1949 relatif à l'adoption d'un signe distinctif additionnel (Protocole III), adoptés à Genève le 8 juin 1977, *Recueil des Traités des Nations Unies*, vol. 1125, I, p. 17512.
3. Cour internationale de Justice, Avis consultatif relatif aux conséquences juridiques de l'édification du mur dans les territoires palestiniens, 9 juill. 2004, § 159.

- capture et détention d'Obi-Wan Kenobi, par le Comte Dooku *alias* Dark Tiranus lors d'une mission d'espionnage, suivi d'acte de tortures physiques par décharges électriques[1] ;
- Prolongation de la détention d'Obi-Wan Kenobi, rejoint par Anakin Skywalker et Padmé Amidala, toujours sur ordre du Comte Dooku, la détention se concluant par un ordre d'exécution sans jugement et dans des conditions humiliantes[2] ;
- capture et détention d'un pilote impérial qui a fait défection par une faction rebelle. Détention comprenant des actes de tortures physiques et psychologiques à son encontre grâce à un outil (un animal) indéfinissable[3] ;
- capture et détention de la Princesse Leia par Dark Vador avec des sous-entendus de tortures physiques et des actes de tortures psychologiques, impliquant notamment menace puis exécution de génocide[4] ;
- capture et détention de Han Solo par Dark Vador. Actes de tortures physiques et psychologiques puis cryogénisation, avec livraison au chasseur de prime Boba Fett[5] ;
- capture et détention de la Princesse Leia par Jabba le Hutt comprenant des mauvais traitements, notamment entrave au cou, exhibition humiliante et potentiel esclavage sexuel[6] ;
- capture et détention du pilote de la résistance Poe Dameron par le chef de guerre, Kylo Ren, impliquant tortures physiques commises grâce à la Force en vue d'obtenir des informations[7] ;
- capture et détention de la combattante de la Résistance Rey par le chef de guerre Kylo Ren, en plus de tortures physiques et mentales[8] ;
- capture et détention des combattants de la Résistance Finn et Rose par la chef de guerre Phasma ordonnant une exécution arbitraire[9].

Afin d'étudier globalement le respect de la IIIe Convention de Genève et le traitement des prisonniers de guerre dans cette saga, nous nous appuierons sur ces exemples et étendrons notre

1. *Ép. II.*
2. *Ibid.*
3. *RO.*
4. *Ép. IV.*
5. *Ép. V.*
6. *Ép. VI.*
7. *Ép. VII.*
8. *Ép. VIII.*
9. *Ép. IX.*

analyse à ceux qui ne nous sont pas donnés à voir. Face à des situations comparables nous souhaitons avancer des réflexions et hypothèses relatives à la réciprocité du DIH. En effet, alors que les conflits armés se déroulant entre États ou entre planètes devraient être régis par un droit fixe et universel, ils sont régulièrement sujets à interprétation, voire à négociation[1]. Cela est dû à un affrontement classique des souverainetés de différents États, mais également au caractère exceptionnel de la situation de guerre[2].

Sera donc étudiée dans un premier temps l'application du statut dans plusieurs situations précises afin de déterminer le champ d'application de ce droit international négocié, déterminant ainsi les échanges possibles entre les parties en conflit (**I.**), avant la détention comme arme de guerre (**II.**).

I. DE LA NÉGOCIATION INTERGALACTIQUE AU PRINCIPE D'HUMANITÉ DANS LES PRISONS DE LA GALAXIE

5. Le DIH est un ensemble de règles d'exception au droit international public s'appliquant en situation de guerre. Malgré le caractère urgent de la matière qu'il couvre, il demeure que la mise en œuvre des normes de droit international humanitaire est soumise aux négociations entre États soucieux de préserver leur souveraineté (**A.**). Quand les normes sont établies, encore faut-il déterminer quels sont les acteurs responsables de leur application ou de leur violation, à savoir les puissances belligérantes détentrices (**B.**), c'est-à-dire qui mettent en œuvre la détention.

1. Le CICR a souvent tenté de clarifier les critères d'application du droit international humanitaire. L'article de Tristan Ferraro, La position juridique du CICR donne des critères de définition sur la qualification des conflits armés incluant une intervention étrangère et sur les règles du DIH applicables à ces situations, *Revue Internationale de la Croix-Rouge*, vol. 97, 2015 (n°4).
2. M.-J. Domestici-Met, *Aide humanitaire internationale : un consensus conflictuel ?*, Centre d'Étude et de Recherches Internationales et Communautaires Université Aix-Marseille III, coll. «Coopération et Développement», 1996.

A. Application du droit intergalactique : les prisons entre diplomatie et conflit militaire

6. Dans un souci didactique seront envisagées les conditions juridiques nécessaires à l'application du DIH dans les prisons. Toutes les situations de capture et de détention précitées n'ont pas nécessairement lieu dans le cadre d'un conflit armé international (**1.**) et ces mêmes situations échappent à la vigilance internationale des juristes car elles sont l'objet de tractations belliqueuses non-contrôlées (**2.**).

1. Caractériser le conflit armé international : les frontières de la Guerre des étoiles

7. S'il est relativement aisé de déterminer le champ d'application du droit international pour des relations internationales entre États relatives à des objets internationaux partagés tels que le commerce ou les transports, il est en revanche plus difficile de réguler un domaine qui relève de la souveraineté de chaque État : le droit et la procédure pénale. Il s'agit là du grand écart perpétuel effectué par le droit international qui se propose d'établir des règles particulières dans le cadre d'échanges internationaux[1] et notamment en vue de se prémunir contre les conflits armés pour ce qui est du DIH. Ce pan particulier du droit international résulte d'une volonté de réglementer les échanges conflictuels entre États en se fondant notamment sur le principe d'humanité. Cela consacre la vision de Henry Dunant à l'initiative des premiers textes de droit international humanitaire : «*même la guerre a ses règles*»[2].

8. Afin d'invoquer l'application des règle du DIH, il convient donc dans un premier temps de prouver que nous sommes bien présence d'un conflit armé et de déterminer si celui-ci est interne ou international. Pour ce faire, il convient d'appliquer un faisceau d'indices préconisé depuis l'affaire Limaj du Tribunal Pénal pour l'ex-Yougoslavie[3]. Les critères qu'il faut observer sont : les

---

1. A. Pellet, «Propos introductifs», in Id., *Le droit international entre souveraineté et communauté*, éditions Pédonne, coll. «Doctrine(s)», 2014, p. 14.
2. H. Dunant, *Un souvenir de Solférino*, rééd. Éditions Ampelos, 1862.
3. S. Vité, «Typologie des conflits armés en droit international humanitaire : concepts juridiques et réalités», *Revue Internationale de la Croix Rouge*, vol. 91, 2009, p. 69-94, n° 873.

potentielles déclarations de guerre; l'intensité des violences; les caractéristiques des belligérants (s'il s'agit de groupes armés cohérents, répondant à un chef)...[1]

En l'occurrence, il convient de noter que l'intensité des violences est inégale selon les films et croissante dans la saga. En effet, la bataille de Géonosis et le vote des pleins-pouvoirs puis l'appropriation d'une armée par le Chancelier Palpatine semblent constituer les faits irréversibles conduisant à la qualification en conflit armé international. Les événements qui leur sont antérieurs sont, quant à eux, assimilables à des «*situations de tensions internes, de troubles intérieurs, comme les émeutes, les actes isolés et sporadiques de violence et autres actes analogues*» comme le précise le Protocole II des Convention de Genève[2].

Le critère de l'intensité des violences évolue donc au fil des épisodes. Par conséquent, le régime applicable est différent selon les films. À l'exception de l'épisode I et le début du II, les évènements de la saga devraient être soumis au DIH puisque la majorité des situations se déroulent à l'occasion d'un conflit armé international. Ainsi, les captures et détentions de MM. Kenobi et Skywalker et de Mme Amidala sur Géonosis dans l'épisode II, citées en introduction, n'entrent pas dans le champ d'application du DIH. Le droit pénal commun et, le cas échéant, le droit militaire de la planète en question (*ratione loci*) ou celui des planètes dont les protagonistes sont ressortissants (*ratione personae*) peuvent permettre de poursuivre les auteurs pour les mauvais traitements commis pendant la détention.

2. *Diplomatie de guerre : Souveraineté et avantages militaires*

9. Si la présence d'un conflit armé inter-galactique à partir de l'épisode II ne fait plus de doute, il faut néanmoins noter que les mesures diplomatiques de modération du conflit permettant la garantie de l'application du DIH ne sont pas mises en place. En ce qui concerne le droit applicable aux prisonniers de guerre,

1. Comité International de la Croix Rouge, «Comment le terme "conflit armé" est-il défini en droit international humanitaire?», Prise de position, mars 2008, p. 3; Tribunal pénal international pour la Yougoslavie, Jugement du 30 nov. 2005, Affaire Limaj, § 84.
2. Précit.

régulièrement le DIH impératif s'efface pour laisser la place aux négociations entre États. Il n'est ainsi pas rare d'assister à des tractations entre deux États pour s'assurer des bons traitements de ses prisonniers[1].

En effet, la situation des prisonniers de guerre est souvent prise en tenaille entre des considérations d'ordre militaire et la souveraineté légitime de tout État quant à la mise en œuvre son droit pénal et/ou militaire. Le DIH propose des règles facultatives relatives aux relations internationales en temps de guerre : des intermédiaires extérieurs, des agents de liaison diplomatique, etc[2]. Le DIH propose une forme de diplomatie par la mise en place de puissances protectrices[3]. C'est la désignation d'un tiers afin d'équilibrer les forces de négociation. Les résultats de cette diplomatie se révèlent fort peu probants à Goa (1961), entre l'Inde et le Pakistan (1971) ou pour le conflit des Malouines (1982). Le travers de cette institution réside dans sa désignation principalement.

En l'occurrence, dans notre propre galaxie, cette puissance protectrice a été parfois incarnée par la Croix Rouge puis par le Comité International de la Croix Rouge (CICR). Si le Conseil des Jedi, à l'instar du CICR est une instance de conseil experte en droit et relations internationals dont le principe fondateur et moteur est la neutralité, ou l'équilibre des forces, et si dans une galaxie comme dans l'autre les représentants du CICR et du Conseil des Jedi peuvent être des émissaires diplomatiques venant vérifier la bonne application des normes relatives au traitement humain des prisonniers, la ressemblance s'arrête là. Le Conseil des Jedi répond néanmoins à d'autres dynamiques que le CICR. Son rôle est plus flou : tantôt conseillers proches de sénateurs et sénatrices

---

1. Il est possible de prendre pour exemple la fameuse détention de Ingrid Bettancourt dont les journaux ont commenté les tractations et négociation entre les autorités légales colombiennes et le groupe armé les FARCS pour obtenir la libération ou non de la prisonnière en échange de celle de soldats des FARC (Cl.-M. Vadrot, « Nouveaux éléments sur la libération d'Ingrid Betancourt », *Médiapart*, 7 juillet 2008).
2. B. Ki-Moon, « Perspectives sur le CICR, Le CICR dans un contexte humanitaire en évolution », *Revue Internationale de la Croix-Rouge*, vol. 94, 2012 (n° 4), n° 888 ; Y. Sandoz, « Le Comité international de la Croix-Rouge : gardien du droit international humanitaire », 1998, disponible sur le site du CICR : https://www.icrc.org/fr/doc/resources/documents/misc/about-the-icrc-311298.htm (consulté le 11/05/2022).
3. V. la Résolution 2, de la Conférence diplomatique du 2 août 1949

choisis au sein du Sénat intergalactique, tantôt exerçant un rôle de police et tantôt prenant part au commandement et à l'entraînement de soldats.

L'absence de ces gardiens et garde-fous du DIH est lourde de conséquences. En effet, l'appréciation de l'application du DIH et le contrôle de son respect sont donc laissés entre les mains des belligérants. Ainsi, le poids des obligations conventionnelles pèse uniquement sur les belligérants détenant dans le cadre d'un conflit armé international des prisonniers de guerre.

B. Prisonniers et geôliers au cœur d'un conflit armé intergalactique

10. Afin de qualifier lesdits belligérants détenant dans le cadre d'un conflit armé international des prisonniers de guerre et les combattants sous le pouvoir d'une puissance ennemie, la IIIe Convention de Genève sera notre norme de référence. Elle définit les deux sujets de ces droits : les prisonniers de guerre (1) et les parties détentrices (2).

1. Les critères de détermination des prisonniers de guerre

11. L'article 4 de la IIIe Convention de Genève de 1949 définit les prisonniers de guerre comme étant les combattants et assimilés «*tombés au pouvoir de l'ennemi*». Cette disposition prévoit plusieurs critères permettant de reconnaître un prisonnier de guerre bénéficiant de protection particulière. Il doit s'agir d'un combattant reconnaissable, armé et suivant le commandement d'une puissance au conflit. De façon générale, cela implique les militaires, facilement reconnaissables par leur uniforme, mais également, les membres de l'armée qui ne participent pas forcément au combat et les alliés occasionnels d'un territoire occupé. Il est fait exception en ce qui concerne le personnel médical et religieux qui relèverait plutôt des garanties offertes au personnel civil par la IVe Convention de Genève[1].

En l'espèce, peuvent être assimilés à cette catégorie les Jedi répondant aux consignes du Conseil des Jedi, au Code des Jedi

1. Article 33 de la IIIe Convention de Genève de 1949.

ou aux préceptes de leurs maîtres, reconnaissables par le port du sabre laser, et ce, malgré leurs discours revendiquant la neutralité. Les membres de la Rébellion ainsi que les membres des armées régulières des République, Empire, Premier et Dernier Ordre, sont armés et répondent à un commandement. La différence réside sur les signes distinctifs : si les membres des armées légales se distinguent par leurs uniformes militaires, les rebelles, étant une force informelle, ont parfois des uniformes, parfois des modalités de reconnaissance plus informelles par cooptation ou connaissances communes. Cela ne permet pas d'écarter la qualification de combattant pour autant[1].

12. De façon générale, le statut de prisonnier de guerre est protecteur et sa mise en œuvre est recherchée[2]. Toutes les personnes arrêtées dans le cadre d'un conflit après avoir directement participé aux hostilités doivent être présumées prisonniers de guerre et bénéficier, au moins à titre conservatoire, de la protection prévue par la troisième Convention. Par la suite, un tribunal compétent, impartial et garantissant les droits de la défense pourra déterminer l'applicabilité ou non dudit statut. Cela inclut notamment les situations de civils ou soignants prenant les armes pour se défendre.

2. Les critères de détermination des puissances détentrices

13. Les Conventions de Genève de 1949 ont été mondialement ratifiées. Tous les États de la Planète peuvent les revendiquer. Quand bien même ce ne serait pas le cas, le principe de réciprocité, énoncé précédemment, garantit l'application la plus large possible. Les armées régulières et irrégulières sont forcément tenues par les obligations qui en découlent.

En l'espèce, la République qui deviendra l'Empire, le Premier Ordre, ainsi que leurs alliés respectifs, sont directement astreints par les règles de DIH car ils sont des belligérants reconnaissables.

1. Intégrée par exemple dans le DIH français : D. Cumin, « Qui est combattant ? », *Revue Inflexions, Civils et militaires : pouvoir dire*, vol. 5, 2007 (n° 1), p. 151-165
2. Médecins sans Frontières, *Dictionnaire de droit humanitaire*, v[is] « Prisonnier de guerre », disponible en ligne : https://dictionnaire-droit-humanitaire.org/content/article/2/prisonnier-de-guerre/#: ~ :text = Un % 20combattant % 20qui % 20a % 20commis,pr % C3 % A9vues % 20par % 20le % 20droit % 20humanitaire. (consulté le 11/05/2022).

La Rébellion et ses différentes factions y sont également soumises par le principe de réciprocité[1] et surtout parce qu'elles répondent aux critères énoncés dans l'affaire Boškoski et Tarčulovski du TPIY en 2008[2]. En effet, les groupes armés sont réputés puissances ennemies soumises au DIH s'ils sont suffisamment organisés.

Le degré d'organisation s'évalue par la présence d'une structure de commandement, de règles et mécanismes disciplinaires au sein du groupe, d'un quartier général. À ces indices organisationnels s'ajoutent des critères de compétence tels que la capacité de contrôle de territoire, à se procurer des armes, à recruter et former des soldats, à planifier, coordonner et exécuter des opérations militaires, à parler d'une seule voix et à négocier et conclure des accords tels que cessez-le-feu ou accords de paix[3]. En l'espèce, si quelques dissensions internes sont portées à l'écran, ces critères sont majoritairement remplis par la Rébellion, ses factions et ses alliés qui sont par conséquent des puissances détentrices potentielles.

14. En revanche, il convient de mettre en évidence une scène de détention impliquant des groupes alliés à l'Empire. En effet, l'organisation criminelle des Hutts, trafiquants d'épices et d'esclaves, ne répond pas à l'Empire, n'a pas de stratégie militaire et obéit plutôt à une logique mafieuse… Ainsi, la détention de la princesse Leia dans l'épisode VI est donc commise en dehors du cadre d'application des Convention de Genève. À l'instar de la situation des épisodes I et II évoquée plus haut, les mauvais traitements subis par la combattante à cette occasion relèvent donc du droit commun des droits humains, non du droit international humanitaire.

Ainsi, à l'exception de cet exemple, les puissances détentrices sont, en vertu de l'article 12 de la II Convention de Genève, «*responsables du traitement appliqué*» aux prisonniers de guerre. Le traitement des prisonniers de guerre en question est l'objet central de la protection offerte par le DIH.

---

1. J. K. Kleffner, «L'applicabilité du droit international humanitaire aux groupes armés organisés», *Revue Internationale de la Croix Rouge*, vol. 93, juin 2011 (n° 882), p. 443-461.
2. TPIY, arrêt de la Chambre de première instance du 10 juin 2008, Le Procureur c. Boškoski et Tarčulovski, n° ICTY-IT-04-82-T, § 194-205.
3. *Ibid.*

II. LE TRAITEMENT DES PRISONNIERS DE GUERRE : DE L'AVANTAGE MILITAIRE À LA GARANTIE DES DROITS

15. La condition de détention des prisonniers de guerre est régulièrement un enjeu de guerre. C'est précisément cette cohabitation entre la stratégie de guerre et les obligations conventionnelles dans la saga Star Wars qui sera décortiquée par la suite, envisageant la capture et les sanctions pénales d'une part (A.), les conditions de détention d'autre part (B.).

A. La capture et les sanctions pénales : le pouvoir discrétionnaire militaire

16. La capture de prisonniers de guerre (1.) et la sanction de ceux-ci (2.) sont deux situations dont la résolution appartient aux chefs de guerre. En temps de guerre, les responsables militaires peuvent décider du sort des soldats ennemis dont l'armée a été défaite. Ces décisions d'urgence ont un caractère exceptionnel. Le DIH permet d'encadrer ce pouvoir.

1. La capture de prisonnier en temps de conflit armé : un avantage militaire difficilement soumis au droit.

17. Dans le cadre de la capture des prisonniers de guerre, le principe primordial est l'interdiction de donner l'ordre de ne pas faire de prisonniers. En ce sens, le commandement «*no quarter, no prisonners*»[1] prononcé par Kylo Ren est inconventionnel. À l'instant où l'une des parties au conflit dépose les armes, elle a le droit à la protection de son intégrité physique. Selon l'article 4 de la IIIe Convention, quand l'acte de tuer un soldat armé est légal, il devient illégal sur le même soldat qui se rend. Il s'agit évidemment de situations factuelles difficiles à évaluer *a posteriori*. Le principe d'humanité, fer de lance du droit international humanitaire, vient donc distinguer le traitement qui doit être appliqué au combattant qui porte les armes et celui qui les a déposées[2]. En vertu de

1. *Ép. VIII.*
2. J. De Preux, «"Capture", texte de synthèse», *Revue International de la Croix Rouge*, vol. 758, 1986, p. 91-96.

l'article 5 de la IIIe Convention, les combattants sont protégés dès lors qu'ils sont sous le contrôle de l'ennemi, même dans les cas d'incertitude sur l'appartenance du prisonnier à la partie au conflit.

18. Il faut néanmoins constater que la capture de prisonniers pendant une bataille ou par surprise constitue souvent un « avantage militaire ». Bien souvent la capture de prisonniers a un impact sur la force physique et morale de la puissance armée opposée, constitue matière à négociation militaire ou pression et ouvre également la possibilité d'obtenir des informations.

Seule la négociation pour l'échange ou la libération des prisonniers de guerre est licite. En vertu de l'article 70 de la Convention, la faction ennemie doit être avertie de la capture de ses membres. Les exigences de transparence et le principe d'humanité sont dans cette disposition à nouveau mis en avant. D'ailleurs, l'enjeu majeur de la IIIe Convention de Genève est de protéger les individus capturés pour qu'ils ne soient pas mis en danger en devenant une monnaie d'échange, une source d'information ou un atout de pression psychologique. Les représailles commises sur les prisonniers de guerre sont interdites, à la différence des sanctions pénales et disciplinaires[1].

2. Les sanctions pénales appliquées aux prisonniers de guerre, ou comment échapper au droit international humanitaire

19. Il est aisé de se remémorer les quelques scènes de la saga Star Wars où les membres de la Rébellion se voient annoncer plus ou moins officiellement la liste des infractions commises et les sanctions qui les attendent. Il s'agit de situations en apparente violation du DIH. Certes, la IIIe Convention de Genève stipule le principe d'assimilation des personnes détenues aux combattants de l'armée de la puissance détentrice en reconnaissant la possibilité de sanctions disciplinaires et judiciaire pour des actes commis par les prisonniers de guerre ; en revanche, l'article 83 appelle formellement à « *l'indulgence* ». Les prisonniers de guerre disposent de garanties dans ce cadre telles que l'accès à un tribunal indépendant[2] et l'interdiction de châtiments corporels, mauvais traitements ou actes de torture[3].

1. Chapitre III « Sanctions pénales et disciplinaires », de la section VI « Rapport des prisonniers de guerre avec les autorités », du titre III « la captivité », de la IIIe Convention de Genève de 1949, art 82 à 108.
2. Art. 84, § 3.
3. Art. 87, § 3.

20. Une considération peut s'ajouter à cela, quand il s'agit de conflits armés intenses qui se déroulent sur quelques années, les sanctions pénales sont prononcées par des tribunaux spéciaux à la fin des conflits. Quoique cela ne soit pas pas préconisé par la IIIe Convention de Genève de 1949, il s'agit une pratique née après l'expérience des procès de Nuremberg. En l'espèce, il serait bien difficile de trouver un équivalent dans la saga Star Wars, qui comme son nom l'indique ne s'intéresse qu'à la guerre : il n'y a pas de pause entre chaque conflit de Star Wars. Les périodes de paix font l'objet d'ellipses. Par conséquent, il n'est fait mention d'aucune cour indépendante connue pour juger les crimes de guerre. Chaque belligérant a son propre ordre disciplinaire interne. Les violations des règles de la Rébellion font l'objet de contre-ordres de mission : l'immobilisation du pilote Poe pour ces manquements aux ordres de ses supérieurs ressort de ceux-là. Du côté de l'Empire, les chefs de guerre que sont Dark Vador et Kylo Ren ont la fâcheuse tendance d'étrangler leurs subordonnés au moyen de la Force si ceux-ci n'ont pas accompli leur ordre de mission. Néanmoins, ces sanctions sont sans lien avec le respect du DIH.

B. Les conditions de détention : la violation des garanties humanitaires

21. Les exemples donnés en introduction ne semblent pas correspondre au principe d'humanité préconisé par le DIH : sont ainsi perpétrés par les puissances détentrices toutes sortes de mauvais traitements (**1.**). En revanche, chose encore plus inquiétante peut-être, une part non négligeable des situations de détention échappe au regard du spectateur et contrevient par cela au droit international humanitaire (**2.**).

1. Les garanties conventionnelles bafouées : des situations visiblement cruelles

22. Selon les principes du DIH, la détention des combattants doit se conformer au principe d'assimilation aux troupes de la puissance détentrice et au principe d'humanité. La IIIe Convention de Genève de 1949 prévoit un arsenal de protection des prisonniers et prisonnières de guerre afin de les protéger des mauvais traitements (articles 21 à 77). Ce texte protecteur doit d'ailleurs faire l'objet d'un affichage dans tous les camps de prisonniers de guerre : cette obligation essentielle de publicité du droit visant à sa protection ne semble aucunement respectée.

Se dénotent également plusieurs violations de la prohibition des «*actes de violence et d'intimidation*» stipulée par l'article 13 de cette même Convention. L'acte de guerre répréhensible en l'espèce est celui de pratiquer des «*représailles*» sur les combattants détenus. En l'occurrence, les mauvais traitement, actes de tortures et de barbarie suivants sont inconventionnels : les actes de tortures usant de la Force ou d'un animal ou d'un outil de torture pour soutirer des informations sur le pilote Bodhi Rook par la faction rebelle dirigée par Saw Guerrera d'une part, sur le pilote Poe Daemron et la pilleuse d'épave Rey, torture opérée par un des *leaders* du Premier Ordre, Kylo Ren, d'autre part. Les modalités d'interrogatoire sur les prisonniers de guerre sont clairement énoncées à l'article 17 de la Convention qui condamne l'usage de la «*torture physique* [...] *pour obtenir* [...] *des renseignements*». Le même article préconise également de ne pas user de tortures «*morales*».

Ainsi, l'acte de tortures psychologiques exercé par Dark Vador contre la Princesse Leia par la menace de massacre et de génocide pour lui soutirer des informations est inconventionnelle. De même, la réalisation de la menace, à savoir la destruction de la planète Alderan, relève d'un acte de torture psychologique en plus de constituer un acte de guerre répréhensible[1].

Enfin, la cryogénisation de Han Solo par Dark Vador[2] peut également être interprétée comme un acte de torture en représailles. Outre le caractère violent de la cryogénisation, elle comprend un caractère humiliant pour le prisonnier et constitue une violation de l'obligation pour la puissance détentrice de veiller au «*respect de leur personne et de leur honneur*» établie par l'article 14.

---

1. [V. *infra*, la contribution de M. le professeur P.-J. Delage, «Les cendres d'Alderaan. Essai sur la qualification pénale applicable à la destruction des planètes au prisme du Statut de la Cour pénale internationale», NDC.]
2. [V. *infra*, la contribution de M. Q. Le Pluard, «Le transhumanisme, dans une galaxie lointaine, très lointaine : Aspects d'une bioéthique (inter-)galactique», NDC.]

2. L'opacité de certaines conditions de détention dans la saga

23. Le maître Jedi Obi-Wan Kenobi exprimait la même sagesse : «The truth is often what we make of you heard what you wanted to heard, believed what you wanted to believe.»[1] Comme le met en exergue René Provost[2], le maître mot de l'application contemporaine du DIH est la réciprocité. Néanmoins, en relevant les situations de détention dans la saga, il faut admettre qu'une au moins échappe à notre analyse faute d'exemple.

En effet, tout au long de la saga Star Wars en film, il n'est pas fait écho de situation dans lesquelles des membres de l'armée régulière de l'Empire sont détenus par les forces rebelles. La seule exception est celle de la détention du pilote de l'armée impériale dans *Rogue One*. En l'occurrence, il est précisé que la puissance détentrice est une faction dissidente de la Rébellion. Le fonctionnement de cette dissidence fait d'ailleurs l'objet de jugements moraux par différents personnages. Cette exception mise à part, sont seulement aperçues quelques captures de *stormtroopers* apparemment régulières. Il n'apparaît jamais à l'écran de scènes de détentions organisées par les Rebelles, *alias* «les gentils». Ce silence peut paraître alarmant.

24. La saga est née outre-Atlantique; cette situation nécessite un petit rappel de la posture des États-Unis vis-à-vis des Conventions de Genève. Celles-ci ont été signées en 1949, puis ratifiées accompagnées de réserves en 1955, auxquelles se sont ajoutées d'autres réserves en 1974 puis en 1975[3]. Les points de réserves des États-Unis sont nombreux et rendent certaines des dispositions obsolètes. Ainsi, les États-Unis d'Amérique se réservent le droit d'appliquer la peine de mort sur condamnation émise par une autorité judiciaire étasunienne, s'opposent aux réserves émises par le Sud Viêt Nam, acceptent d'établir des traités bilatéraux qui contreviennent aux Conventions de Genève...

---

1. La version française traduit imparfaitement : «*Luke, tu apprendras que beaucoup de vérités auxquelles nous tenons dépendent avant tout de notre propre point de vue.*», *ép. IV.*
2. R. Provost, International Human Rights and Humanitarian Law, Presse Universitaire de Cambridge, 2004, 391 p.
3. *Actes de la Conférence diplomatique de Genève de 1949*, t. I, 1950, p. 340. «Notification du dépositaire au CICR du 8 août 1955», *Registre des Traités des Nations Unies*, vol. 213, 1955, p. 378-384.

Enfin, le traitement des prisonniers de guerre fait l'objet d'une omerta conséquente qui trouve son apothéose dans des prisons militaires états-uniennes connues : Bagram (Afghanistan), Abu Ghraib (Irak) et Guantánamo (base étasunienne à Cuba). En effet, ces établissements carcéraux sont initialement destinés à accueillir les personnes capturées préventivement ou condamnées pour des activités terroristes[1]. Les informations publiques ou non officielles font état de mauvais traitements dénoncés par la doctrine[2].

25. En conclusion, il faut rappeler que le traitement des prisonniers de guerre, qu'il se fasse dans les étoiles ou sur notre planète Terre, se trouve soumis au droit international humanitaire et doit respecter les principes d'humanité, de réciprocité et de transparence, garanties conventionnelles afin que «*même la guerre* [ait] *ses règles*».

---

1. W. Mastor, «La prison de Guantanamo : réflexions juridiques sur une zone de "non-droit"», *Annuaire Français de Droit International*, vol. 54,2008, p. 23-44.
2. D. P. Forsythe, *The Politics of Prisoner Abuse : The United States and Enemy Prisoners after 9/11*, Cambridge University Press, 2011, 315 p.

9. « STAR WARS ET LE DROIT ADMINISTRATIF GLOBAL »

Raphaël MAUREL
Maître de conférences en droit public
Université de Bourgogne, CREDIMI (EA 7532)
Membre associé du CEDIN (EA 382)

1. Excuses au lecteur –. Pour d'évidentes raisons académiques, la forte tentation de l'auteur de ces lignes d'intituler sa thèse « Harry Potter et les sources du droit administratif global », dut, au moment de son dépôt, être réprimée[1]. L'on ne dissimulera cependant pas une recherche permanente, depuis longue date, d'associer plusieurs passions : le droit international, la musique, les fictions… et, parmi elles, Star Wars[2]. Autant dire que la proposition de traiter du thème « Star Wars et le droit administratif global », judicieusement mûrie par les directeurs d'ouvrage de sorte à se prémunir de tout hypothétique refus, n'a été suivie que de quelques secondes de réticence. Traiter d'un tel sujet nécessite cependant de s'accorder *a minima* sur le sens de ses termes, ce pour quoi des excuses préliminaires au lecteur s'imposaient.

2. Droit admi… quoi ?-. Star Wars est, de manière incontestable, la plus grande œuvre de science-fiction jamais conçue. La définition du droit administratif global est, pour sa part, bien

1. L'on en jugera au titre empreint de sobriété finalement retenu : R. Maurel, *Les sources du droit administratif global*, LexisNexis, coll. « Travaux du Credimi », 2021, 752 p.
2. V., à cet égard, R. Maurel et V. Ndior, « Star Wars : une représentation du système juridique international », in A. Ciaudo, Y. Lécuyer, (dir.), *Le droit contre-attaque. L'univers Star Wars au prisme du droit*, Presses universitaires de Franche-Comté, coll. « Droit et pop culture », 2021, p. 71-91 ; ou encore R. Maurel (dir.), « Le procès des Jedi », dossier paru à la *Revue du droit insolite*, n° 1, 2021.

moins consensuelle. Cette «*science un peu bizarre*»[1] est avant tout un projet de recherche et un «*programme intellectuel*»[2] initié en 2005 par la *New York University* et notamment les chercheurs B. Kingsbury, N. Krisch et R. B. Stewart[3], puis rapidement relayé en Europe par Sabino Cassese[4]. On peut retenir du *Global administrative law* ou «*droit administratif global*»[5] la synthèse suivante : «[i]*l existe, au sein des appareils caractéristiques de la globalisation, des organes et institutions qui présentent un caractère administratif par leur physionomie et par les fonctions qui sont les leurs* [...]»[6]. En bref, on retiendra que le droit administratif global regroupe, dans la vaste – mais pas si lointaine – galaxie de la mondialisation, l'ensemble des normes visant à renforcer la légitimité des institutions et processus décisionnels. La science du droit administratif global se présente alors comme un «*outil conceptuel permettant d'observer la gouvernance d'institutions globales exerçant une fonction administrative*»[7], cette fonction demeurant pour l'essentiel... à définir. Dans ce contexte, quels rapports entre cette science obscure et le chef d'œuvre qu'est Star Wars ?

3. Tout est dans Star Wars. Tout. –. On soutiendra ici que Star Wars ne peut se penser sans le droit administratif global. Pour le démontrer, on constatera d'abord que la saga, qui met en scène la chute d'une organisation internationale (I.), s'inscrit pleinement dans le contexte du droit administratif global (II.). Le vice sera poussé jusqu'à suggérer que Star Wars aurait pu être l'acte de

---

1. J.-B. Auby, «La théorie du droit administratif global : Brève présentation critique», 2007, Chaire Mutations de l'Action Publique et du Droit public, consultable en ligne à l'adresse : http://www.sciencespo.fr/chaire-madp/sites/sciencespo.fr.chaire-madp/files/jba.pdf (consulté le 23/09/2022) ; L. Dubin, «Chronique de droit administratif global de 2007-2008», *DA*, n° 11, novembre 2008, p. 6.
2. J.-B. Auby, *La globalisation, le droit et l'État*, 2e éd., LGDJ, coll. «Systèmes Droit», 2010, p. 243.
3. B. Kingsbury, N. Krisch, R. B. Stewart, «The Emergence of Global Administrative Law», *Law and Contemporary Problems*, vol. 68, 2005, n° 3-4, p. 15-61.
4. S. Cassese, *Au-delà de l'État*, Bruylant, coll. «Droit administratif / Administrative law», 2011, 235 p.
5. À vrai dire, les expressions ne sont pas exactement synonymes, l'auteur de ces lignes en défendant une vision française visant à pallier plusieurs de ses lacunes théoriques ; v. R. Maurel, *Les sources du droit administratif global*, *op. cit.*, particulièrement l'introduction et les § 43 et suivants.
6. J.-B. Auby, «Vous avez dit : droit administratif global ? », *DA*, n° 5, mai 2007, p. 5.
7. P. Bodeau-Livinec, L. Dubin, «Chronique de droit administratif global de 2009-2010», *DA*, n° 2, février 2012, p. 24.

naissance du droit administratif global, tant l'origine de la saga est proche de certains facteurs déclencheurs de l'activité doctrinale new-yorkaise (III.).

I. L'ANCIENNE RÉPUBLIQUE, UNE ORGANISATION INTERNATIONALE

4. N'en déplaise à certains –. Pour les trop nombreux tenants de la thèse de l'État unitaire, selon laquelle l'Ancienne République ne serait rien d'autre qu'un État fédéral[1] – fiction à laquelle, on l'aura compris, nous n'adhérons pas – la source de sa chute serait essentiellement un problème de finances publiques, et plus précisément de politique fiscale. Au début de la «prélogie» en effet, la Fédération du commerce, qui exerce manifestement un monopole sur les échanges commerciaux entre les systèmes, organise un blocus au-dessus de la planète Naboo pour protester contre la taxation des routes commerciales de la bordure extérieure décidée par le Sénat – qui avait déjà limité ses capacités d'armement. Pour Thierry Schmitt, point de doute : «*l'impôt galactique n'est-il pas à l'origine même de la saga, la cause de ces batailles spatiales et de cette fureur des sabres laser* [...]. *Comme quoi l'impôt se mêle de tout*»[2]. Libres aux interprètes de gloser autour des motifs profonds de cette nouvelle taxation qui déplut manifestement à ce sympathique corps professionnel : s'agissait-il de combler un déficit budgétaire devenu problématique – peut-être du fait de dépenses excessives mal maîtrisées[3] –? Ou bien de mener une

1. V. Y. Lecuyer, «Pour en finir avec les incertitudes sur la nature étatique de la République galactique», in A. Ciaudo, Y. Lécuyer, (dir.), *Le droit contre-attaque. L'univers Star Wars au prisme du droit*, *op. cit.*, p. 123 et suivantes, répondant à R. Maurel et V. Ndior, «Star Wars : une représentation du système juridique international», *op. cit*.

2. Th. Schmitt, «La fiscalité de la galaxie», in *ibid.*, p. 112.

3. Dans ce contexte et en admettant que la République soit un État – *quod non* –, on pourrait ainsi s'interroger sur la sincérité du budget de la République, qui a financé sans que personne ne s'en rende compte la création d'une gigantesque armée de clones, avec visiblement un faux ordonnateur public du nom de Dark Tyrannus qui aurait usurpé le nom d'un Jedi décédé. L'on ne pourrait que s'inquiéter de l'absence de contrôle de l'exécution du budget de la République, qui n'a pas vu s'enfuir ces millions voire milliards de crédits républicains pendant dix ans, et s'émouvoir de l'absence de juge financier galactique. De ce point de vue, Star Wars constitue l'illustration parfaite de la décadence d'une société aux mauvais choix budgétaires et qui ne contrôle pas ses finances publiques.

politique fiscale unitaire, qu'il s'agisse de systèmes lointains ou de la zone de libre-échange du Noyau de la République, dans le but de rallier de nouveaux systèmes à la République ou de la protéger face à d'éventuelles guerres commerciales l'opposant à d'autres galaxies ? Toujours est-il que la taxation des routes commerciales ressemble à s'y méprendre... à une harmonisation douanière, dont l'inexistence avant *La Menace fantôme* devrait convaincre les récalcitrants de la nature à l'évidence internationale de l'organisation nommée « République » – nonobstant son intitulé, les titres pouvant s'avérer trompeurs[1].

5. Des preuves accablantes –. Les indices de la nature internationale de l'Ancienne République sont si nombreux qu'il est malaisé de les synthétiser. On peut cependant rappeler qu'il existe dans la galaxie des ordres juridiques planétaires autonomes, avec des systèmes pénaux, judiciaires et administratifs si différents d'une planète à l'autre qu'il est difficile d'y déceler un minimum commun. Ainsi, le crime d'espionnage est puni de mort sans procès sur Géonosis, tandis que la haute trahison, objectivement plus grave que l'espionnage, fait normalement l'objet d'un procès sur Coruscant. Il existe même parfois plusieurs ordres juridiques sur une même planète. Sur Naboo, il existe des « lois » gungan parmi lesquelles la « dette d'honneur », tandis que les lois des Naboos ne prévoient manifestement pas cette règle. Ces diversités, qui touchent parfois à des valeurs et règles structurantes de tout ordre juridique, démontrent qu'il y a pluralité d'ordres juridiques entre planètes et parfois sur la même planète. La seule situation juridique à même d'expliquer raisonnablement ce phénomène est bien l'existence de plusieurs États, qu'ils couvrent un système, une planète ou une partie d'une planète. On peut même aller plus loin : il existe dans Star Wars un ordre juridique interplanétaire – et non « galactique », car l'organisation internationale dénommée « République » ne s'étend pas à toute la galaxie très lointaine – distinct des ordres planétaires. Des ressemblances avec de nombreuses normes présentes en droit international terrien sont ainsi identifiables ; ainsi en est-il de la règle selon laquelle les différends se règlent principalement par la paix, de l'interdiction du recours à la force sauf vote d'autorisation du Sénat, de l'existence d'un droit diplomatique, de

1. Ne parle-t-on pas de « Constitution » de l'Organisation internationale du travail, dont personne n'a jamais songé à contester la nature d'organisation internationale ?

celle des instruments classiques du droit international diplomatique (ambassadeurs, bons offices) ou encore de la présence de certaines sources formelles du droit international public – par exemple le « traité de paix » que l'on veut faire signer de force à la princesse Amidala.

6. La diplomatie internationale à l'œuvre –. Si on prend parmi les exemples précédents celui du mécanisme de sécurité collective, il faut relever que l'épisode I s'ouvre sur une mission d'abord diplomatique : deux ambassadeurs sont envoyés pour négocier un accord entre Naboo et la Fédération du commerce à propos d'un différend commercial qui a dégénéré. Il s'agit clairement, ici, d'une mission de bons offices menée sous l'égide du Conseil de sécurité des Nations Unies ou plutôt… du Conseil des Jedi. *A contrario*, on imagine mal une telle scène se produire dans un État, même fédéral : le recours à la force serait immédiat, au titre d'une mesure de police interne. Cet exemple topique montre bien une volonté de respecter des règles relatives à la coexistence pacifique entre les États, règles que l'on ne retrouve pas au sein d'un État unifié qui préfèrera généralement user de son « monopole de la violence légitime » cher à Max Weber. L'envoi « d'ambassadeurs » que sont Qui-Gon Jinn et son padawan Obi-Wan Kenobi pour négocier avec la Fédération la levée du blocus confirme ainsi le – bon – pressentiment qui s'annonçait : le litige opposant Naboo et la République d'une part et la Fédération du commerce d'autre part est un litige d'abord commercial. Le contexte du droit international, dans lequel a émergé le droit administratif global, est bien là ; plus encore, le différend apparaît lié aux excès de ce que l'on nomme sur Terre la « mondialisation ».

II. L'INSCRIPTION DE STAR WARS DANS LE CONTEXTE DU DROIT ADMINISTRATIF GLOBAL

7. Un différend lié à la « galaxisation » du droit –. Pour comprendre à quel point la saga s'inscrit dans le discours du droit administratif global, il faut s'interroger sur les motifs de l'émergence du différend, et plus spécifiquement sur les raisons pour lesquelles ce dernier a emporté des conséquences aussi dramatiques. Le contexte politique et institutionnel du litige est ici relativement clair : l'Ancienne République est, on l'a vu, une immense organisation internationale de coopération, et l'harmonisation douanière souhaitée, premier pas vers une intégration que tous les systèmes membres ne désirent pas nécessairement – ou pas à la même vitesse –, a pu être perçue comme une agression économique par celles et ceux dont les intérêts commerciaux s'en trouvent affectés. Il s'agit là de l'une des conséquences bien connues de la mondialisation, que l'on peut qualifier de «galaxisation» des échanges – et donc du droit afférent – dans l'univers de Star Wars. Autrement dit, et sans surprise, l'origine de la saga réside bien dans une représentation de la mondialisation, ici économique – la même qui est à l'origine des problématiques que le droit administratif global, dans sa dimension prospective, entend résorber.

8. Le recul acté de la souveraineté des planètes –. Star Wars propose même une projection futuriste des institutions internationales terriennes et de leurs relations avec les autres acteurs. On le sait, l'État n'est plus le seul acteur à agir sur la scène internationale. En particulier, «[l]*es développements les plus récents et les plus "révolutionnaires" sur le plan du droit international sont dus à la pression des faits, ou plus précisément, à l'importance de la puissance économique de certaines personnes morales de droit privé, les entreprises multinationales*»[1]. Ce sont elles qui ont «*progressivement fait craquer le moule traditionnel du droit international classique qui leur déniait toute personnalité "internationale"*»[2], de sorte que l'on assiste à un dépassement du monopole de l'État sur la scène internationale. Si l'État reste le seul titulaire de la souveraineté, il se trouve en effet et de plus en plus souvent «concurrencé» par d'autres entités à la qualification parfois délicate du fait de leurs missions ou de leur nature hybride – on pense par exemple à l'ICANN, société américaine chargée d'attribuer les noms de domaine de premier niveau sur Internet[3]. Dans notre société internationalisée cependant, «*concurrencé, l'État n'en demeure pas moins* le *sujet par excellence, central et omniprésent du droit international*»[4]. Sur

---

1. D. Carreau, F. Marrella, *Droit international*, 12e éd., Pedone, 2018, p. 66.
2. *Ibid.*, p. 67.
3. L'ICANN, Internet Corporation for Assigned Names and Numbers, en français Société pour l'attribution des noms de domaine et des numéros sur Internet, est une société à but non lucratif de droit californien créée en 1998.
4. A. Pellet, «Le droit international à la lumière de la pratique : l'introuvable théorie de la réalité. Cours général de droit international public», *RCADI*, vol. 414, 2021, p. 109.

ce point, l'univers de Star Wars semble aller bien plus loin. Bien au-delà de la reproduction du modèle intégratif des organisations internationales – dont l'Union européenne est, en ce sens, la plus aboutie –, l'Ancienne République est une organisation si ouverte aux entités non étatiques qu'aux côtés des États, ou en l'espèce des planètes et des systèmes, siègent au Sénat des entreprises que l'on pourrait qualifier de « chargées de missions de service public galactique ». La Fédération du commerce ou le Clan bancaire en sont des exemples topiques. La confusion institutionnelle est totale : la Fédération du commerce, représentée qui plus est par un Vice-Roi au statut diplomatique pour le moins ambigu, semble avoir les mêmes droits et capacités que les planètes, y compris devant le Sénat. Alors que les juristes de notre planète ont tendance à se méfier des doctrines libérales proposant d'analyser de manière conjointe, et donc similaire, les États et les entités privées, cette question semble avoir été totalement dépassée dans la galaxie lointaine : la personnalité juridique internationale semble leur avoir été conférée. Autrement dit, non seulement Star Wars s'inscrit dans un contexte semblable à celui qui a vu émerger le droit administratif global, mais en outre la fiction dépasse en partie la réalité. Pourtant, la saga n'aurait pas lieu d'être si cette situation institutionnelle était exempte de toute critique… et c'est bien ainsi que débute tout raisonnement en droit administratif global.

III. STAR WARS, ACTE DE NAISSANCE DU DROIT ADMINISTRATIF GLOBAL ?

9. Le raisonnement du droit administratif global –. Les auteurs du *Global administrative law* (GAL) réfléchissent sur la base de quatre constats successifs valables dans de très nombreux domaines de la mondialisation[1]. Premièrement, il existe selon eux des situations par nature globales, c'est-à-dire qui échappent à l'action des seuls États. Ces « problèmes globaux » ne peuvent être réglés qu'au-delà de l'État ; le terrorisme, les excès de la finance,

1. Pour un exposé plus complet de ces doctrines, on renverra à R. Maurel, *Les sources du droit administratif global, op. cit.*, spéc. p. 2 *sqq.* ; ainsi qu'à É. Fromageau, *La théorie des institutions du droit administratif global. Étude des interactions avec le droit international public*, Bruylant, 2016, 275 p.

l'atteinte à l'environnement ou encore la corruption en sont des exemples. Les institutions créées pour régler ces problèmes sont qualifiées d'« administrations globales » par le projet du *GAL*. Le deuxième constat est que les solutions mises en place par ces institutions administratives globales pour traiter des problèmes globaux sont parfois elles-mêmes problématiques, car souffrant d'un manque de légitimité. Elles ne respectent par exemple pas les standards classiques de l'État de droit en ne prévoyant pas de droits de la défense ou de voies de recours, ou encore constituent des régulations assez secrètes qui échappent à tout contrôle démocratique. Un troisième constat est que les administrations globales mettent en place des procédures et autres « standards » pour faire face à ces nouvelles problématiques de légitimité ; les principales normes concernées sont la transparence, la publicité des décisions, la motivation des décisions, la possibilité d'exercer les droits de la défense dans le cadre d'un procès équitable, l'émergence de procédures de recours contre certaines décisions globales… Enfin, le dernier constat de la chaîne logique réside dans le fait que les solutions à ces lacunes de légitimité au sein des administrations globales ont tendance à converger, c'est-à-dire que la plupart des administrations globales adoptent des standards et procédures qui se ressemblent voire sont identiques. D'après les fondateurs du *GAL*, les outils de la science juridique et notamment du droit international seraient cependant quelque peu dépassés par ces phénomènes qui reposent sur des logiques de réseaux, d'influence que les sources formelles du droit seraient dans l'ensemble incapables de saisir. Le point commun est, enfin, que toutes ces solutions semblent être puisées dans les droits administratifs ou les méthodes des droits administratifs, qui se globaliseraient.

10. Un exemple phare du droit administratif global –. L'identification des défaillances institutionnelles ayant conduit à la militarisation, puis à l'enlisement du conflit jusqu'à la chute de l'Ancienne République relève de ce schéma classique du droit administratif global. L'exemple pris par la plupart des auteurs du *GAL* pour démonter l'émergence de ce droit, à savoir l'affaire dite « *Kadi* »[1] n'est d'ailleurs pas si éloigné du différend commercial à l'origine de la saga. À la fin des années 1990 et surtout au début

1. Pour un exposé plus conséquent de cette affaire sous l'angle du droit administratif global, voir R. MAUREL, *Les sources du droit administratif global*, *op. cit.*, p. 247-252.

des années 2000, le Conseil de sécurité des Nations Unies s'est engagé fermement dans la lutte contre le terrorisme et a créé des comités des sanctions des Nations Unies, dont le mandat est d'identifier des personnes et entreprises qui soit sont des terroristes, soit financent ou facilitent le terrorisme dans plusieurs pays. Ceux-ci dressent, sur la base des informations transmises par les États membres de l'ONU, des listes de personnes qu'ils transmettent au Conseil de sécurité, lequel en prend note, valide les listes sans effectuer de vérification – puisque les comités ont précisément cette fonction – et infligent des sanctions que les États sont contraints, du fait de la Charte des Nations Unies qui rend les décisions du Conseil de sécurité obligatoires pour tous les États membres, d'appliquer. Au début des années 2000, l'Union européenne adopte de son côté plusieurs règlements qui traduisent des positions communes directement prises en application des résolutions du Conseil de sécurité. C'est alors que survient, en 2002, la fameuse affaire *Yusuf Kadi*. M. Kadi, ressortissant d'Arabie saoudite résidant en Suède, attaque le règlement 881/2002 de l'Union devant le Tribunal de première instance puis la Cour de justice de l'Union européenne en soutenant que ce règlement violait le droit à un procès équitable, le droit de propriété, ou encore le droit à un contrôle juridictionnel effectif. M. Kadi soutenait alors que les sanctions onusiennes ont une motivation purement politique et que l'Union n'avait pas à les reprendre par un règlement. Surtout, M. Kadi, et ses co-requérants, contestaient la conformité du règlement européen avec, notamment, l'article 6 de la Convention européenne de sauvegarde des droits de l'homme et des libertés fondamentales : ils n'avaient pas été informés des raisons des sanctions qui leur sont infligées, n'avaient pas obtenu communication des moyens de preuve et circonstances qui leur étaient opposés et n'avaient pas eu l'occasion de s'expliquer. Leur inscription sur la liste des sanctions du règlement attaqué avait en effet été réalisée sans aucun contrôle européen, le règlement se livrant à une forme de copier-coller de la liste établie par le comité des sanctions des Nations Unies. M. Kadi avait déjà saisi les autorités suédoises qui avaient saisi le comité des sanctions, mais celui-ci avait répondu qu'il n'était pas possible d'examiner, au fond, la demande de retrait de la liste onusienne. En 2008, la Grande Chambre de la Cour juge finalement que malgré l'obligation onusienne, il n'existe pas de garantie permettant à la personne visée par une sanction d'exposer sa cause, ce qui entraîne s'il y a inscription des restrictions sévères quant aux droits de propriété et aux droits économiques des personnes visées[1]. La Cour estime donc que l'Union européenne aurait dû garantir l'existence d'une procédure permettant à la personne visée d'exposer sa cause, voire un moyen de recours… et annule le règlement attaqué sur le fondement des droits fondamentaux protégés par l'ordre juridique communautaire. Cet arrêt largement commenté fut une révolution, puisque le règlement ne faisait que reprendre une résolution obligatoire du Conseil de sécurité, ce qui mit les États membres dans une situation fort délicate : ils furent contraints à la fois de respecter les résolutions et de geler les avoirs de M. Kadi et ses co-requérants… et de respecter le droit de l'Union qui interdit de le faire tant qu'il n'existe pas une procédure digne de ce nom aux Nations Unies. Le Conseil de sécurité en prit acte[2], sans y être au demeurant obligé, et, à partir de 2008, créa des obligations de motivation succincte et même, au sein du Comité concerné, un Bureau du Médiateur chargé de recueillir, en toute indépendance, les demandes de radiation dont la procédure fut créée de toutes pièces.

11. Nute Gunray et Yusuf Kadi : même combat –. Dans Star Wars, de quoi est-il question? En premier lieu, le contexte est celui du règlement d'un différend international entre une planète – Naboo – et une entreprise privée – la Fédération du commerce. Le recours à la force armée contre un État par une entité privée indépendante n'est certes pas (encore?) d'actualité sur Terre; mais les entreprises ne disposent pas de la personnalité juridique internationale sur la planète bleue, contrairement aux prérogatives dont elles bénéficient dans le régime interplanétaire évoqué plus haut. Toujours est-il que la problématique est en l'espèce plus vaste : c'est pour protester contre une mesure imposée par le Sénat que le conflit entre Naboo et la Fédération survient. Autrement dit, une entité privée mécontente d'une décision défavorable prise à son encontre par une «administration globale» – ici l'Ancienne République par la voix de son Sénat – recourt à la force armée contre l'un des membres de l'organisation pour protester contre ladite décision. Du point de vue du droit administratif global, deux éléments ressortent. D'une part, la décision

1. CJUE, GC, 3 septembre 2008, *Yassin Abdullah Kadi et Yusuf et Al Barakaat International Foundation contre Conseil de l'Union européenne et Commission des Communautés européennes*, affaires C-402/05 P et C-415/05 P.
2. Voir la résolution 1822 (2008) du Conseil de sécurité du 30 juin 2008, spécialement le §13.

du Sénat paraît manquer en légitimité. Sur ce point, il n'est pas aisé de disserter, tant les éléments de contexte manquent : la Fédération a-t-elle été consultée quant au projet de taxation ? Une étude d'impact sérieuse des conséquences prévisibles de la taxation a-t-elle été menée et diffusée ? La procédure a-t-elle été suffisamment transparente ? D'autre part et surtout, le fait déclencheur de l'ensemble du conflit est… qu'il n'existe manifestement aucune voie de recours offerte à l'entreprise privée pour contester la licéité de la mesure de taxation. La Fédération du commerce, destinataire d'une mesure qui l'affecte directement, n'a à l'évidence pas eu l'opportunité de la discuter, ce qui l'a contrainte à utiliser des moyens coercitifs – ce que lui permet d'ailleurs un libéralisme poussé à l'extrême dans la galaxie lointaine, où une entreprise jouit du droit de se constituer sa propre armée en toute indépendance. Le Vice-Roi Nute Gunray s'est donc trouvé, *mutatis mutandis*, dans la même situation que M. Yusuf Kadi : face à l'impossibilité de faire valoir ses droits et de bénéficier d'un recours effectif, il a dû recourir à d'autres moyens.

12. En guise de conclusion –. Le différend entre la Fédération du commerce et Naboo est, on l'aura compris, un terreau fertile à la réflexion comparée sur l'émergence du droit administratif global. On peut aller jusqu'à se demander si les auteurs du *GAL* n'auraient pas pu s'inspirer de *La Menace fantôme* pour développer certaines de leurs idées, et, quelque peu aveuglé par le côté obscur de la Force, il est même difficile de ne pas voir dans la célèbre saga l'inspiration du projet de recherche initié à New York quelques années seulement après la sortie de *La Menace fantôme* (1999). Mais point trop n'en faut : si le projet du droit administratif global avait parfaitement réussi, une voie de recours aurait existé par analogie avec d'autres situations similaires, et un tribunal arbitral aurait par exemple été réuni pour trancher avec célérité et indépendance le litige à l'origine de toute la saga Star Wars… qui n'aurait pas existé. Ouf !

PARTIE 5

ÉVITER LA GUERRE DES ÉTOILES

Pendant que les Sith orchestrent de sombres manœuvres dans le noir, les ombres déformées d'un petit garçon et d'un homme obèse dansent sur les murs de la caverne, et inquiètent.

En une époque troublée, où l'Homme est devenu la mort, il n'est pas insensé de ressentir une certaine angoisse à l'idée d'une guerre rendue plus que mortifère par les progrès scientifiques. Puisque «*personne par la guerre ne devient grand*»[1], comme le disait Yoda, le Grand Maître de l'Ordre Jedi (paradoxalement l'un de ses plus petits représentants), il est nécessaire de prendre du recul pour s'élever, en espérant avoir l'avantage – le *high ground*, à s'autoriser l'emprunt à la langue de Shakespeare. Il est ainsi possible de conserver l'espoir de ne pas se faire dominer, et surtout celui d'éviter que tout ne soit terminé.

Aussi, pour prendre un peu de hauteur, l'on peut, sans crainte, se hisser sur les solides épaules de M. Fabien Romey et de M. le Professeur Pierre-Jérôme Delage pour analyser successivement les crimes contre la communauté universelle en général, puis celui de destruction de planète en particulier, deux contributions où il est question de l'histoire de l'humanité – avec un petit h et un grand H – et de l'éternelle grandeur du droit, qu'il soit qualifié de «*grand*» ou de «*petit*»[2].

QLP

---

1. *Ép. V.*
2. V. J. Carbonnier, «Grand droit et petit droit», in Id., *Flexible Droit*, 13e éd., LGDJ, coll. «Anthologie du Droit», 2014, p. 105.

10. « LES CRIMES CONTRE LA COMMUNAUTÉ UNIVERSELLE DANS STAR WARS »

Fabien ROMEY
Docteur en droit de l'université Toulouse 1 Capitole
Avocat au barreau de Pau
Membre de l'Institut de Criminologie et sciences pénales Roger Merle

1. ***Stars still at wars***[1] **–.** Les sagas et œuvres dérivées de Star Wars tiennent bien leur nom ! Non pas qu'il s'agisse d'une véritable guerre des étoiles, mais que les péripéties menées il y a bien longtemps dans cette galaxie lointaine, très lointaine, semblent montrer une certaine appétence pour les situations de conflits armés incessants. De fait, ces différentes incarnations comprennent leurs lots de belligérants, accomplissant, pour une part d'entre eux, des actes de résistance guidés par un idéal d'égalité et de dignité ; pour l'autre part se manifeste la quête d'un pouvoir absolu animée par une volonté de domination qui mène à de multiples atrocités pour lesquelles le pénaliste, auteur de ces lignes, souhaite porter une analyse qui confrontera ces faits avec le droit positif français, tel qu'il transparaît à l'aune des articles 211-1 et suivants du Code pénal.

2. Les crimes contre l'humanité et contre l'espèce humaine –. Ces précédentes dispositions correspondent, par ordre numéraire[2],

---

1. L'auteur de ces lignes remercie très chaleureusement M. le professeur Guillaume Beaussonie pour sa relecture particulièrement minutieuse.
2. On ne saurait pourtant affirmer que ces incriminations, au sein du Code pénal, soient des plus anciennes, bien au contraire puisqu'elles ont été intégrées dans le Code pénal de 1992. V. notamment sur ces points : Ph. Conte, *Droit*

aux premières infractions inscrites dans le Code pénal puisqu'elles figurent dans un Titre Ier intitulé «*des crimes contre l'humanité et contre l'espèce humaine*», lui-même inclus au sein du premier livre du Code pénal qui édicte les différentes incriminations, soit le livre 2 sur «*les crimes et délits contre les personnes*». Par ailleurs, ce Titre Ier se subdivise également, en deux sous-titres, entre les crimes contre l'Humanité, réprimés par les articles 211-1 et suivants, et par les crimes contre l'espèce humaine, prévus par les articles 214-1 et suivants[1].

Aussi, si les crimes contre l'Humanité intègrent en leur sein les génocides, les actes d'attaques[2] ou encore les crimes contre les résistants; les crimes contre l'espèce humaine visent, quant à eux, l'eugénisme et le clonage reproductif. Pour ainsi dire, tandis que la protection de l'humanité reflèterait la *protection, à grande échelle, des singularités de tout être humain*; la protection de l'espèce humaine protègerait *son intégrité biologique et génétique*[3].

3. Star Wars : un catalogue raisonné de ces crimes –. En l'occurrence, si l'œuvre imaginée par George Lucas peut laisser le spectateur rêveur dans une galaxie où certains «élus» peuvent, en utilisant la Force, déplacer les choses par la pensée, avoir des visions ou des habiletés physiques extraordinaires[4], il va sans dire qu'une autre facette de cette œuvre dispose d'un «côté obscur», puisque l'intégralité des crimes contre l'Humanité et contre l'espèce humaine prévus par le droit positif est représentée! Qui plus est, on pourrait méditer sur une autre idée : la transposition de ces incriminations aux actes perpétrés dans cet univers. Après tout, les victimes (et même parfois les auteurs[5]) ne sont pas nécessairement des êtres humains!

---

pénal spécial, 6e éd., LexisNexis, coll. «Manuel», 2019, n° 40; E. Dreyer, *Droit pénal spécial*, 1e éd., LGDJ, coll. «Manuel», 2021, n° 140; V. Malabat, *Droit pénal spécial*, 9e éd., Dalloz, coll. «Hypercours», 2020, n° 9.

1. Ceux-ci ont été consacrés par la loi n° 2004-800 du 6 août 2004 relative à la bioéthique, *JORF*, n° 182, du 7 août 2004, texte n° 1.
2. E. Dreyer, *op. cit.*, n° 159*sq*.
3. [V. *infra*, la contribution de M. Q. Le Pluard, «Le transhumanisme, dans une galaxie lointaine, très lointaine : Aspects d'une bioéthique (inter-)galactique», NDC.]
4. [V. *supra*, la contribution de Mme M. Roubaud, «Usage de la Force et droit pénal», NDC.]
5. On pense particulièrement au grand Amiral Thrawn.

En effet, si l'on pouvait avoir peu de doute sur la qualification de génocide pour les célèbres destructions de planètes[1] – *Alderaan, le système Hosnien ou encore Kijimi* –, on ne peut omettre, pour autant, que cette galaxie et, *a fortiori*, ses planètes sont composées de diverses espèces qui côtoient, communiquent, interagissent et, quelques fois, s'accouplent avec les êtres humains, à tout le moins humanoïdes. Qu'il s'agisse – *à titre non exhaustif* – des Twi'leks, des Rodiens, des Mon Calamaris, des Quarrens, des Chiss, des Géonosiens, des Gungans, des Hutts, des Kaminoens ou encore des Togrutas. Et pour cause, chacune de ces espèces participe à l'œuvre en tant qu'égale de l'espèce humaine[2]. D'ailleurs, la saga révèle l'existence de tels crimes contre certaines de ces espèces spécifiques. C'est ainsi que l'Empire a procédé à des génocides de Wookies, de Lasats ou encore de Géonosiens[3].

4. Du fondement aux incarnations de tels crimes –. C'est dans cette perspective que cette étude interrogera le fondement même de ces crimes, puisqu'ils iraient au-delà de la seule protection de l'humain **(I.)**, tout en posant leurs diverses incarnations au fur et à mesure de l'œuvre canonique **(II.)**.

I. LE FONDEMENT DES CRIMES CONTRE LA COMMUNAUTÉ UNIVERSELLE

5. Le fondement de ces protections pénales en droit français –. Le fondement des crimes contre l'Humanité et contre l'espèce humaine en droit positif doit nécessairement être comparé avec celui qui permettrait de reconnaître l'existence de tels crimes au sein de l'œuvre.

Dans un premier temps, concernant les crimes contre l'Humanité, ceux-ci appréhendent l'Humanité comme *la* communauté

1. [V. *infra*, la contribution de M. le professeur P.-J. Delage, «Les cendres d'Alderaan. Essai sur la qualification pénale applicable à la destruction des planètes au prisme du Statut de la Cour pénale internationale», NDC.]
2. Rappelons que l'illustre Maître Jedi Yoda n'est pas un être humain. Il en va de même pour nombre d'influents et sages utilisateurs de la Force, parmi lesquels Ki-Adi-Mundi, Aayla Secura, Luminara Unduli ou de la très populaire et respectée Ahsoka Tano.
3. Tous ces actes sont révélés progressivement au cours de la série canonique *Rebels*.

universelle liée au-delà des singularités de tout un chacun. L'idée, derrière ces agissements, consiste, pour les agents, à dénier aux membres d'une communauté particulière ciblée, sur le fondement d'un critère arbitraire, l'appartenance à la communauté universelle que représente l'Humanité, autrement dit, «*l'irréductible humain*»[1]. Dans un second temps, concernant les crimes contre l'espèce humaine, la protection par la répression se veut fondée sur l'idée de préservation de l'identité biologique et génétique de l'être humain. En commettant de tels actes, l'agent ne porte pas seulement atteinte aux êtres qui font l'objet de ces faits, mais touche plus généralement à l'identité biologique et génétique de tous. En définitive, les crimes contre l'Humanité et contre l'espèce humaine sont tous deux fondés sur la protection de *la* communauté universelle réservée à l'humain dans la somme de ses individualités, par la protection de l'Humanité, et de son identité et intégrité biologique, par la protection de l'espèce humaine.

6. La transposition du fondement de protection à l'œuvre : la détermination de la communauté universelle –. La transposition d'un tel fondement dans l'univers de Star Wars est d'emblée source de difficultés. La première, précédemment évoquée, consiste à remarquer que l'humain ne saurait se réserver tout pouvoir sur l'œuvre. La seconde consiste à relever que les faits qualifiés de crimes contre l'espèce humaine ne semblent guère recevoir une réponse systématiquement répressive, bien au contraire ! Après tout, l'ancienne République n'a-t-elle pas eu recours à une armée de clones du chasseur de primes Jango Fett ? Qui plus est, à l'exception de Boba, chacun de ces clones a fait l'objet d'ajustements eugéniques pour correspondre davantage aux attentes du corps militaire de la République. Précisons également que certains de ces clones ont même fait l'objet d'améliorations très spécifiques entre accroissements de la précision au tir, force surhumaine, intelligence surdéveloppée ou instinct particulièrement accru[2]. Cette absence de répression face à de tels actes se justifierait en raison du fait que l'univers de Star Wars met quotidiennement en avant des prouesses technologiques quotidiennes et banales, qui place la situation de notre univers réel en proie à un arriérisme manifeste. D'ailleurs, ces différentes

1. M. Delmas-Marty, «Le crime contre l'humanité, les droits de l'homme et l'irréductible humain», *RSC*, 1994, p. 477.
2. Ces clones génétiquement améliorés font l'objet d'une série spécifique titrée comme le nom de leur unité : *The bad batch.*

prouesses sont également régulièrement mises en lumière par des personnes qui mêlent leur corps à des machines, soit des cyborgs. Tels sont les cas du Général Grievous[1], d'Anakin Skywalker en tant que Dark Vador[2] ou encore du gang des modifiés[3].

À l'opposé, un constat similaire peut être effectué vis-à-vis du contenu des crimes contre l'Humanité. Pourtant, on ne saurait présenter ce fondement comme la protection de l'Humanité, sauf à asseoir une certaine hégémonie sur les autres espèces qui n'ont pourtant rien à envier à l'humain[4]. À ce titre, on pourrait déduire que ce fondement de protection correspondrait à la *protection de vie d'espèces intelligentes qui vivent ensemble*. De telle sorte que cette communauté universelle serait plus « inclusive » que la communauté universelle réservée à l'humain.

Après avoir déterminé le fondement de la protection, il convient d'exposer, à présent, les différentes incarnations de ces seuls crimes contre cette communauté universelle.

II. LES INCARNATIONS DES CRIMES CONTRE LA COMMUNAUTÉ UNIVERSELLE

7. Le tronc commun des crimes de génocide, d'attaque généralisée et systématique et de crime contre les résistants –. Ces crimes obéissent à des éléments communs qui correspondent à la pluralité de leurs protagonistes et à l'exécution d'une méthode particulière.

D'une part, concernant les protagonistes, ces crimes impliquent tant une pluralité d'auteurs, qu'une pluralité de victimes.

S'agissant, tout d'abord, des auteurs, cette condition suppose une organisation qu'elle soit, ou non, officielle. C'est ainsi que

1. Celui-ci se présente, lui-même, comme un droïde à R2D2, (*CW*, saison 1, ép. 7).
2. Celui-ci étant décrit par Obi-Wan Kenobi comme étant davantage « *plus une machine qu'un homme désormais* » (*ép. VI*).
3. Ce gang est mis en avant dans la série *Le livre de Boba Fett*.
4. C'est pourquoi nous n'entendons pas soutenir l'existence d'un *xénocide* dans cette œuvre. [V. *infra*, la contribution de M. le professeur P.-J. Delage, précit.]

des organisations militaires séparatistes, l'Empire ou encore le Premier et le Dernier Ordre correspondent à de telles organisations. D'ailleurs, l'Empire disposait également de nombre de structures différentes chargées de tels actes, qu'il s'agisse de l'organisation militaire chargée du « maintien de la paix » au moyen de l'Étoile de la Mort ou encore de l'Inquisitorius chargée de traquer et d'exécuter les Jedi survivants à l'ordre 66. À ce propos, l'exécution de cet ordre entre également dans cette caractérisation, étant ordonné par Dark Sidious (alias l'Empereur Palpatine), et exécuté par les soldats clones[1], puis par l'Inquisitorius.

S'agissant, ensuite, des victimes, cette condition suppose ici qu'une pluralité de personnes soient atteintes en raison de leur appartenance vraie ou supposée au groupe « cible », à l'instar des Jedi à la suite de l'exécution de l'ordre 66 et de leur traque par les inquisiteurs ; de différentes espèces, telles que les Wookies ou Lasat, en raison de leur nature ; les rebelles, puis les résistants traqués respectivement par l'Empire puis le Premier Ordre ou encore des habitants d'une planète[2], ou plus généralement les populations civiles[3].

D'autre part, concernant la méthode, ces crimes impliquent la caractérisation d'un plan concerté et de la caractérisation d'atteintes concrètes.

Concernant, en premier lieu, la présence d'un plan concerté, celui-ci suppose que l'organisation – la pluralité d'auteurs – soit soudée par ce même but, qui implique nécessairement que les actes soient préparés, médités, réfléchis. Telles sont toutes les hypothèses des pluralités d'auteurs précédemment citées qui se structurent toutes autour de ces quêtes.

Concernant, en second lieu, la présence d'atteintes concrètes, l'on ne saurait trop quantifier le nombre de morts qui résultent

1. *Ép. III.*
2. En plus des habitants des planètes d'Alderaan, du système Hosnien ou de Kijimi, on peut également évoquer le cas des Mandaloriens, largement exécutés par l'Empire, et ce malgré la subsistance de la planète Mandalore. Ces massacres sont largement évoqués dans les séries *Rebels* et *The Mandalorian*.
3. On pense ici à la population de Lothal réduite en esclavage dans les usines impériales (*Rebels, passim*).

de chacun de ces évènements : le massacre par la Fédération du commerce des habitants de Naboo, celui de Jedi sur Geonosis par les séparatistes, l'exécution de l'Ordre 66[1], l'asservissement de Mandalore, le massacre des Géonosiens, la réduction en esclavage des Wookies, la tuerie des Lasats, la traque des rebelles, le désastre[2], le cataclysme[3], la destruction de Kijimi, etc.

Il convient de voir, à présent, les différentes qualifications que recouvrent ces atrocités.

8. Les génocides. – Le génocide est un crime prévu par l'article 211-1 du Code pénal qui consiste à exécuter un plan qui tend à détruire totalement ou partiellement un groupe déterminé à partir de critère arbitraire au moyen de différents actes prévus par le texte. Ces actes de destructions sont particulièrement présents et recouvrent l'immense majorité des atrocités précédemment citées. Aussi, on se limitera à l'examen de certains d'entre eux.

L'exécution de l'ordre 66, d'abord. Mis en œuvre de manière quasi concomitante à la proclamation de l'Empire, l'ordre 66 consiste, pour les soldats clones, puis pour les membres de l'Empire – *et tout particulièrement l'Inquisitorius* – à tuer les Jedi, y compris padawan et jeunes novices. Cet ordre eut l'effet escompté puisque les survivants se limitent à de très rares individus[4].

Les destructions de planètes ensuite : comme leur nom l'indique, elles impliquent *ipso facto* le meurtre de leurs habitants.

Le massacre des Géonosiens enfin. À la suite de l'instauration de l'Empire, les Géonosiens furent contraints de participer à l'édification de l'Étoile de la Mort. Par la suite, l'Empire procéda au gazage intégral de la planète, engendrant la mort de la quasi-totalité de ses habitants[5], tout en rendant les terres stériles.

1. *Ép. III.* Cette exécution de l'ordre 66 perdure par la traque des Jedi survivants, que l'on peut voir, notamment, dans la série *Rebels*, dans le jeux-vidéo *Fallen Order* (canonique) ou dans la prochaine série consacrée à Obi-Wan Kenobi.
2. Destruction d'Alderaan, *ép. IV*.
3. Destruction du système de Hosnian Prime, *ép. VII*.
4. On pourrait même relever l'exclamation de Palpatine devant Rey : «*les Jedi sont morts !*», *ép. IX*.
5. À l'exception de Klik-Klak et de son œuf (*Rebels*, saison 3, ép. 12 et 13).

9. Les actes d'attaque généralisée et systématique –. Les actes d'attaque généralisés et systématiques visent, spécifiquement, les populations civiles et consistent en des atteintes corporelles telles que des atteintes aux libertés, à la vie et à l'intégrité physique, ou plus généralement contre la dignité[1]. Ici encore, l'univers de Star Wars permet d'apercevoir de tels agissements.

Les habitants de la planète Lothal furent ainsi forcés de travailler quotidiennement dans les usines impériales afin de fabriquer et concevoir des modèles de vaisseaux TIE. C'est dans ce cadre que ces travailleurs devaient nécessairement tester leurs prototypes, sans protection, quitte à sacrifier leur vie[2].

Dans la continuité de l'ordre 66, l'Inquisitorius s'est vu conférer une autre mission, trouver les enfants sensibles à la Force pour les initier aux voies du côté obscur afin de faire d'eux des Inquisiteurs au service de l'Empire. Pour ce faire, les inquisiteurs ont procédé à de multiples tueries, à l'instar de celle de la quasi-intégralité des passagers d'une navette civile pour récupérer un enfant de la Force[3].

Enfin, la conception de l'Étoile de la Mort a conduit l'Empire à opérer à de multiples disparitions forcées de personnes qualifiées – *des ingénieurs ou scientifiques avec des profils précis* – pour les forcer à travailler sur cette superstructure destructrice de planète[4].

10. Les crimes contre les résistants –. Le crime contre les résistants ce crime consiste à imposer à ceux qui «*combattent le système idéologique au nom duquel sont perpétrés des crimes contre l'humanité*»[5] les actes tombant sous le coup de la qualification d'actes d'attaque généralisés et systématiques commis contre les populations civiles. Ayant précédemment affirmé que le fondement des crimes contre «l'humanité» n'était pas pertinent dans cet univers, afin de privilégier le fondement des crimes contre «la communauté universelle», il convient donc de s'intéresser aux

1. Ph. Conte, *op. cit.*, n° 47; V. Malabat, *op. cit.*, n° 24*sq.*
2. V. tout particulièrement *Rebels*, saison 3, ép. 10.
3. V. tout particulièrement *Rebels*, saison 2, ép. 10. [V. *infra*, la contribution de M. M. Uguen, «Quelle protection pour les données personnelles dans une galaxie lointaine, très lointaine?», NDC.]
4. V. tout particulièrement *Rebels*, saison 4, ép. 3 et 4; *RO* : dès le début du film, le scientifique Galen Walton Erso est contraint par les forces impériales à travailler sur la conception de l'Étoile de la Mort.
5. Article 212-2 du Code pénal.

crimes qui sont commis contre les résistants des systèmes idéologiques au nom desquels sont perpétrés de tels crimes.

La traque des rebelles constitue l'objet de nombreuses œuvres de la saga, pour ne pas dire l'immense majorité. Entre la série *Rebels*, le film *Rogue One* et la trilogie originelle et de la prochaine série dédiée à Obi-Wan Kenobi, la traque des rebelles de l'Empire est érigée comme la véritable éminence grise de cette œuvre. En effet, au travers de cette traque on se rend compte que l'Empire perpètre de nombreux crimes, à l'instar de la tentative de destruction de la planète Yavin IV en raison de la présence des dirigeants de la Rébellion[1] ou encore de l'assaut de la base rebelle sur Hoth[2].

La traque des résistants est mise en lumière dans la dernière trilogie qui met en avant les crimes orchestrés par le Premier et le Dernier Ordre qui, comme l'Empire, usent de différents moyens pour traquer et exterminer les résistants. C'est ainsi que l'on a pu observer la pratique de la tortures pour soutirer des informations permettant de localiser Luke Skywalker[3], ou encore la destruction de navettes spatiales désarmées qui abritaient des résistants[4].

CONCLUSION

11. À l'heure où la guerre sonne à nos portes, on peut observer avec effroi, mêlé sans doute à un certain sentiment d'impuissance, que si la lecture de ces mots peut résonner avec légèreté, la transposition de la fiction au droit positif amène à conclure que la fiction n'est jamais réellement loin de cette terrible réalité en perpétuel recommencement. C'est à partir de ces inquiétudes que cette étude propose d'en revenir à cette éternelle tirade, dont la teneur ne relève que du plus bel espoir :

Que la Force soit avec nous !

Toulouse, le 4 mai 2022

1. *Ép. IV.*
2. *Ép. V.*
3. *Ép. VII.*
4. *Ép. VIII.*

11. « LES CENDRES D'ALDERAAN. ESSAI SUR LA QUALIFICATION PÉNALE APPLICABLE À LA DESTRUCTION DES PLANÈTES AU PRISME DU STATUT DE LA COUR PÉNALE INTERNATIONALE »

Pierre-Jérôme DELAGE
Professeur de droit privé et sciences criminelles
Université de Nantes

1. «*J'ai ressenti un grand bouleversement de la Force. Comme si des millions de voix avaient soudainement hurlé de terreur, et puis s'étaient éteintes aussitôt. Comme si un drame terrible s'était produit*»[1]. Ce bouleversement perçu par Obi-Wan Kenobi, c'est celui causé par la destruction de la planète *Alderaan*[2], «*partie en poussières*»[3] à la suite d'un tir lancé depuis l'Étoile de la Mort[4].

2. De l'Étoile de la Mort à la base Starkiller –. L'Étoile de la Mort est l'«*arme absolue de l'Empire galactique*»[5], l'«*engin de guerre le*

1. *Ép. IV*, 56ᵉ et 57ᵉ min.
2. Ou Aldorande, Aldérande.
3. *Ép. IV*, 60ᵉ min.
4. Ou Étoile Noire.
5. *Ép. IV*, prologue.

plus puissant de tout l'Univers»[1] : une «*station spatiale blindée*»[2], de la taille d'une «*petite lune*»[3], et «*dotée d'un armement assez puissant pour annihiler une planète tout entière*»[4]. En somme, «*un vaisseau tueur de planètes*»[5]. C'est cette même Étoile de la Mort qui, avant d'être à l'origine de la désintégration[6] d'*Alderaan*, avait permis à l'Empire de dévaster la ville de *Jedha*[7], jusqu'à ce qu'il n'en reste «*plus rien*»[8], puis la base de *Scarif*[9]. Elle sera finalement détruite par Luke Skywalker, lors de la bataille de *Yavin*[10]. Mais, l'Étoile de la Mort réduite à néant, la figure de l'arme absolue, annihilatrice des mondes, ne disparut pas pour autant de la saga de *La Guerre des étoiles*. L'Empire galactique devait ainsi commencer «*à construire une nouvelle station spatiale blindée bien plus puissante que la première et terrifiante Étoile de la Mort*»[11]. Non achevée, mais devenue opérationnelle, cette seconde Étoile de la Mort[12] sera anéantie, durant la bataille d'*Endor*, par Wedge Antilles et Lando Calrissian, ce dernier pilotant alors le *Faucon Millenium*[13]. Plus tard, c'est la base *Starkiller*, «*fantastique machine* [...] *conçue pour la guerre*»[14] par le *Premier Ordre* et située sur la planète de glace *Ilum*, capable de ravager un système stellaire entier en se chargeant «*de toute l'énergie d'un soleil*»[15], qui causera la disparition de la planète *Hosnia Prime*, siège du Sénat galactique, et de quatre autres corps célestes voisins[16]. La destruction de cette base par Poe Dameron entraînera, par la quantité d'énergie libérée, la transformation de la planète l'abritant en une étoile[17]. Et, plus tard encore, c'est une flotte de milliers de vaisseaux, tous isolément capables de détruire une planète[18], qui

1. *Ibid.*, 36e min. V. aussi *ibid.*, 95e min. : l'Étoile de la Mort est le «*navire amiral de l'Empire*», doté de la «*puissance de feu de cent escadrilles*».
2. *Ibid.*, prologue.
3. *Ibid.*, 61e min. V. aussi *ibid.*, 101e minute : objet «*gigantesque*».
4. *Ibid.*, prologue.
5. *RO*, 9e min. V. aussi *ibid.*, 15e min. : «*arme capable d'anéantir des planètes*».
6. *Ép. IV*, 61e min.
7. Située sur la lune du même nom. V. *RO*, 44e à 49e min.
8. *Ibid.*, 51e min. V. aussi *ibid.*, 62e min. : «*Jedha,* [...] *leur ville sainte, le dernier vestige des Jedi, tout a disparu*».
9. *Ibid.*, 115e min.
10. *Ép. IV*, 112e min.
11. *Ép. VI*, prologue.
12. Ou Étoile de la Mort II.
13. *Ép. VI*, 117-118e min.
14. *Ép. VII*, 66e min.
15. *Ibid.*, 88e min.
16. *Ibid.*, 67e min.
17. *Ibid.*, 110e et 114e min.
18. *Ép. IX*, 84e min.

se trouvera mise en scène. Preuve sera donnée d'un tel potentiel annihilateur lorsque l'un de ces *destroyers* stellaires fera feu sur la planète *Kijimi*, réduite, en à peine un instant, en un amas de débris célestes[1].

3. «Le destructeur des mondes» -. Du *space opera* à la réalité, il est difficile de ne pas voir dans ces armes destructrices de villes et de planètes autant de références directes à la bombe atomique. En ce sens, il n'est certainement pas anodin que George Lucas ait fait le choix de représenter *Alderaan* comme une planète bleue, très similaire à la Terre telle que les êtres humains peuvent l'observer depuis l'espace[2] : la destruction d'*Alderaan* figure ainsi celle qui pourrait advenir du berceau de l'Humanité. À la suite, on ne peut manquer de relever que le premier volet de la saga de *La Guerre des étoiles* sort en 1977, soit une trentaine d'années après Hiroshima et Nagasaki : le traumatisme, dans les esprits, est alors encore vif, et on peut légitimement supposer que la réduction à néant d'*Alderaan* soit, avant tout, une mise en garde devant la technologie destructrice dont les hommes sont parvenus à se doter, susceptible de mettre en danger jusqu'à l'existence tout entière du genre humain. Il y aurait, au fond, quelque chose comme une heuristique de la peur dans *La Guerre des étoiles*, semblable à celle que le philosophe Hans Jonas développera, en 1979, dans *Le Principe responsabilité*, invitant l'humain à avoir peur de son agir, et à s'abstenir de toute action potentiellement nuisible à la pérennité de l'existence humaine sur Terre. Enfin, et peut-être surtout, il semble permis de voir dans l'Étoile de la Mort (et dans les autres armes annihilatrices de planètes que compte la saga) l'incarnation même de cette pensée qu'avait eu Oppenheimer, directeur scientifique du *Projet Manhattan* et surnommé «le père de la bombe atomique», lorsqu'il avait assisté, le 16 juillet 1945, dans le désert du Nouveau Mexique, au premier essai atomique de l'histoire, baptisé *Trinity* : «*I am become Death, the destroyer of the worlds*»[3] – littéralement : Je suis devenu la Mort, le destructeur des mondes.

4. Pour le jeu de l'esprit –. Mais est-il véritablement concevable qu'une arme puisse un jour être fabriquée qui, plus que capable

1. *Ibid.*
2. *Ép. IV*, 54e, 55e et 56e min.
3. En référence directe à un passage de la *Bhagavad-Gita*, un texte sacré de l'hindouisme.

d'éradiquer une ville ou un pays, ou même d'éliminer toute trace de vie sur tout ou partie de la surface d'un corps céleste, serait en mesure de réduire jusqu'en poussières une planète ? Sur le plan scientifique, les doutes peuvent être plus que de mise, ne serait-ce que compte tenu de la quantité absolument colossale d'énergie qu'impliquerait une telle entreprise[1]. Toutefois, le juriste n'ayant pas à discuter de faisabilité scientifique, on s'autorisera donc, dans les lignes à suivre, et pour le seul jeu de l'esprit, à s'interroger sur un point de droit précis : en cas de destruction d'une planète, similaire à la désintégration d'*Alderaan* par l'Étoile de la Mort, quelle pourrait être – si tant est qu'il y en ait une – la qualification pénale applicable ? Ce qui, d'emblée, appelle deux précisions, pour bien délimiter le sujet. D'une part, les investigations (divagations ?) ne seront pas poussées plus loin que la problématique de la qualification pénale applicable : les modalités de la poursuite ne seront pas discutées[2], pas plus que ne seront évoquées les questions de la juridiction pénale compétente[3], de la qualité des personnes pénalement responsables[4], ou encore de la peine encourue[5]. D'autre part, il est évident qu'il n'existe aucune disposition juridique susceptible de s'appliquer à une telle situation cosmique. Ce n'est donc que par analogie que l'on peut ici essayer de raisonner : à défaut de l'existence d'un droit interplanétaire, c'est dans le modèle international – le plus haut ou large que l'on connaisse à ce jour – que l'on recherchera des qualifications pénales susceptibles de servir de modèles pour la répression du crime de destruction planétaire. De façon plus précise, c'est sur le Statut de la Cour pénale internationale (ou Statut de Rome), et sur la liste des crimes relevant de la compétence de cette

1. S. Sermondadaz, « Pourrait-on construire l'Étoile Noire de *Star Wars* ? », sciencesetavenir.fr, 10 févr. 2017. V. aussi R. Lehoucq, *Faire des sciences avec Star Wars*, Le Bélial, 2017.
2. Étant noté que l'on pourrait certainement s'accorder, sans trop de difficultés, pour voir dans la destruction d'une planète un crime imprescriptible.
3. Du point de vue d'un juriste écrivant en 2023, c'est, évidemment, la Cour pénale internationale qui aurait le plus de légitimité à connaître du crime litigieux, non sans que son Statut ait été auparavant modifié, pour s'ouvrir à l'interplanétaire (et non sans espérer que l'astre éradiqué par le crime ait été autre que la Terre…).
4. Les concepts d'auteur matériel, d'auteur moral ou encore de complice, pourraient, ici comme ailleurs, largement satisfaire aux nécessités de la répression. Resterait cependant posée la question de la possibilité d'engager la responsabilité pénale des États (plus largement, de personnes morales).
5. Compte tenu de la gravité des faits, il n'y aurait pas d'atteinte au principe de proportionnalité à attacher à la destruction d'une planète une peine de privation de liberté à perpétuité.

juridiction[1], que l'on concentrera notre propos – en gardant en tête qu'il ne s'agit là, une fois encore, que d'un exercice ludique, et que toute application future effective du Statut de Rome à un crime d'annihilation d'un corps céleste supposerait, en amont, une modification en profondeur dudit Statut, pour l'ouvrir à une compétence interplanétaire ou interstellaire.

5. Un crime d'agression? –. Ces précisions faites, on peut tout d'abord se demander si la destruction d'une planète pourrait être constitutive d'un crime d'agression, au sens de l'article 8 *bis* du Statut de la Cour pénale internationale. Selon ce texte, il faut entendre par crime d'agression «*la planification, la préparation, le lancement ou l'exécution par une personne effectivement en mesure de contrôler ou de diriger l'action politique ou militaire d'un État, d'un acte d'agression qui, par sa nature, sa gravité et son ampleur, constitue une violation manifeste de la Charte des Nations Unies*». Il est ajouté que, par «*acte d'agression*», il faut comprendre «*l'emploi par un État de la force armée contre la souveraineté, l'intégrité territoriale ou l'indépendance politique d'un autre État, ou de toute autre manière incompatible avec la Charte des Nations Unies*» (étant noté, plus concrètement, qu'il y aura par exemple acte d'agression en cas de «*bombardement par les forces armées d'un État du territoire d'un autre État, ou* [d'] *utilisation d'une arme quelconque par un État contre le territoire d'un autre État*»[2]). Si l'on passe sur l'exigence tenant au seuil que doit franchir un acte d'agression pour être qualifié de crime d'agression[3] (on ne saurait raisonnablement contester que la destruction d'une planète soit un acte qui, par «*sa nature, sa gravité et son ampleur*» pourrait constituer «*une violation manifeste de la Charte des Nations Unies*»), ainsi que sur celle relative à «*la limitation des personnes*»[4] susceptibles de commettre un crime d'agression (seuls sont en cause les individus «*effectivement en*

1. Statut de Rome, art. 5. Le terrorisme ne figurant pas dans la liste des infractions relevant de la compétence de la Cour, on laissera donc cette piste de côté, non sans remarquer que l'intention de répandre la terreur qui caractérise le terrorisme pourrait aussi être l'un des éléments saillants du crime consistant en la destruction d'une planète. Surtout, on peut se demander si certains actes de terrorisme ne sont pas en même temps constitutifs d'un crime contre l'humanité – sur ce dernier crime, v. *infra*.
2. Statut de Rome, art. 8 *bis*, § 2, b).
3. Fl. Bellivier, M. Eudes et I. Fouchard, *Droit des crimes internationaux*, PUF, coll. «Thémis droit», 2018, n° 110, p. 105.
4. C. Bertrand, «Le crime d'agression», in H. Ascensio, E. Decaux et A. Pellet (dir.), *Droit international pénal*, 2e éd., Pedone, 2012, p. 163.

mesure de contrôler ou de diriger l'action politique ou militaire d'un État»), qui, à son tour, ne ferait pas forcément difficulté (on peut concevoir que la décision de détruire une planète n'appartienne qu'à de hauts responsables politiques ou militaires...), il faut en revanche remarquer que le crime d'agression est, fondamentalement, «*un crime étatique*»[1]. En effet, comme l'indique l'article 8 *bis* du Statut de Rome, le crime d'agression suppose «*l'emploi par un État*» de la force armée contre la souveraineté ou encore l'intégrité territoriale «*d'un autre État*». Le rapport est donc bien, exclusivement, un rapport interétatique : le crime d'agression «*ne peut être commis que dans une relation entre États. Il requiert* [...] *que l'acte matériel constitutif soit commis par un État et qu'il soit dirigé contre un autre État*»[2]. Or, on imagine mal que la pulvérisation d'une planète puisse résulter d'un conflit qui s'avère, si l'on peut dire, «seulement» interétatique – sauf à envisager, évidemment, qu'un jour, d'immenses États fédéraux en viennent à dominer des corps célestes tout entiers (auquel cas l'échelle interétatique ainsi redéfinie pourrait être en adéquation avec l'ampleur d'un acte d'agression consistant en la destruction d'une planète).

6. Un crime de guerre ? –. Plutôt que de crime d'agression, l'annihilation d'une planète pourrait-elle être pénalement qualifiable de crime de guerre ? C'est, ici, vers l'article 8 du Statut de la Cour pénale internationale qu'il convient de se tourner, lequel donne à lire une «*liste d'une cinquantaine de crimes constitutifs de crimes de guerre*»[3]. Si l'on réserve le cas des atteintes commises contre des personnes, biens ou emblèmes spécialement protégés[4], les crimes de guerre se répartissent en deux grandes catégories[5] : d'un côté, les crimes visant des personnes ou des biens protégés par les dispositions des Conventions de Genève du 12 août 1949 (sont concernées, notamment, diverses atteintes[6] commises contre les civils, ou encore contre des combattants ayant déposé les armes) ; et, de l'autre côté, les crimes découlant «*des modes de combat*»[7], qu'il s'agisse de crimes commis contre des civils (utilisés, par

1. *Ibid.*
2. D. Rebut, *Droit pénal international*, 3ᵉ éd., Dalloz, 2019, n° 1168, p. 753.
3. Fl. Bellivier, M. Eudes et I. Fouchard, *op. cit.*, n° 120, p. 114.
4. On peut songer, en particulier, aux atteintes perpétrées contre des personnels ou infrastructures de la Croix-Rouge.
5. Comp., pour une autre approche, D. Rebut, *op. cit.*, n° 1164, p. 751.
6. Meurtre, torture, mutilations, expériences médicales...
7. Fl. Bellivier, M. Eudes et I. Fouchard, *op. cit.*, n° 124, p. 117.

exemple, comme des boucliers humains) ou de crimes commis contre des combattants adverses, au moyen de l'utilisation de certaines armes ou procédés interdits (poison, gaz asphyxiants ou toxiques, balles qui «*s'épanouissent ou s'aplatissent facilement dans le corps humain*»[1], «*armes, projectiles, matières et méthodes de guerre de nature à causer des maux superflus ou des souffrances inutiles ou à frapper sans discrimination*»[2]...). À ce tout dernier égard, on ne s'étendra pas sur le fait qu'il y aurait tout lieu de considérer que l'utilisation d'une arme comme l'Étoile de la Mort ou tout autre vaisseau tueur de planètes, par sa nature non discriminante[3] autant que dévastatrice[4], pourrait (devrait) s'entendre du recours à une arme interdite. Mais ce n'est pas dire que la qualification pénale de crime de guerre s'imposerait alors avec évidence. C'est qu'en effet, le crime de guerre, pour être caractérisé, tient aussi à un «*élément contextuel*»[5], à savoir l'existence d'un conflit armé, lequel conflit peut être soit international (hypothèse du recours à la force armée entre États), soit interne (hypothèse d'un conflit armé qui oppose de manière prolongée sur le territoire d'un État les autorités gouvernementales et des groupes armés organisés ou des groupes organisés entre eux). Réapparaît donc le critère étatique (conflit entre États/conflit au sein d'un État), dont on a déjà vu, à propos du crime d'agression, qu'il s'accorde mal avec l'hypothèse de l'annihilation totale d'un corps céleste (sauf, une fois encore, à imaginer qu'un jour, les frontières d'un État puissent se confondre avec la surface totale d'une planète).

7. Un crime contre l'humanité? –. Par opposition au crime d'agression et aux crimes de guerre, le crime contre l'humanité, lui, est désormais délesté de tout ancrage étatique (en particulier, on admet aujourd'hui que les États puissent ne pas être les seules entités susceptibles de commettre un crime contre

---

1. Statut de Rome, art. 8, § 2, b), xix), et e), xv).
2. *Ibid.*, art. 8, § 2, b), xx). Ne sont concernés, à cet égard, que les conflits armés internationaux.
3. Inutile de s'attarder, en effet, sur le fait qu'une arme destructrice de mondes ne permettrait pas de discriminer entre belligérants et populations civiles.
4. Rappr. le Traité pour l'interdiction des armes nucléaires du 7 juill. 2017, dont l'art. 1er affirme que «*chaque État partie s'engage à ne jamais, en aucune circonstance : [...] Employer ni menacer d'employer des armes nucléaires ou d'autres dispositifs explosifs nucléaires; [...] Autoriser l'implantation, l'installation ou le déploiement d'armes nucléaires ou autres dispositifs explosifs nucléaires sur son territoire ou en tout lieu placé sous sa juridiction ou son contrôle*».
5. Fl. Bellivier, M. Eudes et I. Fouchard, *op. cit.*, n° 126, p. 118.

l'humanité : des organisations privées le peuvent aussi)[1]. Du reste, le crime contre l'humanité, initialement lié à un contexte de conflit armé international, s'en est progressivement détaché, pour pouvoir être commis également en temps de paix[2]. Selon l'article 7 du Statut de Rome, ce crime consiste en la commission de divers actes – parmi lesquels le meurtre[3] – «*dans le cadre d'une attaque généralisée ou systématique lancée contre toute population civile et en connaissance de cette attaque*». On pourrait donc concevoir qu'une organisation, quelle qu'elle soit, en période de conflit armé comme en temps de paix, commette un crime contre l'humanité au moyen d'une «*attaque généralisée*» (terminologie qui renvoie «*à une approche quantitative*», qu'il s'agisse «*de l'échelle géographique*» à laquelle a été perpétré le crime ou «*du nombre de victimes*»[4]) lancée contre une population civile en faisant le choix – radical entre tous – de détruire le corps céleste sur lequel vit cette population[5], et, ce faisant, de perpétrer autant de meurtres[6] qu'il y aurait d'existences éradiquées par ce geste annihilateur ultime. Reste seulement cette évidence : un crime contre «l'humanité» est un crime commis contre des victimes humaines (étant noté que, souvent, il est ajouté que le crime contre l'humanité transcende les attaques portées aux individus pour atteindre l'Humanité elle-même[7]). On pourrait donc possiblement admettre qu'il y ait crime contre l'humanité à détruire, par exemple, une planète ou une lune sur laquelle se seraient installés des colons humains[8]. Mais cette qualification pénale serait en revanche à exclure en cas de désintégration d'un astre abritant une population autre qu'humaine.

1. *Ibid.*, n° 133, p. 129, et n° 141, p. 136-137.
2. *Ibid.*, n° 133, p. 129.
3. Sont aussi visés, entre autres, la torture, le viol, la réduction en esclavage.
4. Fl. Bellevier, M. Eudes et I. Fouchard, *op. cit.*, n° 138, p. 134.
5. Etant précisé que ce qui importe «*est que la population visée soit constituée essentiellement de personnes civiles*» (la présence de forces armées parmi les victimes n'étant donc pas forcément un élément de nature à écarter la qualification de crime contre l'humanité), *ibid.*, n° 139, p. 135.
6. Le Statut de Rome précise en effet, dans son art. 7, § 2, a), que, par «*attaque lancée contre une population civile*», «*on entend le comportement qui consiste en la commission multiple d'actes visés au paragraphe 1 [parmi lesquels le meurtre] à l'encontre d'une population civile quelconque*».
7. Pour une discussion sur ce dernier point, qu'il soit permis de renvoyer à P.-J. Delage, *La condition animale. Essai juridique sur les justes places de l'Homme et de l'animal*, Mare & Martin, coll. «Bibliothèque des thèses – Droit privé et sciences criminelles», 2015, n° 197, p. 702*sqq*.
8. On évoque en effet la possibilité que, dans un avenir plus ou moins proche, des êtres humains s'installent dans un village lunaire ou colonisent la planète Mars.

8. Un génocide? –. La même difficulté se présenterait en matière de génocide. Ce qui signe la spécificité de ce crime, et que souligne l'article 6 du Statut de la Cour pénale internationale, c'est l'intention, concrétisée par certains actes – à commencer par le meurtre[1] –, «*de détruire, en tout ou partie, un groupe national, ethnique, racial ou religieux, comme tel*». Par comparaison avec le crime contre l'humanité, le crime de génocide se signale donc par son élément moral, reposant sur une «*volonté de destruction spécifique*»[2] d'un groupe de personnes à raison de leur appartenance, par exemple, à une prétendue «race». Or, et quoique le Statut de Rome ne le dise pas expressément, ce groupe dont la destruction est recherchée s'entend nécessairement d'un groupe humain. Qui réduirait à néant un corps céleste avec l'intention de détruire un groupe national humain, ethnique humain, etc., comme tel, pourrait donc être, le cas échéant, considéré comme auteur d'un génocide. Mais pas lorsque le groupe considéré serait non humain (vide juridique qui pourrait appeler, par exemple, l'introduction d'un crime de «*xénocide*»[3]). Toutes choses auxquelles on peut ajouter que, génocide ou crime contre l'humanité, les actes entrepris à travers ces crimes ont pour finalité commune d'atteindre une partie – et une partie seulement[4] – du genre humain (tels membres de tel groupe, telle population civile). Le génocide ou le crime contre l'humanité ne sont donc pas des «*humanicides*»[5], en ce qu'ils ne tendent pas à l'éradication de la totalité des êtres humains, ou, si l'on préfère, à la disparition du genre humain. Or, d'un humanicide, c'est pourtant bien de quoi il pourrait être question en fait de destruction – par hypothèse, par une entité non-humaine – de la planète Terre, et, avec elle, d'une Humanité qui, faute de disposer du savoir et des moyens technologiques suffisants, ne serait pas parvenue à préalablement se disperser dans l'immensité de l'espace.

---

1. Sont aussi en cause d'autres agissements : atteinte grave à l'intégrité physique ou mentale, soumission à des conditions d'existence devant entraîner la destruction physique totale ou partielle du groupe, mesures visant à entraver les naissances, transfert forcé d'enfants.
2. Fl. Bellivier, M. Eudes et I. Fouchard, *op. cit.*, n° 156, p. 152.
3. D. Roets, «Le crime d'agression interplanétaire», in P.-J. Delage (coord.), *Science-fiction et science juridique*, IRJS Editions, coll. «Les voies du droit», 2013, p. 349, spéc. p. 356, définissant le xénocide comme «*la destruction intentionnelle, totale ou partielle, d'un groupe d'êtres vivants intelligents non humains*».
4. Ce qui n'exclut pas que les victimes puissent se compter par millions.
5. Sur cette notion, v. P.-J. Delage, *La condition animale…*, *op. cit.*, n° 200, p. 721*sqq.*, spéc. p. 729.

9. Vers une incrimination *ad hoc*? –. Au bout du compte, ce n'est ainsi que très partiellement ou imparfaitement que le Statut de Rome serait susceptible d'appréhender pénalement la destruction d'une planète (ou d'un autre corps céleste habité). C'est donc, sans réelle surprise, vers une modification de ce Statut et la piste d'une incrimination *ad hoc*, spécifique, qu'il conviendrait de s'orienter. Une incrimination qui, délestée de toute référence aux États (ou, au moins, ne se limitant pas à la logique d'un conflit interétatique), prendrait en compte l'idée que, à travers la destruction d'une planète, c'est aussi la disparition totale d'une espèce ou d'un genre qui pourrait être recherchée. Et une incrimination qui, au demeurant, mettrait également l'accent sur une donnée jusqu'ici non signalée, et tenant à ce que la destruction d'un corps céleste majeur pourrait avoir d'incidence sur l'ensemble d'un système stellaire : modification de l'équilibre gravitationnel et de l'inclinaison des planètes, et, à la suite, perturbation des saisons et du climat pouvant entraîner des conditions météorologiques extrêmes. Ce qui ferait de la destruction d'une planète, par l'immensité de ses répercussions cosmiques, le crime des crimes – en nourrissant l'espoir, notion si présente dans la saga de *La Guerre des étoiles*, que ces quelques prospections demeurent à tout jamais de la science-juridique-fiction.

PARTIE 6

PRÉVENIR LES MENACES FANTÔMES

Qu'il s'agisse de l'augmentation de l'Homme ou de l'augmentation de la consommation, le spectre du surhomme ou de la surconsommation guette, dans l'ombre, et se repaît des désirs prométhéens, par trop immodérés, de cet *homo* qui s'avérerait *in fine* pas si *sapiens* que cela s'il en venait à causer sa propre perte.

Avec ces menaces à l'esprit néanmoins, avec cette conscience du danger, son action peut se faire préventive et proactive. L'Homme peut ainsi fixer le cap, choisir un itinéraire adapté en évitant astéroïdes ou icebergs qui se placeraient sur la route. Le but n'est pas de faire le trajet aussi rapidement que le Faucon Millenium a fait le raid de Kessel (en douze parsecs, si cela veut dire quelque chose), mais bien d'arriver vivant. L'important est, justement, de ne pas se tromper de valeurs.

Pour éviter que l'être humain ne devienne «*plus une machine qu'un Homme*»[1] ou que la Terre ne se transforme en une œcuménopole invivable telle que Coruscant, il importe de fixer des limites aux volontés individuelles et collectives d'augmentation. Pour conserver la possibilité d'une vie authentiquement humaine sur Terre, celle d'une vie authentiquement kaminoane sur Kamino – comme autant d'impératifs catégoriques qu'il y a de planètes et d'espèces pour les peupler –, il importe de prévenir les menaces de plus en plus réelles qui se font jour et ainsi permettre la sauvegarde de l'Homme et de son environnement. Ce sont de ces menaces que nous entretiennent Mme Mariana Bruck De Moraes Ponna Schiavetti et M. Quentin Le Pluard, dans l'espoir que l'Homme échappe à son destin, du moins à celui qu'il se construit à l'heure actuelle.

QLP & MU

1. *Ép. VI.*

12. « LE TRANSHUMANISME, DANS UNE GALAXIE LOINTAINE, TRÈS LOINTAINE ASPECTS D'UNE BIOÉTHIQUE (INTER-)GALACTIQUE »

Quentin LE PLUARD
Docteur de l'université de Brest, Lab-*LEX* (UR 7480)

« Est-ce que tu connais l'histoire tragique de Dark Plagueis le Sage ? […] Ce n'est pas le genre d'histoires que racontent les Jedi. C'est une légende Sith. Dark Plagueis était un Seigneur Noir des Sith tellement puissant et tellement sage qu'il pouvait utiliser la Force pour influer sur les midi-chloriens et pouvait créer la vie. En outre, sa connaissance du Côté Obscur était telle qu'il arrivait aussi à empêcher ceux dont l'existence lui importait de mourir. Il était devenu tellement puissant que la seule chose qui lui faisait encore peur était de perdre son pouvoir, ce qui, arriva un jour. Il fit l'erreur d'enseigner à son jeune apprenti son savoir, et tous ses secrets. Et cet apprenti le tua pendant qu'il dormait. Quelle ironie ! Il avait vaincu la mort pour les autres, mais la sienne il n'a pas su l'éviter. »[1]

1. « *Peace and Purpose* » -. Ces connaissances du Seigneur Sith Dark Plagueis eurent été fort utiles à ceux-là que l'on appelle aujourd'hui communément les transhumanistes.

Les transhumanistes. Cela pourrait être une faction ou une race de la saga Star Wars, aux côtés des Séparatistes, des Géonosiens ou des Wookies. Pourtant il s'agit de quelque chose d'extérieur à la fiction et de tout à fait réel, malgré les allures de science-fiction

1. *Ép. III.*

du programme qu'ils proposent. Comme Dark Plagueis, les transhumanistes cherchent à faire advenir la mort de la mort, à augmenter leurs corps grâce aux récents progrès de la science en matière de nanotechnologie, de biotechnologie, d'informatique et de science cognitive. En deux mots, ils veulent devenir des surhommes immortels, conformément d'ailleurs aux dispositions du Code Sith[1].

En cela, ils ne sont pas étrangers à l'histoire entière des neuf volumes de la saga Skywalker qui est elle-même basée sur cette même quête. Anakin d'abord, effondré par la mort de sa mère va chercher, auprès du chancelier Palpatine, le pouvoir de sauver de la mort que la Force lui a prédit celle qu'il aime en secret. Ce même chancelier qui se révèlera être l'Empereur Dark Sidious, parvient à se cloner et cherche à atteindre une certaine forme d'immortalité dans le dernier film, savoir qu'il a très certainement acquis auprès de son maître, Dark Plagueis, qu'il révèle d'ailleurs avoir tué.

La quête de l'immortalité n'est que l'une des nombreuses manipulations des corps que la saga offre aux yeux des spectateurs. Tantôt réalisés par les Sith, tantôt par des entités plus neutres, ces actes et la perception générale qu'en ont les personnages dessinent les contours des règles qui ont cours dans la galaxie en matière de bioéthique, c'est-à-dire de régulation du vivant.

Toute l'action de Star Wars se passe dans une seule galaxie lointaine, très lointaine… Mais la nôtre ne pourrait-elle pas alors s'en inspirer ? Peut-on ainsi parler de bioéthique inter-galactique ?

Ces manipulations du vivant peuvent se diviser en deux. La première serait le modelage des corps (I.), la seconde la victoire

1. «*La paix est un mensonge, il n'y a que la passion.*
Par la passion, j'ai la puissance.
Par la puissance, j'ai le pouvoir.
Par le pouvoir, j'ai la victoire.
Par la victoire, je brise mes chaines.
La Force me libérera.
Il n'y a pas de paix, il y a la colère.
Il n'y a pas de peur, il y a le pouvoir.
Il n'y a pas de mort, il y a l'immortalité.
Il n'y a pas de faiblesse, il y a le Côté Obscur. […]» [Sur l'aspect normatif de ce code, v. *infra*, la contribution de M. B. Le Dévédec. «Déontologie et valeur normative : la Force du Code des Jedi», NDC.]

sur la mort (II.). Il convient de les appréhender successivement pour percevoir ce que la saga peut nous apprendre sur notre propre bioéthique.

I. « *PAR LA PUISSANCE, J'AI LE POUVOIR* [SUR LES CORPS] »

2. «*Enter Lord Vader*» -. Le modelage des corps peut à son tour être distingué selon qu'il s'effectue sur son propre corps, ou sur le corps d'un être à venir. L'exemple type du premier cas serait celui de l'hybridation homme-machine, l'insertion d'éléments inorganiques, robotiques ou autre, dans la chair de la personne, autrement dit faire d'elle un cyborg (A.). Le clonage représente bien le second cas, plus grave en un sens puisqu'ici c'est l'intégralité de la personne qui est modelée, en faisant d'elle un clone (B.).

A. L'hybridation homme-machine

3. «*Grievous and the Droids*» -. Notre monde humain n'est pas vierge de toute hybridation homme-machine il est vrai, les prothèses robotiques existent, les pacemakers sont relativement fiables et discrets. Reste qu'en bonne saga de science-fiction, Star Wars nous donne des exemples des plus poussés de cette hybridation : ainsi Anakin et Luke perdent le même bras et se font greffer un bras robotique à la place quand Dark Vador recevra quatre membres artificiels, ainsi qu'un casque et une armure qui le maintiendront en vie et lui donneront cette voix et cette respiration si particulières, enfin le Général Grievous est un cyborg dont n'ont apparemment été conservés que les yeux, le cerveau et le cœur. Analysons donc les questions juridiques que ce modelage du corps humain induit et les réponses qu'y apporte la saga.

«*La vie semble tellement simple quand on fait de la mécanique, j'ai toujours su tout réparer*»[1] se plaint Anakin Skywalker, après la mort de sa mère. Il pourrait être tentant effectivement de pallier la faiblesse organique du corps humain par de l'inorganique, la complexité de la viande humaine par la solidité du métal froid.

1. *Ép. III.*

Peut-on choisir, comme le Général Grievous, de se faire enlever les parties organiques «non essentielles» de notre corps pour les remplacer par de l'inorganique, par un assemblage de métal plus résistant, plus fort, plus performant? À dire vrai, *a priori*, cela serait interdit par la lettre du droit : «*Il ne peut être porté atteinte à l'intégrité du corps humain qu'en cas de nécessité médicale pour la personne ou à titre exceptionnel dans l'intérêt thérapeutique d'autrui*»[1]. En dehors de la nécessité médicale, comme le remplacement du bras perdu d'Anakin ou de Luke Skywalker, ou d'intérêt thérapeutique d'autrui donc, point d'hybridation possible selon les dispositions du Code civil posant ce grand principe d'intégrité du corps humain.

Et pourtant… Le tatouage et le piercing sont autorisés. Il s'agit peut-être là de simples petites entorses qui ne remettent pas en cause le principe posé à l'article 16-3 : *de minimis non curat legislator* (le juge n'a cure des cas mineurs) pourrait-on dire. Néanmoins, la chirurgie esthétique l'est aussi ! Que l'on argue du bénéfice psychologique induit pour la personne qui y a recours, il semble bien que la nécessité médicale s'apprécie donc de manière relativement large et l'on voit mal ce qui différencierait le cas d'une personne se refaisant le nez ou se faisant enlever une partie de l'estomac pour se sentir mieux, d'une autre qui voudrait se faire remplacer les bras par des prothèses plus performantes.

Il ne faudrait cependant pas que la machine prenne le pas sur l'humain… comme elle l'a fait avec Vador : «*c'est plus une machine qu'un homme maintenant!*»[2] affirme Obi-Wan Kenobi à Luke Skywalker. Et jamais ne devrait-on traiter une personne comme une chose, peu importe le ratio de chair et de métal qui la meut. À cet égard, même si l'article 16-3 du Code civil – comme le principe d'intégrité qu'il porte – peut apparaître réduit à peau de chagrin, l'opinion de Maître Yoda doit être gardée à l'esprit lorsqu'il affirme que : «*Nous sommes des êtres illuminés, pas de la matière brute!*»[3]

4. «*The Trash Compactor*» -. Une fois greffé au corps de la personne, que devient l'amas de métal et de plastique qui compose la prothèse : change-t-il de nature juridique? Naturellement, il s'agit originellement d'une chose, mais acquiert-il le statut de

1. Art. 16-3 du Code civil.
2. *Ép. VI.*
3. *Ép. V.*

personne une fois attaché au corps? Pour utiliser un exemple, avant de lui être implanté, le bras d'Anakin était une chose, un bien qui était la propriété d'une personne. Mais une fois qu'il lui fut greffé après que le Comte Dooku lui eut tranché le bras, reste-t-il un bien? Non. Il devient personne par destination et suit le régime protecteur de celle-ci, jusqu'à sa mort.

De même, au décès du cyborg ou de la personne greffé, c'est-à-dire l'individu qui a reçu une prothèse, faut-il explanter la prothèse? Juridiquement, l'article R 2213-15, §3 du Code général des collectivités territoriales précise que : «*Si la personne décédée était porteuse d'une prothèse fonctionnant au moyen d'une pile, un médecin ou un thanatopracteur atteste de la récupération de l'appareil avant la mise en bière.*» Il ne faudrait pas que la pile explose lors de la crémation, ou qu'elle pollue la terre dans laquelle la personne sera inhumée. Se retrouve alors l'idée d'attachement de la prothèse au corps, jusqu'à ce que la mort les sépare dans ce cas-là. Pourtant, il semble bien que Dark Vador ait été crématisé avec l'intégralité de son armure. De même, lorsque Luke meurt et ne fait qu'un avec la force à la fin de l'épisode VIII, son corps disparait – comme l'avait fait celui d'Obi-Wan après son duel contre Vador ou celui de Yoda après son décès –, il eut alors été logique que son bras robotique demeure... Or il semble qu'il ait suivi le même chemin que l'intégralité de son corps : faut-il y voir là l'application, par la Force, du principe selon lequel : «l'accessoire suit le principal»? Un refus de la théorie de la personnalité par destination des prothèses, qui consiste à considérer la prothèse comme élément de la personne tant qu'elle y est attachée mais devant, au décès, lui être retirée?

Ce ne sont là néanmoins qu'un modelage partiel du corps – allant parfois jusqu'à prendre une proportion considérable avec Grievous naturellement. Mais cela ne traite pas l'intégralité de la personne comme une chose, ce que le clonage fait bien davantage.

B. Le clonage

5. «*Jango's Escape*» -. Le clonage a quelque chose d'ignoble aux yeux du droit : il voit dans l'être humain en puissance une chose au service d'un moyen, celui de se reproduire à l'identique, comme ce fut le cas pour *Jango Fett* avec son fils au destin tragique, *Boba*, ainsi qu'avec les milliers de clones, appelés d'ailleurs des unités, qui composèrent l'armée de la République. Or cela, le droit ne peut le permettre et c'est la raison pour laquelle l'on trouve dans le Code civil une disposition qui prévoit qu'«*est interdite toute intervention ayant pour but de faire naître un enfant génétiquement identique à une autre personne vivante ou décédée*»[1]). Cette interdiction se retrouve également dans le Code pénal[2], dans lequel elle se trouve assortie d'une peine de trente ans de réclusion criminelle et de 7 500 000 euros d'amende[3].

Les Kaminoans sont ainsi décrits comme pacifiques, sous réserves que soient remplies deux conditions : un certain respect des manières et une non moins certaine épaisseur du porte-monnaie[4]... Cet attrait du lucre n'étant pas sans faire penser à une logique relativement mercantiliste, très certainement étrangère aux Jedi qui prônent le détachement des choses matérielles, et assez critiquable en matière de bioéthique et de respect du corps humain, comme en témoigne l'arrêt *Our Body*[5], bien connu des étudiants de 1re année suivant les cours de droit des personnes.

6. «*Anthem of Evil*» -. Il est à noter que, contrairement à ce que l'on pourrait penser, l'Empire a mis fin au clonage des Stormtroopers : à partir de l'Épisode IV, ce ne sont plus des clones mais des enfants enlevés à leurs parents dès leur plus jeune âge (pratique également illégale ou immorale naturellement). L'Empire a décidé d'agir ainsi d'une part dans de pures considérations économiques, d'autre part eu égard à la vieillesse prématurée des clones qui certes deviennent matures plus vite – c'est l'une des grandes fiertés des cloneurs – mais vieillissent de même, autre problème éthique que pose cette pratique.

---

1. Article 16-4, al. 3 ; alinéa ne datant seulement que de 2004, soit 2 ans après *l'épisode II. L'attaque des clones*... Coïncidence ? Les travaux parlementaires de la révision ne font pas mention de la saga et l'on y chercherait – et l'on y a cherché – en vain toute mention des Kaminoans... Mais le doute est toujours permis quant à l'influence indirecte qu'a pu avoir ce film au retentissement planétaire sur la conscience du législateur.
2. Article 214-2.
3. Lorsque l'infraction est commise en bande organisée, la peine est portée à la réclusion criminelle à perpétuité et à 7 500 000 euros d'amende, comme le prévoit l'article 214-3. Les Kaminoans, spécialisés dans l'affaire, seraient donc en France passible de cette peine, tout autant que Dooku se faisant passer pour Sifo-Dyas.
4. *Ép. II.*
5. Cass., civ. 1re, 16 sept. 2010, n° 09-67.456, P.

De plus, lorsque Rey et la Résistance apprennent que l'Empereur est de retour, dans l'épisode IX, l'un des membres s'exclame : « *Une science occulte, un clonage, un secret connu des seuls sith ?* »[1] Définitivement, cette pratique, si elle fut tolérée par la République en manque d'une armée pour combattre l'armée séparatiste dans l'Épisode II, ne rentre pas dans les mœurs et semble bien ressortir du côté obscur de la Force.

II. « *PAR LE POUVOIR, J'AI LA VICTOIRE* [SUR LA MORT] »

7. « *The Old Death Star* » -. Si les prothèses sont un moyen pour accroitre sa puissance, les clones peuvent être vus comme un succédané d'immortalité, un moyen de se continuer malgré la mort. Deux autres moyens d'accroître sa longévité nous sont présentés dans la saga, présentant chacun leurs inconvénients apparemment : celui de la Carbonite, qui ne fait que retarder l'inévitable, et celui du fantôme de Force qui conserve l'esprit mais pas la chair (A.). Cependant, demeure l'espoir de réussir à vaincre la mort comme l'avait apparemment fait Dark Plagueis et d'atteindre ainsi l'immortalité (B.).

A. Passer par le détour de la carbonite ou du fantôme de Force

8. « *Carbon Freeze* » -. Les premières étapes dans cette quête commune à bien des personnages de Star Wars et aux transhumanistes qui consiste à vaincre la mort se résument dans l'alternative suivante : conserver la chair ou conserver l'esprit. La première se traduit en un détour par la carbonite, la seconde dans les fantômes de Force pour les Jedi ou l'emprisonnement des âmes pour les Sith, quoique cette dernière solution ne soit pas présente dans les principaux films de la saga mais dans l'univers étendu.

Plonger quelqu'un dans la carbonite, lorsqu'il n'est pas consentant, est définitivement une pratique digne des Sith, et il est dès lors logique que Vador veuille l'employer sur Han Solo en guise de test, avant de le faire sur Leia pour l'amener à l'Empereur. En

1. *Ép. IX.*

ce qu'elle se passe du consentement de la personne, elle va également à l'encontre de notre droit francais qui met l'accent sur celui-ci.

Que se passerait-il en revanche si la personne choisissait elle-même de se plonger dans la carbonite dans l'espoir de se réveiller plus tard, dans une époque plus avancée technologiquement parlant ? La saga ne nous dit rien sur ce point mais le droit français, pour sa part, a déjà répondu à cette question. Le Conseil d'État a ainsi pu juger que la cryogénisation *post-mortem* contrevenait à l'ordre public, notamment dans son volet salubrité et ne constituait pas l'un des deux modes funéraires prévus par les textes légaux[1] (qui sont pour rappel l'inhumation et la crémation)[2].

Il convient néanmoins de rappeler que la cryogénisation *post-mortem* est légale dans certains pays, certains auteurs se sont intéressés au statut que pourrait revendiquer le mort qui reviendrait à la vie après avoir passé quelques temps dans la glace[3], comme le héros du film *Hibernatus*... Ou comme Han Solo ! Puisqu'allant à l'encontre de notre législation française et n'étant mise en œuvre à l'écran que par les Sith ou par leurs préposés, il est légitime d'en déduire que cette pratique contrevient à la bioéthique galactique – *a fortiori* lorsqu'elle est faite du vivant de la personne et sans son consentement.

9. « Yoda and the Force » -. « *Un vieil ami a découvert la voie de l'immortalité, un ami qui est lui-même revenu des profondeurs de la force, ton ancien maître.* [...] *communiquer avec lui je t'enseignerai.* »[4] Cette voie de l'immortalité exprimée par Yoda n'est néanmoins pas si efficace que cela. En effet, un autre moyen de survivre, que cette fois les Jedi emploient, existe dans les fantômes de Force. Par ce biais ils survivent à leur propre mort sous la forme d'esprits fantomatiques et communiquent avec ceux qui leur survivent, ainsi ils leur transmettent leurs directives, leurs encouragements, leurs félicitations, et influent même parfois sur le monde après leur mort.

---

1. CE, 5e et 7e sous-sections réunies, 29 juill. 2002, n° 222180, publié au recueil Lebon.
2. CGCT, art. R. 2213-15.
3. A.-Bl. Caire, « La cryogénisation », in Ph. Pédrot et P. Larrieu (dir.), *Transhumanisme : approche pluridisciplinaire d'une nouvelle utopie*, M.A. Éditions, 2018, p. 54-70.
4. Yoda, *ép. III*.

Ce but peut tout à fait être atteint dans notre vie, et c'est le droit qui le prévoit. L'institution du testament, cet acte juridique par lequel celui qui s'apprête à passer l'arme à gauche prévoit ses dernières volontés est tout à fait idoine pour cela. Par cet acte, régi par le Code civil, le testateur prévoit ce qu'il arrivera de ses biens pour le temps où il ne sera plus et influe ainsi sur l'avenir, avec des limites quant à ce qu'il lui est possible de faire naturellement, mais tout de même ! Il n'est pas absurde ainsi de comparer les deux institutions puisque le défunt peut ainsi prévoir des récompenses, des directives pour celles et ceux qu'il fait héritiers par ce biais. En ce sens, puisque ce sont les Jedi qui ont recours à cette forme de survie *post-mortem* et qu'elle connaît une traduction juridique licite dans notre propre système légal, il semble bien qu'il n'y ait pas de véritable problème juridique avec cette institution. Son pendant sith n'est pas aussi clair néanmoins.

D'autres récits dérivés nous apprennent que les Sith, quant à eux, préfèrent emprisonner leur âme dans des objets (rappelant en cela un autre Seigneur noir d'un autre univers[1]). Déchirement de la personne et attachement à une chose... qui n'est pas sans faire peur et bousculer la *summa Divisio* du droit français. De cette manière, cet acte sith est assez comparable à l'un des désirs transhumanistes présent dans l'*upload* de conscience : estimant que la conscience humaine peut être scannée et copiée, ils envisagent de transférer leur conscience dans un réceptacle en silicium, en dur, plus dur que la dure-mère biologique de notre pauvre viande humaine. Quel nœud gordien pour les juristes qui auront à préciser le régime juridique de cette conscience numérisée ! Vraiment, la solution des Jedi semble préférable, sinon plus simple.

Reste que ces trois moyens, carbonite, fantôme de force et emprisonnement d'âme dans un objet, qu'ils soient ou non prônés par les Jedi, ne sont néanmoins que des palliatifs pour vaincre, seulement en partie, le pouvoir destructeur de la mort. Tout autre est en revanche ce que Dark Plagueis est censé avoir trouvé pour les autres, ce que Anakin jure de trouver et ce que l'Empereur recherche jusqu'à la toute fin de la saga : l'immortalité, la vraie.

1. V. Ndior et N. Rousseau (dir.), *Le droit dans la saga Harry Potter*, Enrick B. Editions, 2019, 230 p.

B. Atteindre directement l'immortalité

10. «*The Supremacy*» -. «*J'apprendrai même à préserver les gens de la mort!*»[1] clame Anakin à Padmé après la mort de sa mère!

De même, il est possible de lire dans l'ouvrage canon qui relate de manière un peu plus détaillée les évènements de l'épisode IX que «*les notes de Luke mentionnaient que Sheev Palpatine était obsédé par l'idée de vivre éternellement. Il avait prétendu à Anakin avoir découvert le secret de la vie éternelle grâce à son propre maître Dark Plagueis, juste avant de trahir celui-ci et de le tuer. Luke supposait que c'était un mensonge, destiné à attirer Anakin vers le côté obscur. Mais… s'il y avait du vrai dans tout cela?*»[2] La quête de l'immortalité est vraisemblablement une affaire de Sith, commune au futur Seigneur Vador et à son maître, le Seigneur Sidious. Le droit français ne dit pas, ou pas encore, grand-chose là-dessus… ce qui est assez compréhensible. La seule disposition qui pourrait faire sens à ce sujet serait la suivante : «*Nul ne peut porter atteinte à l'intégrité de l'espèce humaine*». Posée dans le Code civil[3], elle pourrait servir de base à un juge pour interdire de modifier l'ADN humain – voire son équivalent dans Star Wars, à savoir les midi-chloriens – ou de manière plus générale la vie humaine pour faire advenir des humains immortels. Tel cas de jurisprudence ne s'est néanmoins jamais posé pour le moment, ce qui peut être amené à changer au vu des progrès dans la matière et la naissance des premiers enfants aux génomes modifiés par les ciseaux à ADN.

11. «The Ways of the Force» -. «*La Force n'est pas un pouvoir qu'on acquiert, il ne s'agit pas de soulever des rochers; c'est l'énergie qui relie toutes les choses entre elles, une tension qui maintient l'équilibre au sein de l'Univers.*»[4] Cette définition de la Force par Luke Skywalker est tout à fait transposable au droit : les liens entre les sujets de droit, leurs rapports entre eux et avec les objets de droit, leurs droits et obligations…

---

1. *Ép. II.*
2. R. Carson, *Star wars episode IX : l'ascension de Skywalker*, Outre fleuve, 2020, 360 p.
3. Article 16-4, al. 1 du Code civil.
4. Luke, *ép. VIII.*

Or «*le côté obscur de la force est un chemin vers de nombreuses capacités que certains considèrent comme non naturelles*»[1] affirmait le Seigneur noir des Sith Dark Sidious, alias le chancelier Palpatine. Non naturelles ne signifient pas pour autant *ipso facto* illégales, ou non juridiques. Ainsi, les voyages spatiaux ne sont pas plus naturels que les prothèses ou la quête de l'immortalité, chacune de ces nouvelles entreprises humaines nécessite pourtant une régulation adaptée[2].

S'agissant de la régulation de ce qui touche le corps de l'Homme, certains auteurs ont pu proposer de parler de «droit existentiel», d'un droit qui régirait l'existence humaine. En vérité, puisque ce droit se fait l'écho de ceux qui considèrent ces capacités promues par le transhumanisme comme non naturelles, ceux qui estiment que le transhumanisme devrait être dès lors illégal, ceux-là traduisent davantage l'envie d'un droit naturel recelant du sacré[3], plus spécialement d'un «droit essentiel» : un droit qui poserait des règles quant à l'essence de l'Homme. Un droit de modération, de mesure, qui accepterait la mort comme limite. Un droit qui refuserait la recherche de l'immortalité. Ainsi, Yoda affirmait au jeune Anakin Skywalker : «*La mort est un élément naturel de la vie. Réjouis-toi pour tous ceux autour de toi qui retournent à la Force. Ni les pleurer, ni les regretter, tu ne dois...*»[4] et Ray pour définir la Force fait ainsi mention de «*[...] la vie, la mort et la décomposition qui nourrit la nouvelle vie, la chaleur, le froid, la paix, la violence... – Qu'est ce qui fait tenir le tout? – La mesure, l'énergie, une force*»[5]. Oui... Le droit qui fait tenir le tout, qui relie la société doit promouvoir la mesure et en ce sens s'opposer aux désirs par trop immodérés des transhumanistes qui vont parfois jusqu'à nier la valeur de la vie humaine.

---

1. Palpatine, *ép. III*.
2. «*La science change la vie de l'homme en société. Et comme la vocation du droit est de gouverner cette vie, aux mouvements de la science répondent, tôt ou tard, les mouvements du droit.*» Fr. Terré, *L'Enfant de l'esclave : génétique et droit*, Flammarion, 1987, p. 21.
3. «*Au contraire, pour interdire, il faut considérer "que la nature sait mieux que nous ce qui est bon pour l'humanité". L'interdit juridique aurait partie liée avec le sacré.*» M. Delmas-Marty, *Sortir du pot au noir : l'humanisme juridique comme boussole*, Buchet-Chastel, coll. «La verte», 2019, p. 48.
4. Yoda, *ép. III*.
5. Rey et Luke, *ép. VIII*.

CONCLUSION

12. «***The sacred Jedi texts***» -. «*Ainsi vont les choses, ainsi va la Force*»[1] disait Yoda. Ainsi va l'éthique des Jedi, ainsi doit aller le droit de la bioéthique : ils doivent avoir comme rôle celui de se faire les gardiens de certaines limites dont désirent justement s'extraire tant les Sith que les transhumanistes.

L'éthique majoritaire, celle des Jedi notamment, dans cette galaxie lointaine, très lointaine présente certes quelques points de divergence avec notre propre régulation du vivant qui n'est ni galactique, ni même planétaire mais seulement nationale, comme leur position quant au clonage ; mais ils ont également de nombreux points de convergence tout de même. Il importe qu'ils se retrouvent autour de ces points de convergences qui passent notamment par la lutte pour un droit humain (moins au sens biologique qu'au sens des valeurs que ce terme véhicule, puisque devant dès lors inclure les espèces extra-terrestres), un droit qui porte la valeur de la vie, celle du consentement, de la protection du corps, humain ou non, de la personne, là encore humaine ou non.

Ainsi, la bioéthique galactique qui nous est présentée dans Star Wars source d'inspiration intergalactique peut effectivement se révéler.

---

1. Yoda, *ép. VI.*

13. « QUELLES SONT LES LIMITES DU DÉVELOPPEMENT DE LA PLANÈTE KAMINO AU REGARD DES ENJEUX DE CONSERVATION DU MILIEU MARIN ? »

Mariana BRUCK DE MORAES PONNA SCHIAVETTI
Doctorante à l'université de Brest, AMURE (UMR 6308)

1. Tout d'abord, il faut commencer en précisant que le présent article part d'une approche tant ludique que théorique sur le droit de la mer. Pour nous situer dans notre aventure, nous commencerons par une introduction et description de la planète faisant l'objet de cette étude, la planète Kamino. Puis nous explorerons plusieurs idées basées sur les deux questionnements suivants : quelles sont les limites du développement des cités et des communautés sur l'espace marin au regard de la conservation des espaces protégés, et quelles sont les possibilités de développement d'un réseau d'aires marines protégées pour conserver l'environnement marin tout en permettant le développement économique sur Kamino ? La dialectique économie *versus* conservation peut être vérifiée dans toutes les galaxies et cette petite exploration de Kamino conduit au même constat.

2. Du point de vue historique, la planète Kamino apparaît pendant l'épisode II, *L'Attaque des clones*. Les Kaminoans sont connus pour leur haut niveau d'intelligence. Cette intelligence leur permet de développer les premiers clones à destination de la République et de survivre sur une planète entièrement recouverte d'eau. Il faut dire qu'avant les changements climatiques soudains qui ont entraînés l'inondation totale de la planète, les kaminoans vivaient dans un tout autre environnement, un environnement glacier. L'ère glaciaire de Kamino s'est ensuite achevée, conduisant à une inondation qui a obligé les kaminoans à construire des cités sur pilotis dans un style spartiate et courbe. Bien que vivant de cette manière dans ces circonstances particulières, ils ont réussi à développer des techniques scientifiques très sophistiquées. Leur système d'habitat et leur mode de vie nous permettent de nous demander quelles sont les limites du développement des cités kaminoanes au regard des enjeux de conservation du milieu marin dont ils extraient la plupart de leurs ressources.

3. Cette problématique renvoie à la question des impacts produits sur les écosystèmes par une civilisation qui s'établit et évolue au milieu de l'océan et donc sans limites de frontières claires. Dans un premier temps, nous commencerons par envisager cette situation par rapport à la conservation des espaces protégés (**I.**). Dans un second temps, nous allons vérifier si les règles de protections environnementales prévues par la Convention des Nations Unies sur le droit de la mer, et spécialement ses articles 192 et 235, rendent possible la création d'aires marines protégées sur Kamino (**II.**). Nous voyagerons ensemble pour comprendre la pertinence de transposition des règles du droit international de l'environnement à cette planète située en dehors de la Fédération.

I. UNE RECHERCHE D'ÉQUILIBRE ENTRE LE DÉVELOPPEMENT SOCIO-ÉCONOMIQUE ET LA CONSERVATION DU MILIEU MARIN

4. Quand nous parlons de développement d'une civilisation, peu importe la planète, nous pouvons observer le développement urbain. Il faut aussi garder à l'esprit que les ressources marines ne sont pas infinies et inépuisables, comme la plupart de la population terrestre le croyait il y a 30 ans – et comme certains le croient encore dans une certaine galaxie lointaine. Les actions kaminoanes, doivent être vues comme celles des humains sur la planète Terre, c'est-à-dire comme devant limiter la perte des ressources génétiques et naturelles et la disparition de la vie. Par conséquent, il est indispensable d'établir des limites au développement et à l'extension urbaine (**A.**) et à l'utilisation des ressources marines (**B.**).

A. Limites du développement et de l'extension urbaine

5. Dans une société qui ne connait pas de limites de frontières, l'extension urbaine paraît ne pas avoir de limitation spatiale. La liberté d'extension des villes engendre un risque sur le milieu marin. En effet, dans la mesure où les fondations de leurs habitations sont directement ancrées dans les fonds marins, les espèces benthoniques, c'est-à-dire celles qui vivent dans les fonds marins, peuvent être fortement impactées. Nous pourrions nous demander si, en pratique, il y a des preuves des impacts de cette technique de construction sur les écosystèmes. Cependant, juridiquement, d'après l'un des principes du droit de l'environnement, le principe de précaution, l'absence de données scientifiques ne peut être un élément de nature à empêcher la prise de mesures de conservation. En d'autres termes donc, une première piste s'inscrit en faveur d'une limitation d'activités mais également du développement de l'espace urbain. Néanmoins, il faut prendre en compte la capacité de charge de l'environnement, autrement dit la faculté de supporter l'augmentation de la population et, par conséquent, l'accumulation de déchets et la hausse constante de consommation des ressources disponibles autour de la ville.

6. Le rôle de la capacité de charge est aujourd'hui essentiel en droit. Notion originellement inspirée de l'écologie, la capacité de charge peut être définie comme «*le seuil au-delà duquel un bien ou un service écologique commence à être dégradé et ne plus contribuer au bien-être des populations. Au-delà de ce seuil, la détérioration causée aux écosystèmes empêchera certains groupes de populations et des générations futures à répondre à leurs besoins*»[1]. Parmi des études scientifiques spécifiques[2] il est possible d'établir un nombre maximum de personnes dans un espace donné, ou

1. Chr. Bergeron-Verville, *La capacité de charge des écosystèmes dans le contexte de l'aménagement du territoire et du développement durable au Québec*, Mémoire de maîtrise en environnement, Université de Sherbrooke, 2013, p. 16.
2. Tels des calculs pour vérifier l'indice d'intégrité biotique dans milieux aquatiques; composition de bande riveraine; nombre et taille de poissons pour maintenir le stock; niveau d'humidité; etc.

de mesurer le degré de pollution chimique[1] qu'un écosystème, par exemple, peut tolérer. Cette évaluation peut inclure à la fois une dimension écologique et une dimension socio-économique[2], comme la disponibilité de l'eau potable pour la consommation.

7. L'absence de limites spatiales, notamment terrestres, pour les kaminoans rend la création de normes comme la *loi littoral*[3] ou la gestion intégrée côtières[4] impossibles. Cependant, en prenant en compte le principe de précaution et la notion de capacité de charge, et en adoptant des politiques publiques adaptées, les kaminoans pourraient parvenir à ne pas dépasser le seuil de tolérance de leur écosystème marin. Néanmoins, les enjeux de l'étalement urbain ne sont pas le seul problème à vérifier sur Kamino.

B. Les limites à une exploitation des ressources marines

8. L'idée selon laquelle «*la mer n'est pas (ou plus ?) un réservoir inépuisable de ressources*»[5] ne semble pas être nouvelle, mais en même temps, les actions intergalactiques démontrent une méconnaissance des fonctions écosystémiques, compte tenu de l'utilisation incontrôlée des ressources marines – erreur bien connue sur Terre d'ailleurs.

En évoquant l'idée d'une limitation de l'exploitation des ressources marines[6], la première pensée qui vient à l'esprit porte sur

---

1. Chr. Bergeron-Verville, par exemple, relève que pour le «*taux de polluants émis par les activités agricoles, les principaux seuils écologiques à respecter sont relatifs au phosphore et au nitrate. Selon les critères de qualité du ministère du Développement durable, de l'Environnement, de la Faune et des Parcs (MDDEFP), ces derniers devraient respectivement être conservés en dessous de 0,03mg/L et 10mg/L*», *loc. cit.*
2. S. Jolivet, «Régulation des flux touristiques dans les aires marines protégées "hyper fréquentées" : la contribution du préfet maritime à la construction d'un ordre public écologique», *Droit Maritime Français*, vol. 828, 2020, p. 854-863.
3. Loi n° 86-2 du 3 janvier 1986 relative à l'aménagement, la protection et la mise en valeur du littoral, *JORF* n° 3 du 4 janvier 1986, p. 200-205.
4. Telle la recommandation européenne de 30 mai 2002 : 2002/413/CE, *JOCE*, n° L-148, du 6 juin 2002 et la directive 2014/89/UE du 23 juillet 2014.
5. O. Delfour-Samama, «Les aires marines protégées, outil de conservation de la biodiversité en haute mer», *Neptunus*, vol. 19, 2013 (n° 1).
6. Le terme de «*ressource marine*» utilisé dans ce travail ne renvoie pas au terme visé dans la discussion établie entre l'organisation des Nations-Unies pour l'alimentation et l'agriculture (FAO) et l'Union internationale pour la conservation de la nature (IUCN) au début des années 80. Il est utilisé comme synonyme

les enjeux de la surpêche et ses conséquences : la raréfaction de la ressource. Sur la Terre, des règlementations portent interdiction saisonnière de pêcher certaines espèces, ou création de *no-take zone*[1] autour de toute la planète pour maintenir le stock[2] de poissons. Par ailleurs, l'exploitation des grands fonds marins pose une question particulièrement délicate et qui mérite toute notre attention. Un autre enjeu est aussi la perte du génome océanique, présent sur Kamino et sur Terre.

9. Le génome océanique «*est le matériel génétique présent dans toute la biodiversité marine, y compris les gènes physiques et les informations qu'ils codent*»[3], en d'autres termes, le génome océanique est la base sur laquelle reposent tous les écosystèmes marins. Selon une étude de l'*High Level Panel for a Sustainable Ocean Economy*, actuellement le génome océanique terrestre est menacé par la surexploitation, la perte et la dégradation de l'habitat, la pollution, les impacts du bouleversement climatique et d'autres pressions[4]. Dans ce cas il est possible de se demander si, sur la planète Kamino, les menaces à l'égard des ressources marines sont différentes.

10. L'exploitation des ressources génétiques marines chez les kaminoans semble être égale ou plus élevée que sur la Terre. Leur survie dépend semble-t-il entièrement de ces ressources. Ainsi de la même manière que nous avons vu la nécessité de limiter le développement spatial urbain, il est possible d'affirmer que l'action normative encadrant l'exploitation de ressources marines doit être adaptée et équilibrée entre les besoins des populations et la disponibilité de la ressource elle-même. Cela est indispensable

---

de diversité biologique, telle que décrite dans la Convention sur la Diversité Biologique de 1992.

1. Les *No-take zone*, «zones de non-prélèvement», sont un type spécifique d'aires marines protégées. Selon la *National Oceanic and Atmospheric Administration* (NOAA), les aires marines protégées, zones de non-pêche, interdisent totalement l'extraction de ressources naturelles ou culturelles. V. le glossaire en ligne : https://marineprotectedareas.noaa.gov/glossary.html (consulté le 10/05/2022).
2. Le stock se réfère à partie exploitable d'un «*ensemble d'individus de poisson, qui peuvent être d'une même espèce ou une même population*». C. Noiville, *Ressources génétiques et droit : essai sur les régimes juridiques des ressources génétiques marines*, Éditions Pedone, 1997, p. 149.
3. R. Blasiak, R. Wynberg, K. Grorud-Colvert, S. Thambisetty, «The Ocean Genome : Conservation and the Fair, Equitable and Sustainable Use of Marine Genetic Resources», World Resources Institute, 2020.
4. *Ibid.*

pour que les kaminoans puissent continuer à survivre. Une solution qui se présente à eux est la création d'aires marines protégées (AMP). Le rôle de premier plan joué par ces zones est de permettre la conservation et la résilience des écosystèmes marins, et une exploitation durable de la biodiversité marine[1]. Ces aires marines sont considérées comme un instrument de mise en œuvre d'une approche par écosystème[23].

Nous pourrions nous demander, comment les kaminoans peuvent envisager la création d'aires marines protégées ? Qui a le pouvoir de le faire et qui est responsable de leur surveillance ? Ce qui amène à la seconde partie.

II. L'APPLICATION DE LA CONVENTION DES NATIONS UNIES SUR LE DROIT DE LA MER À LA PLANÈTE KAMINO : SOUVERAINETÉ DE LA PLANÈTE OU IMPOSITION DE LA FÉDÉRATION ?

11. Face aux enjeux rencontrés sur la planète Kamino, apparaît l'opportunité de suggérer aux kaminoans d'élaborer des normes juridiques à l'image de la Convention des Nations Unies sur le droit de la mer (CNUDM). La CNUDM de 1982 a pour objectif «*d'établir un ordre juridique pour les mers et les océans qui facilite les communications internationales et favorise les utilisations pacifiques des mers et des océans*»[4]. Toutefois, il est loisible de se demander dans quelle mesure la transposition de cette Convention à la Fédération, et donc son application sur Kamino,

1. O. Delfour-Samama, *art. cit.*
2. «*L'approche écosystémique est une stratégie pour la gestion intégrée des terres, des eaux et des ressources vivantes, qui favorise la conservation et l'utilisation durable d'une manière équitable. L'approche par écosystème repose sur l'application de méthodes scientifiques appropriées aux divers niveaux d'organisation biologique, qui incluent les processus, les fonctions et les interactions essentiels entre les organismes et leur environnement. Elle reconnaît que les êtres humains, avec leur diversité culturelle, font partie intégrante des écosystèmes*», annexe de la décision V/6 COP 5, 2002.
3. ONU, «Les approches écosystémiques et les océans, septième réunion du Processus consultatif officieux ouvert à tous sur les océans et le droit de la mer, tenue du 12 au 16 juin 2006», 2009.
4. Convention des Nations Unies sur le droit de la mer (CNUDM), dite Convention de Montego Bay, 1982.

pourrait imposer des restrictions aux libertés en mer pour garantir la conservation du milieu marin (**A.**) et, le cas échéant, la création d'un réseau d'aires marines protégées sur Kamino (**B.**).

A. Les libertés en mer versus l'obligation de protection de l'environnement

12. La CNUDM, en vigueur depuis 1994, définit les espaces maritimes, les droits et les devoirs des États en matière d'exploitation des ressources, de protection du milieu marin, de navigation, etc. Tout au long de ses 320 articles sont décrites les différentes libertés en mer, originalement diffusées par Hugo Grotius au XVIIe siècle. L'article 87 liste particulièrement six libertés : liberté de navigation; liberté de survol; liberté de poser des câbles et des pipelines sous-marins; liberté de construire des îles artificielles et autres installations autorisées par le droit international; liberté de pêche; et liberté de recherche scientifique.

13. Néanmoins à côté de cette reconnaissance des libertés en mer, la CNUDM a prévu quelques obligations par rapport à la conservation du milieu marin. L'article 192 de la Convention, de façon générale, prévoit que «*les États ont l'obligation de protéger et de préserver le milieu marin*» et plus spécifiquement, l'article 194.1[1] enjoint des obligations de prévention contre toutes les sources de pollution, et son 5e aliéna encourage la prise de toutes «*les mesures nécessaires pour protéger et préserver les écosystèmes rares ou délicats ainsi que l'habitat des espèces et autres organismes marins en régression, menacés ou en voie d'extinction*». Il faut souligner qu'au moment de l'adoption de la Convention les enjeux de pollution marine étaient particulièrement en vogue – après les accidents des années 60-70[2] – mais, aujourd'hui, il est possible de faire une interprétation plus large de ces articles, en ne pensant pas seulement à la pollution marine, mais également

1. Art. 194-1 de la CNUDM «*Les États prennent séparément ou conjointement selon qu'il convient, toutes les mesures compatibles avec la Convention qui sont nécessaires pour prévenir, réduire et maîtriser la pollution du milieu marin, quelle qu'en soit la source; les États mettent en œuvre à cette fin les moyens les mieux adaptés dont ils disposent, en fonction de leurs capacités, et ils s'efforcent d'harmoniser leurs politiques à cet égard.*»
2. Les accidents de la plateforme *Ixtoc I* au Mexique; *Atlantic Empress / Aegean Captain* au Tobago; de l'*Amoco Cadiz* en France; *Torrey Canyon* au Royaume-Uni sont des exemples de cette époque.

aux autres menaces qui pèsent sur le milieu marin comme la perte de la biodiversité ou l'acidification des océans.

La prise en compte de la protection de l'environnement est l'un des points les plus innovants de la Convention, voire également des autres textes internationaux de l'époque, même si sa portée ne saurait s'y réduire. Ainsi s'y mesure une approche moins économique comme la reconnaissance de la restriction des libertés maritimes en faveur de la sauvegarde du milieu marin. La CNUDM enjoint ainsi les États, sous peine d'engager leur responsabilité, de «*veiller à l'accomplissement de leurs obligations internationales en ce qui concerne la protection et la préservation du milieu*»[1]. Il faut toutefois se demander jusqu'où les États peuvent être obligés de prendre des mesures restrictives au bénéfice de l'environnement marin. Ces mesures sont-elles la seule solution ?

14. Dans le cadre de la Fédération ou la République auxquelles pourrait s'intégrer Kamino, l'adoption d'un ordre public écologique pourrait justifier la demande, parfois l'imposition, de directives plus strictes et contraignantes. Par exemple, tous les pays de l'Union européenne (UE) ont signé la CNUDM de même que l'UE en 2003, ce qui a contribué à renforcer la dynamique *Natura 2000* et la stratégie commune pour le milieu marin[2], comme une des initiatives pour accomplir les devoirs établis par la CNUDM[3].

En parallèle, la Fédération semble compétente pour déterminer certaines limites apportées aux libertés, comme à l'exploitation de ressources marines ou pour imposer le développement et l'extension urbains pour assurer la protection et la préservation du milieu marin. Dans ce contexte, la transposition de la Convention sur Kamino, pour préserver les milieux par la création d'aires marines protégées, viendrait garantir l'équilibre entre protection de l'environnement et liberté d'usage telles qu'envisagées par la CNUDM.

---

1. Art. 235-1 de la CNUDM : «*Il incombe aux États de veiller à l'accomplissement de leurs obligations internationale en ce qui concerne la protection et la préservation du milieu marin. Ils sont responsables conformément au droit international.*»
2. Directive européenne 2008/56/CE du 17 juin 2008.
3. Selon les termes de l'article 192 du Traité sur le fonctionnement de l'Union européenne.

B. Un réseau d'aires marines protégées

15. La CNUDM n'a jamais traité spécifiquement de la diversité biologique marine[1], ni utilisé le terme d'aire marine protégée. Cependant, dans la mesure où il s'agit d'une convention-cadre, d'autres conventions ont pu venir la compléter. C'est le cas de la Convention sur la diversité biologique du 5 juin 1992, ainsi comme le nouvel accord se rapportant à la Convention des Nations Unies sur le droit de la mer et portant sur la conservation et l'utilisation durable de la diversité biologique marine des zones ne relevant pas de la juridiction nationale du 19 juin 2023, et des décisions adoptées par la Conférences des Parties (COP)[2], comme les «Objectifs d'Aichi»[3]. C'est aussi le cas de la Convention de Bonn de 1979[4] ou de la Convention internationale de 1946 pour la réglementation de la chasse à la baleine. Ces conventions apportent des concepts et des outils destinées à conservations, la Convention de Bonn par exemple, souligne «*l'intérêt commun d'atteindre aussi rapidement que possible le niveau optimum en ce qui concerne le stock de baleines*», elle définit aussi «*l'état de conservation*». En outre, les «Objectifs d'Aichi» fixent comme objectif la création des réseaux des aires marines protégées sur 10 % des zones marines et côtières sur Terre.

Ces instruments internationaux permettent d'envisager la création d'aires marines protégées sur Kamino qui peuvent apparaître assez pertinentes pour la conservation du milieu marin à Kamino.

16. Selon l'Union Internationale pour la Conservation de la Nature (IUCN), «*une aire protégée est un espace géographique clairement défini, reconnu, consacré et géré, par tout moyen efficace, juridique ou autre, afin d'assurer à long terme la conservation de la nature ainsi que les services écosystémiques et les valeurs culturelles qui lui sont associés*»[5]. Une définition similaire a été adoptée par l'article premier de l'accord précité ainsi une aire

---

1. O. Delfour-Samama, *art. cit.*
2. *Ibid.*
3. Les «Objectifs d'Aichi» constituent un «plan stratégique pour la diversité biologique 2011-2020» adopté en 2010 par la COP, qui a prévu la création des réseaux des aires marines protégées sur 10 % des zones marines et côtières (Objectif C.11).
4. Convention sur la conservation des espèces migratrices appartenant à la faune sauvage signée en 1979.
5. N. Dudley (éd.), *Guidelines for Applying Protected Area Management Categories*, Gland, Switzerland, 2008.

marine protégée est «*une aire marine géographiquement définie qui est désignée et gérée en vue d'atteindre des objectifs spécifiques de conservation à long terme de la diversité biologique et dans laquelle, selon qu'il convient, l'utilisation durable peut être autorisée pourvu qu'elle soit compatible avec de tels objectifs*». Les AMP sont reconnues comme des outils pour maintenir, ou rétablir, les fonctions environnementales et «*assurer la durabilité du flux de valeur provenant de services environnementaux*»[1].

Il existe plusieurs classifications des AMP, nous pouvons établir quatre degrés de protection «*protection forte*»[2] ; «*partiellement protégée*» ; «*peu protégée*» et «*minimalement protégée*»[3]. Peuvent aussi être mentionnées les aires de protection intégrale et aires d'usage durable, mettant l'accent sur la protection de l'environnement ou sur le développement soutenable d'une activité économique. Au regard de la situation de la planète Kamino, il semble cohérent d'imaginer l'adoption d'un réseau intégratif à même d'assurer la conservation des ressources marines comme le développement des activités économiques. Il serait ainsi intéressant de suggérer aux kaminoans de créer d'une part, des aires de protections intégrales, où seraient interdites les activités des kaminoans et d'autre part, des aires destinées à des activités économiques et sociales durables, c'est-à-dire des activités qui ne compromettraient pas la capacité des générations futures à répondre à leurs propres besoins[4].

Après plus de 50 ans, les AMP sont vues comme l'un des meilleurs outils disponibles pour rationaliser l'exploitation des ressources et garantir la conservation et la préservation du milieu marin. Elles sont par conséquent un dispositif à conseiller aux kaminoans.

---

1. C. Chaboud, F. Galletti, «Les aires marines protégées, catégorie particulière pour le droit et l'économie ?», *Mondes En Développement*, vol. 138, 2007 (n° 2), p. 27-42.
2. À la date de la rédaction de cette contribution, le Ministère de la transition écologique ouvert une consultation publique sur un projet de décret d'application s'attache à définir la notion de «*protection forte*». Selon l'article 1er de ce projet, «*une zone de protection forte est une zone géographique dans laquelle les pressions engendrées par les activités humaines susceptibles de compromettre, la conservation des enjeux écologiques de cet espace sont évitées, supprimées ou significativement limitées, et ce de manière pérenne, grâce à la mise en œuvre d'une protection foncière ou d'une réglementation adaptée, associée à un contrôle effectif des activités concernées*».
3. Grorud-Colvert *et al*, (2021). «The MPA guide : A framework to achieve global goals for the ocean», *Science*, vol. 373, 2021, n° 6560.
4. Commission mondiale sur l'environnement et le développement, «Rapport Brundtland», 1987.

CONCLUSION

17. Un cadre juridique permettant d'établir un équilibre entre activités économiques et protection de l'environnement marin existe : la CNUDM pourrait être transposée sur Kamino, avec la mise un réseau d'aires marines protégées sur la planète marine comme outil d'accomplissement des obligations de protections prévues dans les articles 192 et 194.5 de la CNUDM.

Finalement, l'idée des libertés absolues exercées en mer, affirmée jusqu'à présent comme un dogme juridique incontournable, n'est plus une réalité[1]. Plus encore, il faudra peut-être envisager, un jour, la reconnaissance d'un ordre public écologique commun à toutes les galaxies. Mais c'est là un sujet pour un autre ouvrage.

1. O. Delfour-Samama, *art. cit.*

PARTIE 7

RÉVEILLER LA FORCE DU DROIT

Le droit doit se réveiller. Les différentes menaces qui pèsent sur lui, détaillées à l'instant, lui imposent de se réinventer en surface et en profondeur. En surface, c'est-à-dire en se saisissant des questions actuelles telles les données personnelles dont le traitement pose aujourd'hui question au regard des nouvelles techniques de l'information et du droit au respect de la vie privée, toujours grandissant. En profondeur, puisque c'est la fonction même du droit et de son ministre, le juge, qui est interrogée : celui-ci peut-il être délégué à des arbitres, des tiers à l'État, qui auront le pouvoir de trancher les litiges, une partie de la *jurisdictio* finalement.

Surface et profondeur, apprenti et seigneur Sith, padawan et maître Jedi, laissons M. Martin Uguen et Mme le professeur Sandrine Clavel nous entretenir de ces forces imaginantes du droit qui lui imposent de sortir de la torpeur dans laquelle il était, peut-être, plongé.

QLP

14. « QUELLE PROTECTION POUR LES DONNÉES PERSONNELLES DANS UNE GALAXIE LOINTAINE, TRÈS LOINTAINE ? »

Martin UGUEN
Doctorant en droit public
Université de Brest, Lab-*LEX* (UR 7480)

1. L'enjeu de la protection des données personnelles –. Brandie de toutes parts au XXIe siècle, la question des données à caractère personnel (ci-après « données personnelles ») occupe une place centrale dans nos sociétés à l'heure des nouvelles technologies de l'information et de la communication. Conformément à la définition posée par l'article 4 du Règlement général sur la protection des données (RGPD) du 27 avril 2016[1], le terme de donnée personnelle désigne « *toute information se rapportant à une personne physique identifiée ou identifiable* [...] *; est réputée être une "personne physique identifiable" une personne physique qui peut être identifiée, directement ou indirectement, notamment par référence à un identifiant, tel qu'un nom, un numéro d'identification, des données de localisation, un identifiant en ligne, ou à un ou plusieurs éléments spécifiques propres à son identité physique, physiologique, génétique, psychique, économique, culturelle ou sociale* ».

1. Règlement UE 2016/679 du Parlement européen et du Conseil du 27 avril 2016, *relatif à la protection des personnes physiques à l'égard du traitement des données à caractère personnel et à la libre circulation de ces données, et abrogeant la directive 95/46/CE (règlement général sur la protection des données).*

Les données personnelles constituent une source inépuisable de valeur pour les entreprises dans l'économie post-industrielle, allant jusqu'à fonder le modèle économique de quelques entreprises précurseuses sur le marché des nouvelles technologies (au premier rang peuvent être citées les GAFAM[1]). Parallèlement, ces informations ont acquis une place prépondérante au sein des États et de leurs administrations à divers égards, qu'elles constituent le support d'une surveillance de l'activité des citoyens, ou encore que leur traitement permette de rendre plus efficace l'action publique[2].

Outre l'importance stratégique revêtue par de telles informations, les données personnelles relèvent du droit au respect de la vie privée des individus[3] et bénéficient à ce titre d'un niveau de protection particulièrement élevé[4], mais également d'un régime de protection autonome[5]. Face à une utilisation croissante de ces informations, les institutions nationales et internationales ont été amenées à encadrer les pratiques en érigeant un régime de protection spécifique, notamment mis en œuvre par le RGPD. Cette introduction succincte aux enjeux de la protection en droit français permet de mettre en exergue tant l'importance des données au sein d'une société que la nécessité de leur protection.

Ces problématiques irriguent largement l'univers de la *pop culture* sans pour autant sauter aux yeux des spectateurs non-initiés.

2. L'omniprésence des données personnelles –. Là où il y a des formes de vie, il existe nécessairement des données personnelles qui se rattachent à ces sujets et qui appellent une forme de protection. Ainsi l'œuvre de George Lucas, bien que fictive, ne pouvait échapper à la problématique de la protection des données personnelles. Contrairement aux législations européenne

---

1. Acronyme désignant les principales entreprises opérant dans le secteur des nouvelles technologies de l'information et de la communication : Google, Amazon, Facebook, Apple, Microsoft.
2. Administrateur général des données, *Les données au service de la transformation de l'action publique : rapport au Premier ministre sur la gouvernance de la donnée en 2015*, La documentation française, 2015, 76 p.
3. V. par exemple, Cons. const., 21 octobre 2016, n° 2016-591 QPC.
4. Cons. const., 23 juillet 1999, n° 99-416 DC.
5. Charte des droits fondamentaux de l'Union européenne, Nice, 7 déc. 2000, 2000/C364/01, art. 8.

et interne, qui permettent de garantir une protection efficace, les Jedi ont opté pour une solution antagonique en créant des instruments techniques censés assurer un niveau de protection optimal : les holocrons. Un holocron est un artefact utilisé pour stocker des informations (notamment des données personnelles)[1]. S'il existe plusieurs types d'holocron, dans un souci de pertinence eu égard au format de cette contribution, il sera fait ici uniquement référence aux holocrons Jedi. Ces outils permettant un haut niveau de protection sont configurés de manière à éviter que les informations qu'ils contiennent ne puissent être consultées par des êtres non sensibles à la Force. De plus, certains de ces holocrons connaissent une protection supplémentaire en ce qu'ils nécessitent l'utilisation de cristaux de mémoire Kyber afin d'être déverrouillés puis consultés, à l'image de celui contenant la liste des enfants sensibles à la Force dans la galaxie[2]. Les holocrons constituent donc à la fois un outil, alternatif au serveur de stockage qui existe en informatique, mais également une protection du contenu stocké.

Confrontant cet instrument technique fictif à la réglementation positive, il convient d'interroger le niveau de garantie des données personnelles récoltées par les Jedi quant aux enfants sensibles à la Force (**I.**) avant d'interroger la sécurité du stockage de ces données par holocron (**II.**).

I. LA COLLECTE DES DONNÉES PERSONNELLES PAR LES JEDI

3. Le traitement des données personnelles par l'Ordre Jedi –. Les mécanismes de protection des données personnelles concernent tant les règles relatives à la circulation des données que celles relatives à leur traitement. Le RGPD définit la notion de traitement de données personnelles comme «*toute opération ou tout ensemble d'opérations effectuées ou non à l'aide de procédés automatisés et appliquées à des données ou des ensembles*

1. https://www.starwars.com/databank/jedi-holocron (consulté le 4/05/2022).
2. Dans le canon Star Wars il existe une autre théorie selon laquelle les holocrons seraient uniquement des objets permettant de consulter les données stockées dans des cristaux Kyber.

de données à caractère personnel, telles que la collecte, l'enregistrement, l'organisation, la structuration, la conservation, l'adaptation ou la modification, l'extraction, la consultation, l'utilisation, la communication par transmission, la diffusion ou toute autre forme de mise à disposition, le rapprochement ou l'interconnexion, la limitation, l'effacement ou la destruction»[1]. Dans notre droit positif, ce traitement des données personnelles est régi par trois principes : la loyauté du traitement d'abord, sa licéité ensuite et la transparence quant à la finalité du traitement enfin[2]. Sans que ces conditions ne soient explicitement mentionnées dans l'univers de Star Wars, il semble néanmoins que ces principes irriguent également le traitement des données personnelles opéré par les Jedi.

4. La déontologie Jedi et le respect des obligations tenant au responsable de traitement –. Préalablement à la démonstration de l'effectivité des principes gouvernant le comportement du responsable de traitement des données personnelles, il convient de qualifier succinctement l'Ordre Jedi comme constituant une personne morale de droit privé chargée d'une mission de service public[3]. Cette démonstration permettra par la suite de fonder le développement consacré aux opérations sur les données effectuées par cette institution responsable de traitement.

Située en l'an 25000 av. BY, la fondation de l'Ordre Jedi est concomitante à la mise en place du régime de la République galactique[4]. Quoique sa création ne résulte pas d'une initiative étatique[5] et s'oppose de fait à sa qualification en tant qu'institution administrative, la nature d'organisme de droit privé de

1. RGPD, art. 4, § 2.
2. RGPD, art. 5, § 1, a.
3. Cette qualification se veut volontairement courte dans la mesure où elle ne sert qu'à appuyer le propos qui sera développé par la suite. La question de la qualification de l'Ordre Jedi pourrait à elle-seule faire l'objet d'une contribution.
4. À l'instar de la création de l'Ordre Jedi, la création de la République galactique n'est pas datée avec précision. Il semble cependant que l'un comme l'autre soit située aux alentours de - 25 000 av. BY.
https://starwars.fandom.com/fr/wiki/Ordre_Jedi (consulté le 04/05/2022)
https://www.anakinworld.com/encyclopedie/listes/chronologie/republique-galactique#: ~ :text = La % 20R % C3 % A9publique % 20Galactique % 20fut % 20le,Consitution % 20Galactique % 20en % 20 % 2D25 % 20000.&text = Les % 20Guerres % 20de % 20la % 20Force,bases % 20de % 20l'Ordre % 20Jedi. (consulté le 04/05/2022)
5. V. Y. Lecuyer, «*Pour en finir avec les incertitudes sur la nature étatique de la République galactique*», in Y. Lecuyer *et al*, *op. cit.*, p. 123-138.

l'Ordre Jedi est entièrement compatible avec l'exercice d'une mission de service public[1].

Au regard des différentes œuvres composant le canon de la saga Star Wars[2], il est aisé d'affirmer que l'Ordre Jedi assume des missions de polices au sein de la République galactique[3], régime qui par ailleurs ne semble pas connaître de principe interdisant la délégation de compétence de police administrative à des personnes privées[4]. Dans l'exercice de leurs fonctions, les Jedi font preuve de déontologie, incarnant les valeurs d'intégrité, de probité et de justice qui guident les actions des membres de l'Ordre[5]. Ces règles morales non écrites peuvent s'apparenter à ce qui est qualifié de droit souple dans l'ordre juridique interne, et pourraient avoir vocation à intégrer le Code Jedi, qui ne contient que des préceptes assez flous en la matière.

5. Le principe de loyauté du traitement des données personnelles –. Le principe de loyauté se traduit dans les faits par une exigence d'impératif moral pesant sur le responsable dans le cadre de son activité de traitement des données personnelles.

Il se décline tout d'abord dans une obligation positive de transparence des informations délivrées par le responsable de l'activité

---

1. V. pour l'organisme de droit privé chargé d'une mission de service public : CE, Ass., 13 mai 1938, *Caisse primaire «Aide et Protection»*, rec. 417.
V. plus spécifiquement pour les ordres professionnels : CE, Ass., 2 mai 1943, *Bouguen*, rec. 86.
2. [V. *infra*, la contribution de M. T. LE QUIRPENN', «*"Han shot first!"... or does he?"* Le canon de Star Wars et celui des droits : bref essai d'herméneutique et d'épistémologie comparées», NDC.]
3. V. sur l'exercice des attributions de police administrative et judicaire : A.CIAUDO, «Réflexions sur les fonctions des Jedi dans la République galactique», in ID., Y. LECUYER, A-L. MOSBRUCKER (dir.), *Le Droit contre-attaque*, Presses universitaires de Franche-Comté, coll. «Droit politique et société», 2021, p. 65-70.
4. Il semble donc que contrairement à la France, la République galactique ne connaisse pas la notion de principe inhérent à l'identité constitutionnelle de la République : «*En second lieu, selon l'article 12 de la Déclaration de 1789 : «La garantie des droits de l'Homme et du Citoyen nécessite une force publique : cette force est donc instituée pour l'avantage de tous, et non pour l'utilité particulière de ceux auxquels elle est confiée». Il en résulte l'interdiction de déléguer à des personnes privées des compétences de police administrative générale inhérentes à l'exercice de la «force publique» nécessaire à la garantie des droits. Cette exigence constitue un principe inhérent à l'identité constitutionnelle de la France.*» V. Cons. const., 15 oct. 2021, n° 2021-940 QPC, *Société Air France*.
5. [V. *infra*, la contribution de M. B. Le Dévédec. «Déontologie et valeur normative : la Force du Code des Jedi», NDC.]

vis-à-vis des individus concernés par le traitement des données. En ce sens, le responsable de traitement est tenu par l'obligation d'informer les personnes concernées tant à l'égard des différentes opérations de traitement effectuées sur les données personnelles, que sur les droits dont disposent ces individus à leur égard. Deux exigences complémentaires découlent de l'obligation de transparence, celle de l'accessibilité de l'information donnée (en ce qui concerne l'aisance de compréhension et la clarté ainsi que la précision de l'information) ainsi que celle de son intelligibilité qui doit être adaptée aux personnes concernées.

Ensuite, le principe de loyauté commande aux responsables de traitement de ne pas se comporter de manière déloyale, entendue au sens de mensonge ou de manipulation, concernant les modalités de traitement ou encore la finalité pour laquelle les données personnelles ont été collectées. Aucune indication n'est fournie quant à la manière dont ont été collectés les noms des enfants sensibles à la Force dans la galaxie ; toutefois, la déontologie des Jedi et leur rejet des techniques de manipulations, principalement utilisées par les Sith[1], permettent de supposer que le traitement des données personnelles se déroule conformément à la loyauté qui caractérise cet ordre.

6. La licéité du traitement par un organisme chargé d'une mission d'intérêt public –. Le principe de licéité du traitement des données personnelles impose au responsable de traitement de fonder juridiquement son opération, mais également de respecter le droit des données personnelles *lato sensu*. L'article 6 du RGPD expose ainsi les différentes bases juridiques du traitement des données personnelles, conditions inhérentes à la licéité des opérations, parmi lesquelles figurent notamment le traitement nécessaire à l'exécution d'une mission d'intérêt public.

Dans le cadre de la collecte des informations relatives aux enfants sensibles à la Force dans la galaxie, il apparaît que le traitement des données est une nécessité pour la continuité des missions d'intérêt public assurées par l'Ordre Jedi. Le traitement s'inscrit effectivement dans une logique de pérennisation des effectifs de l'Ordre et participe donc à l'exécution des fonctions exercées par cet organisme[2].

---

1. [V. *supra*, la contribution de Mathilde Roubaud, « Usage de la Force et droit pénal », NDC.]
2. V. Cons. const., 15 oct. 2021, précit.

7. La finalité du traitement des données personnelles par les Jedi –. La finalité du traitement des données personnelles renvoie au but poursuivi par le responsable de traitement dans le cadre de son opération de traitement des données. En cela elle constitue la «*raison d'être du traitement*»[1]. L'article 5 du RGPD prévoit à cet effet que les données ne peuvent être collectées que «*pour des finalités déterminées, explicites et légitimes*».

La détermination de la finalité du traitement constitue donc un préalable obligatoire à toute opération de collecte de données personnelles, impliquant donc la prohibition faite à tout responsable de traitement d'utiliser à des fins étrangères les données recueillies. Cette finalité doit par ailleurs être explicitement indiquée en des termes exprès et clairs afin de mettre les personnes concernées par le traitement en mesure de comprendre le but recherché par le responsable de traitement. Enfin, l'exigence de «*légitimité*» posée par l'article 5 vise, de manière plus large, la nécessité de la collecte des données. Ainsi, la collecte ne répondra pas à l'exigence de légitimité si l'objectif poursuivi par le responsable de traitement peut être «*raisonnablement atteint par d'autres moyens*»[2] que le traitement des données.

8. Les exigences tenant aux données –. Les principes ci-dessus évoqués tenant aux responsables de traitement sont complétés par des exigences relatives aux données elles-mêmes. L'article 5, du RGPD prévoit en son 1er paragraphe, les différentes conditions auxquelles doivent répondre les données personnelles. Il en va ainsi de la minimisation des données, de leur qualité, de la limitation de leur conservation, ainsi que de leur sécurité.

Dans le cadre du recensement des enfants sensibles à la Force dans la galaxie, il semble que les informations requises sont relatives aux patronymes, aux âges, ainsi qu'aux localisations des différents enfants concernés[3]. En cela, les données recueillies n'excèdent pas ce qui est nécessaire à la mission poursuivie (recensement des futurs membres de l'Ordre Jedi), de plus, elles semblent répondre aux exigences d'adéquation et de pertinence

1. Citant Groupe de l'article 29, avis 03/2013, cité in Th. Douville, *Droit des données à caractère personnel : droit de l'Union européenne, droit français*, Gualino-Lextenso, 2020, p. 135.
2. RGPD, cons. 39 : «*Les données à caractère personnel ne devraient être traitées que si la finalité du traitement ne peut être raisonnablement atteinte par d'autres moyens*».
3. V. *CW* (saison 2, ép. 3).

posées par les dispositions du RGPD relatives à la minimisation des données[1]. Leur qualité, entendue au sens de l'exactitude des informations[2], semble également assurée, de même que la sécurité[3] permise par les mécanismes de fonctionnement de l'holocron qui seront précisés ci-après. En revanche, il n'est nullement fait mention dans cet exemple de la durée de conservation des données et donc de leur limitation dans le temps à ce qui est strictement nécessaire au traitement des informations[4].

Si les Jedi se conforment aux valeurs énoncées précédemment, il faut en déduire que de manière générale les opérations de traitement des informations relatives aux enfants sensibles à la Force dans la galaxie sont conformes aux dispositions du RGPD, assurant ainsi la protection des données des personnes concernées. Des lacunes apparaissent néanmoins à regarder le détail du stockage de ces données dans l'holocron, notamment en ce qu'il assure la protection des données personnelles contenues en son sein.

II. LA SÉCURITÉ DES DONNÉES STOCKÉES DANS L'HOLOCRON

9. Le stockage de données *in holocro*, entre efficacité et vulnérabilité –. À l'instar de nos serveurs informatiques et autres accessoires matériels de stockages (disques-durs, clef-USB...), les holocrons constituent des outils permettant d'héberger des données. Si ces outils ne sont pas les seuls capables de stocker des informations dans l'univers Star Wars[5], ils présentent néanmoins la particularité d'être munis de dispositif de sécurité conditionnant leur ouverture par des êtres sensibles à la Force.

10. La centralisation de l'information –. Tout d'abord, le caractère centralisé de l'information[6] contenue dans un holocron présente

1. RGPD, art. 5, § 1, c.
2. Ibid., d.
3. Ibid., f.
4. *Ibid.*, e.
5. Il existe également des « hololivres » et des banques de données stockés dans les archives du temple Jedi sur Coruscant.
6. Par opposition au caractère décentralisé des réseaux numériques, notamment du réseau Internet.

une ambivalence quant à la protection des données. Du point de vue de l'efficacité, le stockage unique au sein d'un outil totalement dépourvu d'interconnexion permet de pallier les risques liés à des cyberattaques exercées par un quelconque réseau. Cette caractéristique peut néanmoins être source de vulnérabilité dans la mesure où les holocrons sont des biens matériels et donc susceptibles de soustraction par des individus mal intentionnés. *A fortiori*, l'unicité des informations contenues dans ces outils risque fortement de contribuer à la perte définitive des données contenues lors de la perte, du vol ou de la destruction de l'outil.

11. Les mécanismes de protection interne –. «*Cet holocron contient des informations et j'ai été payé pour les récupérer. Je ne peux pas le déverrouiller, mais toi oui*». Comme le souligne Cad Bane dans la série *Clone Wars*, la protection des données par holocron est assurée par plusieurs mécanismes : les deux principaux étant, dans un premier temps, la limitation du déverrouillage de l'objet aux usagers de la Force et, dans un second temps, la dissimulation des informations sensibles au sein d'une masse indistincte d'autres informations.

Le mécanisme de déverrouillage d'abord constitue une première protection des données contenues par cet outil, dans la mesure où celui-ci requiert l'usage de la Force[1]. Ainsi seuls les Jedi et les Sith sont, en principe, en mesure d'ouvrir un holocron. Néanmoins, une fois ces outils activés, n'importe quel individu est susceptible de consulter les données contenues en son sein[2].

En termes de construction ensuite, les holocrons sont structurés selon un modèle de couche. Ainsi les informations sont organisées en fonction de leur «sensibilité», de l'importance qu'elles revêtent rendant plus difficilement accessibles les informations capitales, enfouies dans l'holocron[3].

12. L'efficacité d'une protection combinant droit souple et technologie –. Au regard de la combinaison entre la pratique des

1. La majuscule a son importance, distinguant la Force de Star Wars de la force brute (en termes d'attaque physique ou informatique).
2. «*Il vous suffit simplement de m'ouvrir cette petite boite pour que je puisse récupérer les informations contenues* [...].» Cad Bane, *Clone Wars*, saison 2, ép. 1.
3. V. https://starwars.fandom.com/fr/wiki/Holocron#Holocrons_Jedi (consulté le 04/05/2022).

Jedi et la technologie de l'holocron, il semble que les principes de protection applicable au traitement des données personnelles soient effectifs s'agissant du traitement des données personnelles des enfants sensibles à la Force. En effet, la déontologie qui caractérise cet Ordre semble garantir les grands principes qui assurent la licéité du traitement des données personnelles. De plus les mécanismes de protection permis par le recours aux holocrons assurent un traitement sécurisé, respectueux des grands principes du RGPD.

13. Une protection fragilisée par l'inclusivité Disneyenne –. Toutefois, si une protection mécanique des données personnelles comme celle de l'Holocron peut apporter un haut niveau de garantie, il convient de conclure que les limites inhérentes au fonctionnement de l'artefact dépassent les avantages qu'il procure : l'évolution dorénavant inclusive de la sensibilité à la Force développée dans la Postlogie par Disney vient mettre en échec non seulement l'intérêt de l'holocron Jedi[1] mais également l'efficacité d'un mécanisme qui peut désormais être activé et consulté par l'intégralité des êtres vivants de la galaxie. Nous ne saurions donc que trop conseiller au futur Sénat intergalactique d'acter cette évolution et de se saisir promptement de la problématique en adoptant un Règlement intergalactique de protection des données réellement efficace.

---

1. Si comme affirmé dans l'épisode VIII par Leia Skywalker, tous les êtres vivants sont sensibles à la Force, il n'existe plus d'intérêt quant au recensement des enfants sensibles à la Force dans la galaxie, sauf à vouloir ériger un registre d'état civil galactique qui ne relèverait selon, toutes vraisemblances, pas des attributions de l'Ordre Jedi.

15. « RÉFLEXIONS SUR L'ARBITRAGE À LA LUMIÈRE DE LA SAGA STAR WARS »

Sandrine CLAVEL
Professeur à l'université Paris-Saclay, UVSQ, DANTE
Ancien membre du Conseil supérieur de la magistrature
Doyen honoraire de la Faculté
Présidente honoraire de la Conférence des doyens de droit et science politique

C'est dans l'atmosphère joyeuse de la cantina de Mos Esley que notre jeune Padawan a donné rendez-vous au Grand Seigneur Sith Sandrine Clavel. Ils se sont attablés dans un renfoncement au fond de la cantina, à l'écart des joueurs de Pazaak et des buveurs invétérés, prêts à dégainer leur blaster pour un regard de travers, mais suffisamment près du quator de Biths pour profiter de sa musique dépaysante. Voici le compte rendu de l'interview.

1. L'arbitrage est-il un mode de règlement des litiges connu de la République, puis de l'Empire galactique ? Si oui, quels types de litiges y sont soumis ? Pourrait-on mettre en œuvre l'arbitrage aussi bien pour régler des litiges commerciaux – par exemple à la suite d'une absence de livraison de droïdes de combat – que des litiges plus politiques – comme la destruction d'une limousine royale ou encore l'oblitération d'une planète par Étoile de la Mort ?

Avant de répondre à cette question, il faut tout d'abord s'accorder sur ce que l'on entend par arbitrage. C'est une notion qui a un sens courant : il y a arbitrage chaque fois qu'une personne est conduite à prendre une décision, à trancher une hésitation.

Et puis il y a l'arbitrage au sens juridique, notion qui renvoie au fait de confier le règlement d'un différend à une personne neutre, souvent une personne privée, investie par les parties de l'autorité de trancher leur litige par une sentence qui s'impose à elles. Il concerne alors le plus souvent un litige entre deux opérateurs économiques privés (*arbitrage commercial*) ou un litige entre un opérateur économique privé dans ses relations avec l'État dans lequel cet opérateur a déployé des activités (*arbitrage d'investissement*). Il existe cependant aussi un *arbitrage interétatique*, dont la finalité est de régler pacifiquement les différends entre États, mais il est beaucoup plus rare que les formes d'arbitrage impliquant les entreprises commerciales.

Pris en ces différents sens, l'arbitrage ne semble exister ni dans la République, ni dans l'Empire. Certaines situations pourraient donner lieu à arbitrage, mais en définitive l'histoire nous enseigne que ce n'est pas ainsi que les choses se règlent. J'en prendrai deux exemples. Lorsque le Jedi Qui-Gon Jinn et son apprenti Obi-Wan Kenobi arrivent sur le vaisseau de la Fédération de commerce qui commande le blocus de la planète Naboo, en représailles contre la taxation des routes commerciales, ils ont pour mission de résoudre rapidement le litige. S'agit-il d'un arbitrage ? Pas vraiment, car les Jedi ne sont pas là pour rendre une sentence qui s'imposera aux parties, mais pour mener des négociations ; ils agissent donc comme des conciliateurs ou des médiateurs, voire comme des diplomates, plutôt que comme des arbitres. Un peu plus tard, il est fait référence à l'arbitrage de différends commerciaux par *Jabba the Hut*, mais il ne peut s'agir d'un véritable arbitrage au sens où nous l'entendons, car on ne peut imaginer un instant que *Jabba* ou les *Huts* en général puissent se conduire en tiers indépendants et impartiaux. « L'arbitrage » des *Huts* ne peut être qu'empreint d'arbitraire, et d'ailleurs lorsque cet arbitrage est mentionné, il résonne comme une menace, qui finalement conduit la partie mécontente à reculer et à renoncer à sa prétention. Or un arbitre est nécessairement indépendant et impartial, c'est une exigence fondamentale de toute activité juridictionnelle.

En théorie pourtant, l'arbitrage aurait pu s'épanouir, et ce dans toutes ses dimensions. L'arbitrage interétatique pourrait se traduire sous la forme d'un arbitrage interplanétaire : par exemple, le conflit multimillénaire entre Coruscant et Alsakan pour l'attribution du titre de capitale galactique aurait pu être réglé par l'arbitrage, plutôt que par l'affrontement ouvert. En outre, la puissance de la Guilde du commerce, dans les dernières années de la République, atteste de l'importance des échanges commerciaux; là où il y a commerce, il y a place pour l'arbitrage, qu'il s'agisse d'un commerce de ressources naturelles, de droïdes ou même de clones. C'est d'autant plus vrai lorsque ce commerce a une dimension transfrontière, le recours à un arbitre privé étant alors une solution recherchée par des parties désireuses de trouver un juge «neutre» et offrant une équivalente proximité (ou distance) par rapport à chacune d'entre elles. Dans un monde d'échanges interplanétaires, l'arbitrage apparaît certainement pertinent. Cependant le développement de l'arbitrage n'aurait à mon sens été possible qu'à l'époque de la République. Le cadre de l'Empire galactique est incompatible avec l'arbitrage, pour plusieurs raisons.

D'abord, parce que l'Empire n'est pas un État de droit : l'Empire ne se soumet pas au droit. Il ne peut donc y avoir d'équivalent à l'arbitrage interétatique ou à l'arbitrage d'investissement. On en a un très bon exemple sur Bespin, lorsque les forces impériales envahissent la Cité des nuages. Après avoir congelé Han Solo dans la carbonite, Dark Vador décide de maintenir sa garnison sur place et d'emmener Leia comme prisonnière. Il prend le contrôle de la cité, et change unilatéralement les termes de l'«accord» scellé avec Lando, qui administre la cité. C'est une situation qui, typiquement, pourrait donner lieu à un arbitrage d'investissement. Mais naturellement, Lando n'a aucun recours, et lorsqu'il exprime son mécontentement, Dark Vador se borne à le menacer, lui indiquant qu'il devrait s'estimer heureux qu'il ne change pas encore plus substantiellement l'accord. Lando n'a pas d'autre solution que de se soumettre… ou de se rebeller par la force, ce qu'il choisit finalement de faire.

Ensuite, parce que l'Empire, paradoxalement, est un ordre juridique faible, ce qui le rend inapte à assurer la sécurité juridique de ses «sujets». Il existe certes des règles de droit strictes, mais l'étendue de l'Empire rend très difficile la mise en œuvre effective de ces règles. De plus, la légitimité de l'Empire comme ordre juridique est contestée, ce qui limite le taux de soumission volontaire à la norme. Dès lors qu'observons-nous? L'Empire galactique est un monde où prospère le commerce illégal (contrebande), et où la plupart des litiges se règlent directement par la force entre les parties en conflit, que ces parties soient «étatiques» (gouvernements planétaires) ou qu'elles soient privées. Or l'arbitrage a besoin d'un État fort et stable pour s'épanouir : cette justice privée s'appuie sur des structures étatiques qui, en la reconnaissant comme un mode de règlement des différends, lui confèrent à la fois son efficience et son efficacité.

Dans la République galactique en revanche, les conditions semblent réunies pour que l'arbitrage commercial se développe. Mais comme je l'indiquais, on n'en trouve pas véritablement trace. Peut-être est-ce seulement parce que notre attention est focalisée sur des problématiques politiques, les litiges commerciaux étant peu ou pas mentionnés ; pourtant, on a peine à concevoir qu'une planète commerçante comme Corellia n'ait pas organisé une forme de règlement des litiges économiques s'apparentant à l'arbitrage. Quoiqu'il en soit, même lorsqu'on étudie la Guilde du commerce, on constate que celle-ci est plus préoccupée par la garantie de la sécurité de ses intérêts, ce qui la conduit à déployer des forces de sécurité militaires, que par le règlement commercial et juridictionnel des litiges. Cette dimension très politique de l'histoire de la République pourrait au moins laisser place à l'arbitrage interplanétaire, mais en réalité notre attention se focalise sur un temps qui, s'il est long, semble être en perpétuelle crise institutionnelle. Dès lors, les conditions d'un règlement pacifique des différends interplanétaires, dont l'arbitrage pourrait être l'instrument, ne sont pas réunies.

2. On comprend bien que les *Huts* ne puissent faire des arbitres crédibles. Mais qu'en est-il des Jedi ? On a recours à eux pour maintenir l'ordre public – l'exemple des bâtons de la mort –, pour des missions diplomatiques – Qui-Gon et Obi-Wan sont envoyés en représentants auprès de la Fédération du Commerce –, mais également, au regard de la sagesse des membres du Conseil – le Grand Maître Yoda en particulier –, il pourrait être fait appel à eux pour résoudre les conflits particuliers. Quand bien même ils ne seraient pas juges professionnels, il y aurait un intérêt à faire appel à eux, n'êtes-vous pas d'accord ?

Je crois qu'on ne peut pas répondre à cette question de façon univoque. Tout dépend du type d'arbitrage que l'on envisage. Si l'on songe à un arbitrage interplanétaire, sur le modèle de l'arbitrage interétatique, les Jedi paraissent certainement les plus légitimes à exercer les fonctions d'arbitres. Pour autant, l'étude de l'histoire de la République nous enseigne qu'ils n'ont pas véritablement tenu ce rôle : ils agissent plutôt, vous le disiez, comme des diplomates, ou à la rigueur comme des conciliateurs.

S'agissant de l'arbitrage commercial ou d'investissement, s'il se développait dans la République galactique, je ne crois pas qu'il devrait être confié aux Jedi. À cette époque, les Jedi sont à leur apogée et, vous l'avez rappelé à juste titre, ils sont au service de la République. Ils ont donc un lien direct avec un ordre juridique supranational, ou pouvant être qualifié comme tel. Cela rompt avec l'idée qui sous-tend le choix de l'arbitre, lequel est un juge privé déconnecté des considérations de politiques publiques des États impliqués dans la situation : c'est un juge « neutre ». Un Jedi-arbitre risquerait fort de se trouver face à un conflit de loyauté : tenu par la mission qui lui est confiée par les parties, lesquelles lui demanderaient de statuer en considération de leurs seuls intérêts privés, il lui serait cependant impossible de ne pas tenir compte des intérêts supérieurs qu'incarne, notamment, la Force. On n'imagine pas un instant qu'un Jedi-arbitre puisse statuer à l'encontre de la Force, même si c'est la volonté commune des deux parties et que c'est la mission qu'elles lui ont confiée. Pour être tout à fait juste, il faut admettre que c'est une difficulté que les arbitres du commerce international contemporains peuvent également rencontrer, lorsque les parties leur confient une mission qui les conduit à méconnaître l'ordre public international ou les lois de police étatiques. Certains auteurs considèrent alors que la « morale » de l'arbitre doit le conduire à refuser d'exercer la mission. Mais s'agissant d'un Jedi, pourrait-il simplement, constatant que des opérateurs commerciaux veulent rompre l'équilibre de la Force, se retirer du processus ? Ne devrait-il pas intervenir, cette fois-ci en tant que gardien de l'équilibre galactique, avec des pouvoirs très différents de ceux de l'arbitre ? Ce risque de glissement du statut d'arbitre privé à celui de détenteur de l'autorité publique les disqualifierait, il me semble, aux yeux de nombreux opérateurs du commerce interplanétaire. Et puis, de vous à moi, les Jedi ont bien mieux à faire que de résoudre des litiges commerciaux et leurs compétences seraient mieux utilisées ailleurs…

3. Mais l'intérêt serait, par exemple, qu'après avoir rendu la sentence, le Jedi-arbitre pourrait la faire exécuter, au besoin à l'aide de la Force ou du Sabre laser, ou à tout le moins s'assurer qu'elle soit bien exécutée par les différentes parties…

Précisément, on voit avec cette possibilité qu'il ne peut s'agir d'arbitrage au sens où nous l'entendons en droit du commerce international. L'arbitre est un juge privé. Il ne peut pas, comme je l'indiquais, se transformer en détenteur de l'autorité publique, ce qui serait le cas s'il était conduit à délivrer un titre exécutoire, et plus encore à procéder lui-même à l'exécution par la force de sa sentence. Ce serait un bien singulier mélange des pouvoirs normatif et de contrainte. Même les juges étatiques ne concentrent pas ces pouvoirs : ils exercent le premier mais pas le second. Que penserait-on d'une autorité qui, après avoir jugé, exécuterait elle-même sa sentence ? La séparation des pouvoirs est une caractéristique essentielle de l'État de droit ; elle serait ici mise à mal.

4. Voyez-vous une limite géographique à l'application de cette procédure particulière dans la République galactique ? Faudrait-il la limiter à Coruscant ou l'étendre aux planètes extérieures à la bordure de la République par exemple ?

Il n'y a pas véritablement de raison de poser une limite géographique à l'usage de l'arbitrage. C'est même à mon sens si l'on étend l'arbitrage au-delà de Coruscant que celui-ci a un réel intérêt. Déjà, il ne peut pas y avoir d'arbitrage interplanétaire limité à Coruscant, puisque celui-ci supposerait un différend entre planètes. Dans la République, chaque planète fonctionne comme un État autonome, avec son gouvernement planétaire. L'arbitrage commercial pourrait en revanche être limité à l'échelle d'une unique planète ; il s'agirait d'un arbitrage interne, pour comparer avec ce que nous connaissons aujourd'hui. Mais si l'on aborde le commerce interplanétaire, l'arbitrage devient « international » et il prend alors tout son sens. Imaginons un différend commercial entre d'une part une grande entreprise ayant son siège à Coruscant, et d'autre part son fournisseur de bois, une entreprise d'exploitation forestière ayant son siège sur l'une des lunes d'Endor, qui comme on le sait se situe au sein de la Bordure extérieure. Pour ces entreprises, l'arbitrage est une très bonne option car il leur évite d'avoir à choisir entre le système judiciaire de Coruscant et celui d'Endor, aucune partie ne souhaitant avoir affaire à un système auquel il ne connaît rien. Il pourrait cependant exister une difficulté pratique. Ainsi que je l'ai rappelé, l'arbitrage puise sa légitimité et son effectivité dans sa reconnaissance par les États, ou ici par les gouvernements planétaires. L'immensité de l'espace galactique interroge sur la possibilité pour les différents gouvernements planétaires d'exercer un réel contrôle sur des arbitrages commerciaux interplanétaires, et dès lors de leur conférer une véritable efficacité.

5. Une partie pourrait-elle imposer de recourir au Jedi – ou à tout autre type d'arbitrage – si l'autre partie ne le souhaite pas ? L'on pense à Watoo, un commerçant local, qui a eu de mauvaises expériences avec un membre de l'Ordre.

Le propre de l'arbitrage, c'est de reposer sur un accord des parties. Sans accord des parties, l'arbitre ne peut être investi d'un pouvoir juridictionnel. On voit parfois des références à un arbitrage « forcé » ou « contraint », mais d'un point de vue juridique, c'est un non-sens. On peut en revanche jouer sur les modalités du consentement à l'arbitrage. C'est ce que l'on fait parfois lorsque les parties ne sont pas sur un pied d'égalité, essentiellement en matière d'arbitrage d'investissement : les États-hôtes de l'investissement s'engagent, par traité (les traités bilatéraux d'investissement), à accepter de se soumettre à l'arbitrage si celui-ci est demandé par un investisseur étranger. On pourrait donc parfaitement imaginer que certaines catégories d'acteurs de la vie politique et économique dans la République galactique ou dans la Nouvelle République s'engagent préalablement à accepter de se soumettre à un arbitrage en cas de conflit. Un gouvernement planétaire désireux d'attirer des investisseurs d'autres planètes pourrait ainsi, par traité, prendre l'engagement de recourir à l'arbitrage si ces investisseurs s'estimaient lésés par ses décisions. Le même engagement pourrait être pris par les acteurs supranationaux : Lando aurait sans doute été heureux de pouvoir recourir à l'arbitrage lorsque l'Empire a réquisitionné les taupes minières qu'il utilisait sur Nkllon pour attaquer le chantier de Sluis Van. Mais comme je l'ai déjà indiqué, l'Empire est peu enclin à se soumettre au droit.

6. Faudrait-il que la sentence rendue soit réitérée ou validée par une assemblée spécialisée, l'Ordre Jedi ou bien une Cour de justice spécialisée par exemple ?

À cet égard, on peut envisager différentes solutions, mais pour être rigoureux il convient de distinguer en fonction de l'objet du contrôle qu'exercerait cet organe.

Il pourrait tout d'abord s'agir d'un contrôle de la qualité de la sentence au fond, comme celui que l'on réalise dans le cadre d'un appel. Un tel contrôle n'est pas conforme aux usages de l'arbitrage international. Il y a certes quelques exemples de contrôle des sentences, comme celui formel qu'exerce la Cour d'arbitrage de la Chambre de commerce international dans les arbitrages CCI, ou encore celui organisé dans le cadre des arbitrages CIRDI. Ce sont toutefois des contrôles très limités, et il ne s'agit en aucun cas de «refaire» la sentence. Par analogie, on pourrait imaginer que les sentences d'arbitrage interplanétaire fassent l'objet d'un contrôle formel par une instance qui pourrait être, pourquoi pas, le Conseil Jedi, mais plus probablement – dès lors que nous avons écarté la pertinence d'un arbitrage Jedi – un organe rattaché à la Guilde du commerce, qui est une sorte de grande organisation interprofessionnelle interplanétaire.

L'autre contrôle envisageable, qui correspond beaucoup plus aux usages de la matière, c'est celui qu'exerceraient vraisemblablement les gouvernements planétaires avant d'accepter de donner effet, sur leur planète, à la sentence rendue par un arbitre interplanétaire. L'objectif serait alors de vérifier que la sentence ne heurte pas les principes fondamentaux de l'ordre juridique planétaire, avant que les organes de contrainte locaux ne prêtent leur concours à l'exécution de cette sentence. On pourrait concevoir différentes exigences, certaines tenant au respect d'une sorte d'ordre public transplanétaire, puisant ses racines dans la Force, d'autres tenant à des exigences localement fondamentales, mais pas nécessairement partagées par tous. Ainsi, compte-tenu des différences culturelles fortes entre Bothans et Mon Calamaris, les principes fondamentaux dont le respect est attendu ne seraient certainement pas les mêmes sur Botawui et sur Mon Cala.

Après cette dernière réponse, l'interview a dû être écourtée, une bagarre générale ayant commencéà quelques tables de là, apparemment à la suite d'un tir d'un contrebandier contre un chasseur de prime Rodien[1]*...*

1. [V. *infra*, la contribution de M. T. le Quirpenn', «*"Han shot first!"... or does he?*" Le canon de Star Wars et celui des droits : bref essai d'herméneutique et d'épistémologie comparées», NDC.]

PARTIE 8

NE PAS SE LA JOUER EN *SOLO*

« *Nul homme est une île*»[1] dit le poète. Personne ne peut survivre seul, personne ne peut grandir seul. Chacun a besoin de se trouver un maître et de s'inscrire dans un collectif pour se réaliser afin de ne pas se réduire à l'état de simple *monade humaine* ou de *particule élémentaire*.

Ainsi, Yoda enseigna à Qui-Gon Jin qui enseigna à Kenobi qui enseigna à Luke qui enseigna à Rey… Ensemble, ils s'inscrivent dans un tout qui les dépasse. Et quand bien même le maître s'isolerait sur une planète insulaire ou marécageuse, il y aura toujours un disciple en quête de savoir qui viendra déranger le gardien, pour lui demander notamment de retirer son vaisseau spatial de l'eau ou de la vase.

Quoique le travail tire son étymologie d'un instrument de torture, il peut être plaisant de s'interroger sur les relations de travail en droit privé comme en droit public, l'occasion de lire la contribution de M. Alain Kiemde sur la relation unissant le droïde à la fonction publique et M. le Professeur Bernard Gauriau sur le contrat d'apprentissage qui unit Luke Skywalker à Maître Yoda.

QLP

1. «*Nul homme n'est une île, un tout en soi; chaque homme est part du continent, part du large; si une parcelle de terre est emportée par les flots, pour l'Europe c'est une perte égale à celle d'un promontoire, autant qu'à celle d'un manoir de tes amis ou du tien. La mort de tout homme me diminue parce que je suis membre du genre humain. Aussi n'envoie jamais demander pour qui sonne le glas : il sonne pour toi.*» J. Donne, *Devotions upon Emergent Occasions*, 1624.

16. « LUKE SKYWALKER ET L'ENSEIGNEMENT DE MAÎTRE YODA (PACTE D'APPRENTISSAGE, RUPTURE ET FAUTE INEXCUSABLE) »

Bernard GAURIAU
Professeur de droit privé et sciences criminelles à l'université d'Angers

1. Contexte –. Dans l'épisode V de Star Wars, conseillé par Ben Kenobi, Luke Skywalker est parti sur Dagobah retrouver le maître Jedi Yoda et apprendre à maîtriser la force. Ce que l'on sait moins, c'est qu'il a suivi son apprentissage selon le Code galactique du travail. C'est l'occasion de l'analyser. Le code en question a été adopté par la République galactique dans des temps paisibles, c'est-à-dire avant que l'Empire ne fasse régner la terreur dans la galaxie. Ce code est fait d'usages non écrits et de traditions.

2. Principe –. Le principe premier est que l'apprentissage concourt aux objectifs éducatifs de la République. Il contribue à l'insertion des jeunes – sélectionnés de façon stricte – au sein de la communauté des Jedi. Il a pour objet de donner à des padawan, une formation générale, théorique et pratique, en vue de l'obtention du titre de chevalier Jedi.

3. Définition –. L'apprentissage est une forme d'éducation alternée associant une formation auprès d'un chevalier Jedi fondée sur le maniement du sabre laser et la maîtrise de la Force d'une part, et des enseignements théoriques dont une partie est dispensée à distance par hologramme d'autre part. La durée de formation tient compte des aptitudes de chacun.

4. Pacte –. Un pacte d'apprentissage est systématiquement conclu entre un apprenti ou son représentant légal et un chevalier Jedi. Nul ne peut être engagé en qualité d'apprenti s'il n'est âgé de seize ans au moins à vingt-neuf ans révolus au début de l'apprentissage. Toutefois, les jeunes âgés d'au moins quinze ans peuvent débuter un contrat d'apprentissage s'ils justifient avoir manifesté quelques aptitudes à maîtriser la Force, de façon sommaire.

On entend par maîtrise sommaire de la Force, la capacité à déplacer à distance des objets de petite taille ou la capacité à ressentir les troubles de la force, de façon sommaire.

5. Durée du pacte –. Le pacte d'apprentissage peut être conclu pour une durée limitée ou pour une durée indéterminée. La durée du pacte d'apprentissage, lorsqu'il est conclu pour une durée limitée, varie entre six mois et trois ans.

6. Rupture du pacte –. Le pacte d'apprentissage peut être rompu par l'une ou l'autre des parties jusqu'à l'échéance des quarante-cinq premiers jours, consécutifs ou non, de formation pratique effectués par l'apprenti. Passé ce délai, le pacte peut être rompu par accord écrit signé des deux parties. À défaut, le contrat peut être rompu en cas de force majeure, de faute grave de l'apprenti, en cas de décès du maître Jedi ou de passage vers le côté obscur de la Force. Reprenons ces hypothèses.

La force majeure peut ainsi s'entendre de la destruction de la planète sur laquelle s'opère l'apprentissage, selon la jurisprudence Alderaanienne (on dit aussi aldorandienne).

La faute grave de l'apprenti peut de même s'entendre d'un comportement par lequel l'apprenti ne finit jamais ce qu'il commence et ce à plusieurs reprises malgré les rappels à l'ordre du Chevalier Jedi.

7. Le décès du maître Jedi –. Voici quelques exemples. Maître Agen Kolar : tué par le Chancelier Suprême Palpatine. Maître Saesee Tiin, *idem;* Maître Kit Fisto, *idem*; Maître Mace Windu, *idem*. Maître Ki-Adi-Mundi fut tué par le commandant clone

Bacara et les Marines galactiques durant la quatrième bataille de Mygeeto. Maître Aayla Secura fut tuée par le commandant clone Bly et les membres du 327e Corps d'armée stellaire durant la bataille de Felucia. Maître Plo Koon fut tué par le capitaine clone Jag à la suite de la bataille de Cato Neimoidia. Maître Stass Allie fut tuée par le commandant clone Neyo et un soldat clone du 91e Corps de Reconnaissance à la suite du Siège de Saleucami. Maître Depa Billaba fut tuée par le commandant clone Grey, le capitaine Styles, et leur bataillon à la suite de la conquête de Kaller. Maître Shaak Ti fut tuée par le Général Grievous.

Dans toutes ces situations, l'apprentissage que dispensaient ces différents maîtres Jedi fut malheureusement interrompu.

8. Le passage vers le côté obscur de la Force –. Ce cas de figure est le plus perturbant pour un maître Jedi, qui a le sentiment d'avoir échoué dans son apprentissage. L'exemple le plus fameux concerne bien entendu Anakin Skywalker, devenu Dark Vador. À l'origine, un seigneur Sith, Dark Sidious, tira profit des faiblesses de la République pour se faire élire Chancelier suprême sous le nom de Palpatine. Manipulant dans l'ombre le Sénat, l'Ordre Jedi et la Confédération des systèmes indépendants (CSI), Palpatine fut à l'origine de la Guerre des clones de toutes pièces et la déclencha, opposant la République aux forces Séparatistes de la CSI. C'est pendant cette sombre période que se distingua un jeune Jedi, Anakin Skywalker, qui partagera de nombreuses batailles aux côtés de son mentor Obi-Wan Kenobi. On disait alors qu'Anakin pourrait bien être «l'Élu» de la Prophétie, celui qui devait rétablir l'équilibre dans la Force. Palpatine obtint sur ces entrefaites les pleins pouvoirs par le Sénat galactique et, quelques années plus tard réalisa son coup d'État en proclamant la naissance de l'Empire galactique. Mais il tira profit des circonstances pour manipuler le jeune Skywalker et faire de lui son apprenti. Il le missionna pour assassiner les dirigeants Séparatistes et la plupart de ses amis Jedi.

Malheureusement, lors d'un duel sur la planète Mustafar contre son ancien maître Obi-Wan Kenobi, Vador se retrouva amputé, brûlé et défiguré et ne dut son salut qu'à une armure respiratoire qui seule le maintint en vie pour le restant de ses jours. La caisse d'assurance galactique reconnut le caractère professionnel de son accident et un taux d'incapacité à 80 % qui fut par la suite révisé à la baisse lorsque s'exprimèrent ses nouveaux pouvoirs, finalement décuplés. L'action en reconnaissance de faute inexcusable intentée contre Obi-Wan par Vador échoua, le Conseil de l'Empire refusant la reconnaissance de faute inexcusable d'Obi-Wan au regard des nombreux rappels à l'ordre et à la prudence que ce dernier ne cessa de proférer durant le combat à l'adresse du futur Vador et notamment par ces mots :

Obi-Wan : «*It's over Anakin, I have the high ground.*»

Anakin : «*You underestimate my power!*»

Obi-Wan : «*Don't try it!*»

Clairement, Obi-Wan avait connaissance du danger qui menaçait Anakin et prit toutes les mesures pour l'en préserver. En vain.

Certains prétendent que ce droit de l'apprentissage galactique aurait influencé notre Code du travail actuel, dans ses articles L. 6211-1 et suivants. Mais c'est douteux.

17. « LE STATUT JURIDIQUE DU DROÏDE DE LA RÉPUBLIQUE GALACTIQUE »

Alain KIEMDE
Doctorant en droit public
Université de Brest, Lab-*LEX* (UR7480).

« Roger, Roger ! »

1. « ***Vous connaissez Panobamix ? C'est un... un droïde*** »[1] **-.** Aphérèse du mot « androïde », soit celui qui ressemble à l'Homme, les droïdes sont légion dans la saga Star Wars, du couple formé par R2D2 et C3PO (respectivement droïde astro-mécano et droïde de protocole) au droïdes de combat (d'assaut, de guerre, ou assassins). Leur omniprésence interroge le juriste sur son régime juridique et la relation qu'entretiennent ces machines (plus ou moins) intelligentes avec les entités étatiques qui les utilisent, au premier plan la République.

Du statut juridique du droïde[2] dépendra sa relation avec l'État.

2. Statut juridique du Droïde –. Pour être juridiquement reconnu comme une personne, deux solutions sont possibles en droit positif français : s'agissant des personnes morales, il faudra qu'elles se fassent reconnaître selon les règles en vigueur ; s'agissant des personnes physiques – catégories qui nous intéresse

1. Numérobis, in A. Chabat (dir.), *Astérix et Obélix : Mission Cléopatre*, 2002.
2. V. la contribution de Y. Paquier, « L'étude des droïdes dans les spin-off de Star Wars : regard croisé de L3-37 et K-2SO », in A. Ciaudo, Y. Lécuyer, A.-L. Mosbrucker, *Le droit contre-attaque. L'univers de Star Wars au prisme du droit*, PU de Franche-Comté, coll. « Droit, politique & société », 2022, p. 139-146.

davantage –, il faut, pour prétendre à la personnalité, être né vivant et viable (c'est-à-dire avoir effectué au moins un mouvement de respiration et posséder tous les organes nécessaire à une possible survie), n'être pas mort (ce qui occasionne la perte de la personnalité juridique également) et enfin appartenir à l'espèce humaine.

Cette personnalité sera le moyen qu'aura l'individu ou le groupement de s'exprimer sur la scène juridique, sans elle, il n'existe – pour ainsi dire – pas sur la scène juridique, du moins ne sera-t-il pas capable d'être titulaire de droits et d'obligations, et surtout de les faire appliquer.

Dès lors, selon ces principes, il apparaît que les animaux, les fœtus ou embryon, la planète Terre ou les générations futures que certains voudraient personnifier n'ont pas de droits reconnus ; les robots ne faisant pas exception. Seuls l'être humain et la personne morale (par le biais de ce que le droit appelle une fiction juridique, mais, *grosso modo*, un groupement d'individus en d'autres termes) sont titulaires de la personnalité juridique et donc de droits.

Ainsi, n'en déplaise au robot *Andrew* tiré de l'imagination Asimovienne[1], le droit français refuserait aux amas de métal – même s'ils étaient dôté d'un cerveau positronique ou de tout autre ersatz d'intelligence artificielle –, la personnalité juridique. Ne présentant pas les critères qui conditionnent l'attribution de ladite personnalité les droïdes seront *de facto* considérés comme des choses. Dès lors, puisque chose, le droïde ne peut être qualifié d'agent public (**I.**), mais se verra confiné au statut de bien privé mobilier de la personne publique (**II.**)

I. L'IMPOSSIBLE QUALIFICATION DU DROÏDE AGENT PUBLIC

3. La notion d'agent public –. Dans notre droit positif interne, la notion d'agent public renvoie *latissimo sensu* à « *l'agent qui travaille au sein d'un service public administratif, pour le compte*

1. V. la nouvelle « L'homme bicentenaire », d'Isaac Asimov (Id., *L'homme bicentenaire*, M. Renault (trad.), Denoël, 1999, 264 p.) romancée par Robert Silverberg, (*Tout sauf un homme*, A. Mousnier-Lompré (trad.), Plon : 1998, 243 p.).

d'une personne publique, quel que soit son statut»[1]. Afin d'identifier un agent public, il convient donc de prendre en compte la réunion de trois éléments cumulatifs : la nature publique de son employeur[2], la participation à une mission de service public ainsi que le critère de l'application du droit de la fonction publique[3]. Dans un souci de pertinence le statut des droïdes officiant pour le compte de la République dans la *Prélogie* de George Lucas sera uniquement envisagé sous l'angle du statut général de la fonction publique[4], l'exercice consistant principalement à interroger leur place au sein de l'appareil étatique plus qu'à envisager au cas par cas les spécificités de chaque versant du statut général, voire des statuts particuliers de la fonction publique.

4. L'exécution de mission d'intérêt général –. De prime abord les droïdes de la République galactique participent effectivement à l'accomplissement de missions d'intérêt général. À l'instar de nos États terriens, la République assure des missions d'intérêt général, que celles-ci soient de nature régalienne (Justice, Défense, Monnaie...), ou plus larges, la République se rapprochant alors parfois du modèle de l'État-Providence (hôpitaux, éducation, culture...). Si ces attributions sont principalement exercées par des représentants d'espèces cosmopolites issus des quatre coins de la bordure intérieure, les droïdes n'en sont pas pour autant totalement exclus. Pour n'en citer que quelques exemples hétérogènes : les *astromech* assurent la réparation des différents aéronefs de la République; les *midwife droid* semblent avoir entièrement remplacés les sages-femmes lors de l'accouchement de Padmé Amidala[5] ou encore les nombreux droïdes de protocole qui assurent des missions de traduction et d'assistance au cours des activités diplomatiques et commerciales menés par les représentants de l'État au long des épisodes I, II et III. Ainsi leur participation aux missions de service public assurées par la République ne fait pas de doute.

---

1. B. Thomas-Tual, *Droit de la fonction publique*, 2e éd., Bruylant, coll. «Paradigme», 2019, p. 24.
2. Pour les besoins de cette contribution, l'auteur se place dans le courant doctrinal selon lequel la République galactique est un État assurant à ce titre des missions de service public. Pour une démonstration de la nature étatique de la République, voir Y. Lecuyer «Pour en finir avec les incertitudes sur la nature étatique de la République galactique», in A. Ciaudo, *et al.*, *op. cit.*, p. 123-138.
3. O. Dord, *Droit de la fonction publique*, 4e éd., PUF, coll. «Thémis Droit», 2021, p. 10.
4. Art. L. 1*sqq.* du Code général de la fonction publique.
5. *Ép. III.*

5. L'inapplicabilité du droit de la fonction publique aux droïdes –. Outre le critère de la mission d'intérêt général remplis par les droïdes en activité au sein de l'appareil étatique, il convient désormais de se pencher sur la situation dans laquelle ils se trouvent vis-à-vis de la République. Comme rappelé *supra*, les agents publics peuvent se trouver, à défaut d'une situation légale et réglementaire, dans une situation contractuelle; nous verrons néanmoins que la situation des droïdes vis-à-vis de l'État ne semble pas entrer dans le champ du droit positif.

Les droïdes sont indéniablement dans une situation de subordination hiérarchique vis-à-vis de leurs supérieurs, appliquant minutieusement les directives qui leurs sont adressées. Munis pour certains d'une certaine forme d'intelligence artificielle et capable d'auto-apprentissage, un droïde est avant tout un instrument d'application des ordres émanant d'autorités supérieures dans leurs missions respectives. Bien que certains droïdes semblent investis de certaines missions de commandement sur leurs congénères, ceux-ci répondent toujours de l'autorité d'un individu vivant.

Sous l'angle du rapport juridique qui unit les droïdes à la République[1], il convient dans un premier temps d'exclure l'hypothèse de la situation d'agent public au regard des dispositions en vigueur. Conformément aux dispositions du Code général de la fonction publique[2], nul ne peut obtenir la qualité de fonctionnaire sans remplir les critères cumulativement exposés. Ainsi, faute de nationalité mais également de droits civiques reconnus, les droïdes ne peuvent se prévaloir d'une telle situation. De plus, l'accès à la qualité de fonctionnaire est généralement conditionné à la réussite au concours de la fonction publique, modalités dont il n'est nullement fait mention dans la saga, pas plus que dans l'univers étendu.

Pour exclure enfin l'hypothèse selon laquelle les droïdes seraient dans une relation contractuelle avec la République, il convient de se référer aux éléments constitutifs du contrat de fonction publique[3], largement inspiré de la définition du contrat

1. Envisagée sous l'angle de la conception française du fonctionnariat.
2. Art. L. 321-1 du Code général de la fonction publique
3. «*Les agents de la fonction publique peuvent être aussi recrutés sur la base d'un contrat à durée déterminée ou indéterminée.* [...] *Le contrat est obligatoire-*

de travail dans le droit commun[1]. La légalité d'une telle convention se trouve conditionnée à la réunion de trois éléments constitutifs : la réalisation d'une prestation, une rémunération en contrepartie ainsi qu'un lien de subordination entre l'employeur et l'employé. Or, si deux de ces conditions apparaissent satisfaites au regard de la situation des droïdes travaillant pour le compte de la République (prestation, subordination), le défaut de rémunération s'oppose à ce qu'un tel lien juridique puisse les unir à leur employeur[2].

6. L'absence de personnalité juridique et l'exclusion de la catégorie d'agent public –. Plus largement, c'est bien le défaut de personnalité juridique des droïdes dans l'univers de *Star Wars* qui s'oppose, non seulement à ce que des droits civiques ou « humains » leur soient reconnus, mais plus encore, à ce que les droïdes connaissent un lien juridique inspiré du droit du travail vis-à-vis de la République, *summa Divisio* oblige. Cependant si les droïdes ne se voient effectivement reconnaitre aucun droit personnel, la saga est plus bavarde sur les droits réels exercés sur eux, en tant que chose. Ainsi le lien juridique qui unirait les droïdes à la République serait en réalité un lien de propriété de la seconde sur les premiers.

Ce lien caractérisé par un droit réel n'empêche pas, ponctuellement, des reconnaissances ressemblant à un traitement presque humain de la chose : des animaux[3] ont pu ainsi être décorés pour leur bravoure.

---

ment écrit et contient impérativement la date d'effet du contrat, la définition du poste occupé, les droits en particulier, le montant de la rémunération, les obligations ainsi que les dispositions du statut général sur le fondement desquelles il est établi », B. Thomas-Tual, *op. cit.*, p. 112.

1. Cass., soc., 22 juill. 1954 ; *Bull. civ.*, 1954, IV, n° 476, (par nous souligné) : le contrat de travail est « *une convention par laquelle une personne s'engage à mettre* ***son activité*** *à la disposition d'une autre sous* ***la subordination*** *de laquelle elle se place* ***moyennant rémunération***. »

2. Sauf à admettre que le droit des contrats et le droit social galactique diffère substantiellement de notre droit positif, auquel cas nous présentons nos plus plates excuses au législateur de la République.

3. Quoique le statut de celui-ci ne soit *a priori* plus celui d'une chose, mais d'un « être doué de sensibilité » (art. 515-14 du Code civil).

II. LE DROÏDE EN TANT QUE BIEN PRIVÉ MOBILIER DE LA PERSONNE PUBLIQUE

7. Du droïde comme bien meuble –. Puisqu'il s'agit d'une chose, plus précisément d'un bien puisque pouvant être soumis au droit de propriété, le droïde va s'inscrire dans la catégorie des biens meubles, c'est-à-dire ceux qui peuvent, par nature, se mouvoir d'eux-mêmes[1]. Cette qualification n'est pas sans conséquence pour le statut du droïde au sein du patrimoine des personnes publiques.

8. L'exclusion du domaine public mobilier –. Le droïde constituant donc *a priori* un bien meuble appartenant à la République dans la Prélogie Star Wars, il convient dès lors d'envisager le régime juridique qui s'attache au lien de propriété. Le patrimoine d'une personne morale de droit public est organisé entre, d'une part, les biens relevant de la domanialité publique et bénéficiant à ce titre d'un régime juridique particulièrement protecteur, et, d'autre part, les biens relevant du domaine privé de la personne publique.

De manière liminaire, la nature de bien meuble des droïdes s'oppose *de jure* à ce que les droïdes puissent intégrer le domaine public immobilier de la personne publique, quand bien même ils sont effectivement des propriétés de la personne publique et affectés à une mission d'intérêt général (pour laquelle ils sont spécialement programmés et répondent donc du critère de l'aménagement indispensable exigé pour les intégrer au domaine public immobilier[2]).

Pour autant, les droïdes ne constituent pas plus des biens relevant du domaine public mobilier de la personne publique propriétaire. La liste non exhaustive des biens constituant cette catégorie juridique est prévue dans l'article L. 2112-1 du Code général de la propriété des personnes publiques. Constituent ainsi le domaine mobilier de la personne publique : « *sans préjudice des dispositions*

---

1. Art. 528 du Code civil. À considérer que les règles relatives à l'immobilisation par destination sont transposables (elles sont applicables aux animaux), les droïdes pourraient se voir, ponctuellement, reconnaître la qualité d'immeuble par destination lorsque ceux-ci sont affectés au service et à l'exploitation d'un fonds.
2. Art. L. 2111-1 du Code général de la propriété des personnes publiques.

applicables en matière de protection des biens culturels, font partie du domaine public mobilier de la personne publique propriétaire les biens présentant un intérêt public du point de vue de l'histoire, de l'art, de l'archéologie, de la science ou de la technique, notamment [...] ». Ainsi que le relèvent S. Boussard et C. Le Berre, la liste des biens relevant du domaine public mobilier par qualification de la loi est «*limitée* [...] *aux biens culturels*»[1]. Sauf à vouloir contrarier de fervents défenseurs, militant pour la reconnaissance de droit aux droïdes, ceux-ci ne présentent pas de caractère culturel et doivent donc être exclus de la domanialité publique mobilière.

Ainsi, il semble qu'au regard de notre droit interne les droïdes ne peuvent bénéficier du régime particulièrement protecteur de la domanialité publique et peuvent, par voie de conséquence, être aliénables, prescriptibles et saisissables[2].

9. Le rattachement par défaut au domaine privé de la personne publique –. À l'instar du domaine public, le patrimoine d'une personne publique relevant du domaine privé peut-être constitué de biens immeubles comme meubles. En ce qui concerne le domaine privé immobilier de la personne publique, le rattachement peut être opéré soit par une qualification législative spéciale[3], soit par une exclusion : «*Font partie du domaine privé les biens des personnes publiques mentionnées à l'article L. 1, qui ne relèvent pas du domaine public par application des dispositions du titre Ier du livre Ier*»[4].

Faute de qualification législative expresse, le domaine privé mobilier de la personne publique est exclusivement constitué de biens exclus des dispositions de l'article L. 2112-1 du Code général de la propriété des personnes publiques[5], ce qui en fait une catégorie fortement empreinte d'hétérogénéité.

Au regard de ces dispositions, il ne fait aucun doute que les droïdes relèvent effectivement du domaine privé de la personne

---

1. S. Boussard, C. Le Berre, *Droit administratif des biens*, 2e éd, LGDJ-Lextenso, coll. «Manuel», 2019, p. 144.
2. *A contrario*, v. art. L. 3111-1 du Code général de la propriété des personnes publiques.
3. V. pour le domaine privé immobilier, par ex. Art L161-1 du Code de la voirie routière : «*Les chemins ruraux appartiennent au domaine privé de la commune.*»
4. Art. L. 2211-1 du Code général de la propriété des personnes publiques.
5. V. *supra*, § 8.

publique, mobilier par leur nature. Cette affirmation semble par ailleurs être confortée par la jurisprudence du Conseil d'État relative aux matériels informatiques, biens qui semblent être les plus à même de se rapprocher des droïdes dans notre univers[1].

CONCLUSION

10. L'inadaptation du régime juridique interne aux droïdes Star Wars –. Au terme de ce développement, Force est de constater que le cadre juridique interne s'avère partiellement inadapté à l'exemple des droïdes dans la Saga et permet par ailleurs de critiquer les dispositions en vigueur. D'une part, le droit de la fonction publique ne peut effectivement régir le concours des droïdes lors de la participation aux missions de service public assurées par la République galactique. Faute de personnalité juridique ils ne pourront bénéficier des garanties accordées aux agents publics, quand bien même ils semblent soumis aux obligations statutaires notamment à celle de l'obéissance hiérarchique.

Les solutions dégagées par le droit de la propriété publique ne semblent pas beaucoup plus adaptées à la situation particulière de ces biens meubles. En effet si leur classification dans le domaine public apparaît impossible au regard des dispositions en vigueur, il convient de reconnaître que la nature des missions qu'ils exercent pourrait justifier un régime juridique plus protecteur que celui de la domanialité privée. Si le droit qui régit les liens juridiques entre la République et les droïdes est semblable à l'exemple français, on peut cependant imaginer que le refus d'accorder le régime protecteur de la domanialité publique pourrait s'inscrire dans une recherche de flexibilité de la gestion des biens de l'État. Espérons néanmoins que le jour ou la République se trouvera en position de débiteur, la saisie judiciaire des droïdes participants aux missions de service public ne viendra pas entraver le bon exercice de ces fonctions par l'autorité publique.

---

1. CE, 28 mai 2004, n° 241304, *Aéroports de Paris* : « *Considérant qu'il ressort des pièces du dossier soumis aux juges du fond que le litige soumis au juge de cassation par Aéroports de Paris a trait à des matériels informatiques et à des logiciels ; qu'en jugeant que ces biens mobiliers ne pouvaient être regardés comme des dépendances du domaine public, la cour administrative d'appel, dont l'arrêt est suffisamment motivé, n'a pas commis d'erreur de droit.* »

PARTIE 9

HISTOIRES DU DROIT DANS ET DE STAR WARS

Puisqu'un peu d'étymologie ne fait jamais de mal, l'histoire des termes de *code* et de *canon* mérite quelques minutes d'attention. Le premier provient du latin *codex* qui signifie «*recueil de loi*», dérivé lui-même de *caudex*, «*le tronc*»; le second, quant à lui, vient du grec κανων (*kanôn*) signifiant «*tige de roseau*». Dans chacun, il y a, au-delà de l'évocation ligneuse, l'idée de rectitude – aussi présente dans le mot ligne – qui caractérise la règle de droit : le proverbe ne dit-il pas qu'une personne inflexible est «raide comme la justice» que celle-ci soit ou non rendue sous un chêne[1] ?

Les juristes eux-mêmes ont la fâcheuse réputation d'être des gens froids, calculateurs et surtout sans grande fantaisie. L'Histoire ne tendrait pas tellement à donner tort à cette réputation si l'on veut bien se rappeler la théorie du juge comme «bouche mécanique de la Loi» de Montesquieu ou des *Cours de Code Napoléon* par exemple, où *Esprit des Lois* et École de l'Exégèse viennent limiter les pouvoirs d'interprétation et de recherche du juriste.

Pourtant, partenaires à particule autant que particuliers, MM. Benoit Le Dévédec et Tudal le Quirpenn' dévient de la route tracée jusqu'ici et emportent le débat sur un plan différent puisqu'ils ne s'intéressent plus à la représentation d'un pan du droit dans la saga, mais vont questionner la juridicité du Code Jedi pour l'un, les sources du canon des œuvres pour l'autre. Entre le tronc et la tige de roseau, allons écouter ces deux contributions qui n'ont en commun avec les *Fables* que la sage morale qu'elles contiennent. Nous verrons ainsi qu'en matière de Code ou de Canon, la messe est loin d'être dite.

QLP

1. Des mauvaises langues diront qu'ainsi le gibet est déjà prêt pour la sentence.

18. « DÉONTOLOGIE ET VALEUR NORMATIVE : LA FORCE DU CODE DES JEDI »

Benoît LE DÉVÉDEC
Doctorant à l'Institut de criminologie et de droit pénal de Paris
Université Paris-Panthéon-Assas

« Il n'y a pas d'émotion, il y a la paix.
Il n'y a pas d'ignorance, il y a la connaissance.
Il n'y a pas de passion, il y a la sérénité.
Il n'y a pas de chaos, il y a l'harmonie.
Il n'y a pas la mort, il y a la Force. »[1]

1. La première passion du juriste est la qualification. Mais l'Ordre Jedi vient s'opposer durablement à cette passion, imposant au juriste une forme particulière de sérénité pour réussir à le cerner. En premier lieu, le jediisme est une religion, l'Ordre Jedi serait donc en toute logique un ordre religieux, avec des règles et des institutions internes privées, sur lesquelles et au sein desquelles la République n'a strictement aucun pouvoir de contrôle. Pour autant, cette entité, toute privée soit-elle, se voit attribuer des missions de service public, et non des moindres ! L'Ordre assure notamment des fonctions diplomatiques au nom de la République, telles que la négociation ou le maintien de la paix, mais également des fonctions militaires comme l'espionnage, voire le commandement stratégique et opérationnel de l'armée. Alors que la sous-traitance de ces pouvoirs régaliens ne devrait en principe pas être possible, l'Ordre Jedi fait figure d'exception.

1. Le Code Jedi, d'après les méditations d'Odan-Urr, fondateur de la Grande Bibliothèque Jedi d'Ossus et conservateur des archives Jedi.

Et pour cause : les Jedi ont acquis, au fil des millénaires, une très grande respectabilité. Leur fidélité à la République et à ses lois, ainsi que leur exemplarité à toute épreuve justifient cette confiance aveugle. Cette droiture singulière est issue des préceptes du Code Jedi qui fait office de code de déontologie. N'étant pas à un paradoxe près, cette déontologie s'articule de manière unique, avec une force normative tout à fait baroque.

2. La déontologie peut être définie comme l'ensemble des droits et des devoirs qui régissent une profession et ceux qui l'exercent. Elle trouve notamment ses origines dans les corporations de l'Ancienne République qui souhaitaient normaliser leurs relations entre ces professionnels et à l'égard de leurs clients. Il en est ainsi des commerçants, des artisans, et de nombreuses filières professionnelles. Outre de telles structures privées, les institutions publiques ont également élaboré des codes de déontologie, comme dans la justice, la sécurité, la politique, etc. Bien souvent, ces codes visent à gagner en respectabilité, parfois à la suite d'un scandale. C'est notamment la raison pour laquelle la mode est aujourd'hui à l'élaboration de tels codes ou de chartes éthiques au sein d'entreprises de toute taille, et non plus dans des secteurs globaux regroupant une multitude d'acteurs.

3. Il est donc tout à fait étrange de retrouver un tel code de déontologie chez les Jedi, alors que les groupements religieux intègrent généralement leurs règles de fonctionnent au sein de textes sacrés qui s'appliquent à tous, de manière universelle, au titre de la loi divine, et non à leurs seuls adeptes. Cela vient du fait qu'il ne suffit pas de croire au jediisme et de participer à certains rituels pour appartenir à cette religion, il faut aussi faire preuve de certaines capacités, dont la principale est d'être suffisamment sensible à la Force. Il faut en outre suivre une formation, sanctionnée par des épreuves, dont seule la réussite donne accès au rang de Jedi, plus précisément de *chevalier Jedi*. Sur ce plan, le fonctionnement des Jedi ressemble davantage à celui d'une corporation professionnelle, voire d'une institution militaire ou de police.

4. Les codes de déontologie peuvent être répartis en deux catégories : ceux qui ont été élevés au rang de loi ou de règlement, et ceux qui ne l'ont pas été. Parmi les premiers, il faut citer par exemple le Code de déontologie des constructeurs, élevé au rang réglementaire par le décret n° 80-217 portant code des devoirs professionnels des constructeurs ; le Code de déontologie des soigneurs, qui doit quant à lui sa valeur réglementaire au décret n°2004-802 relatif aux dispositions réglementaires du code de la santé publique galactique et modifiant certaines dispositions de ce code ; ou encore le Code de déontologie des défenseurs judiciaires, autre groupement religieux issu d'un rapprochement entre d'anciens Jedi et d'anciens Sith ayant quitté leurs ordres d'origine. Leur code a été consacré par le décret n°2005-790 relatif aux règles de déontologie de la profession de défenseur judiciaire et Règlement Intérieur National. À l'inverse, les codes de déontologie des professions relevant du chamanisme, comme celles qui pratiquent la psychanalyse ou l'ergothérapie, ou les codes créés par des entreprises ne sont pas repris par les pouvoirs publics. Ils n'ont ainsi aucune valeur légale en dehors de leur profession, ou tout au plus une simple valeur contractuelle. Ils peuvent avoir une influence sur le fonctionnement interne d'une entreprise, ou en matière disciplinaire, mais qui ne sera en réalité que très limitée.

5. En effet, le propre des professions qui voient leur code de déontologie entériné, c'est d'être des professions réglementées, avec un ordre professionnel dédié. Il y a ainsi un Ordre des constructeurs, un Ordre des soigneurs et un Ordre des défenseurs judiciaires, avec à leur tête un conseil galactique, qui connait des déclinaisons territoriales par système planétaire, comme le Conseil planétaire de l'ordre des soigneurs d'Utapau ou le Conseil de l'ordre du barreau de Coruscant. Ces ordres et leurs déclinaisons ont des pouvoirs d'organisation de leur profession, ainsi que des pouvoirs disciplinaires pour sanctionner ceux qui ne respectent pas leurs obligations déontologiques. Les ordres ont un pouvoir juridictionnel en matière disciplinaire, leurs décisions ayant la même valeur que celle d'une juridiction de première instance voire d'appel, susceptibles de recours devant la cour d'appel de la République galactique territorialement compétente, la Cour de cassation ou le Conseil galactique selon les cas. Ces ordres, tout privés soient-ils, sont donc reconnus par la République qui leur délègue une partie de ses pouvoirs régaliens juridictionnels. En revanche, pour les professions, réglementées ou non, ou pour toutes les structures dont les textes de déontologie n'ont pas été consacrés, il n'est pas possible, en principe, de constituer de tels ordres et/ou conseils de l'ordre, avec les pouvoirs qui y sont habituellement dévolus. Le non-respect des obligations déontologiques n'entraîne alors aucune sanction, sauf à ce que cela constitue un manquement contractuel avec un client par exemple, ou encore un manquement professionnel auprès de son employeur. Mais au-delà de ces deux situations particulières, les codes de déontologie non légaux ne sont que des engagements moraux, éthérés.

6. Et c'est sur la force normative des obligations déontologiques qu'il impose que le Code Jedi peut étonner. En effet, ce code n'a été élevé ni au rang légal, ni au rang réglementaire. C'est en tout cas ce qui ressort d'une recherche approfondie sur ce point, menée conjointement dans les archives du Sénat galactique et dans celles de l'Ordre Jedi. Ce code ne devrait avoir alors qu'une simple valeur contractuelle voire éventuellement disciplinaire. D'autant que, s'il repose sur des sources écrites issues de textes sacrés, ce code est principalement fondé sur les préceptes qui se transmettent de maître à padawan sur un modèle d'oralité. Et pourtant, la Force est puissante en lui. En effet, il faut d'une part remarquer que les Jedi disposent d'un ordre et d'un conseil, *a priori* réservé aux professions ayant un code consacré. Ce conseil a d'ailleurs des pouvoirs juridictionnels, avec la capacité de sanctionner les membres de l'Ordre, voire de les en exclure. Il n'est cependant pas possible de faire appel de cette décision devant les juridictions galactiques : le Conseil juge en premier et dernier ressort. Pourtant, une telle décision peut avoir une implication au-delà de l'Ordre lui-même, et notamment dans un secteur sensible de la République, à savoir l'armée. C'est ainsi que la padawan Ahsoka Tano, en 19 av. BY, fut exclue de l'Ordre Jedi, accusée à tort d'avoir commis une attaque terroriste contre le Temple Jedi. Elle a perdu son statut de padawan, mais également son rang et ses privilèges au sein de la Grande Armée de la République. Exclue de l'Ordre, elle a pu être jugée par un tribunal militaire de la République. Sans cette exclusion, la République n'aurait pas eu la compétence *ratione personae* pour connaître de ces faits. Le Conseil Jedi a donc un pouvoir exorbitant, même sur la puissance publique. L'armée et la justice ne peuvent exclure ni juger les Jedi si le Conseil ne l'a pas permis.

7. Enfin, et outre les préceptes purement religieux comme le fait de vaincre l'arrogance, l'orgueil, l'obstination, l'imprudence, le matérialisme, ou d'honorer ses promesses, son padawan autant que son maître, le Conseil Jedi, l'Ordre, la loi et la vie, le Code Jedi contient également des règles qui peuvent contrevenir à celles de la République. En effet, et alors que ce code prévoit explicitement, malgré la distinction des deux entités, le devoir de respecter les lois de la République, il permet voire impose aux Jedi de s'en départir. Par exemple, les Jedi ont l'obligation de garder le célibat, ce qui porte atteinte au droit à la vie privée et familiale prévu à l'article 9 du Code civil galactique et à l'article 8 de la Convention galactique des droits des êtres vivants de toute espèce. Mais cette obligation est malgré tout classique dans diverses religions, notamment à l'égard des ministres du culte. Plus exotique, le Code Jedi permet de déroger à des règles pénales, agissant comme un fait justificatif par autorisation de la loi. Les Jedi peuvent ainsi porter une arme, à savoir un sabre laser, symbole de leur ordre, y compris dans les lieux où c'est en principe interdit (la prolifération des armes dans la galaxie étant une problématique insoluble depuis des millénaires). Les Jedi peuvent également faire usage de cette arme, y compris de manière létale, à condition que leur défense ou celle d'un citoyen de la République les y oblige, ce dont ils sont les seuls juges, les juridictions de la République ne pouvant connaître de leurs actes. Les exigences de proportionnalité et de sommation qui sont imposées aux forces de police de la République ne semblent même pas s'appliquer à eux, avec un risque d'abus important, comme ce put être le cas dans les cafés, bars, restaurants et cantinas de plusieurs planètes.

8. Dans l'actuelle République, prospère et parfaitement administrée, ces dérogations sont totalement dépassées. Il devient indispensable de rétablir une égalité entre tous les citoyens, quelle que soit leur religion, sauf à ce que la République devienne très exactement tout ce que les Jedi ont juré de combattre. Pour se prémunir de tout abus, pour la paix, la justice, la liberté et la sécurité, ils doivent montrer leur allégeance à la République, à la démocratie. Soit ils sont avec elle, soit ils sont contre elle. Ils feront ce qu'ils ont à faire.

9. La République reconnaît depuis longtemps la force normative des coutumes. L'imbrication des Jedi dans la République est si ancienne que personne, même parmi les espèces ayant les plus longues espérances de vie, n'est en mesure de se rappeler pourquoi et comment elle a été mise en place. Il n'en demeure pas moins que, si ce fonctionnement a été largement à l'avantage de la République qui a profité presque sans retour des services des Jedi, il apparaît aujourd'hui nécessaire de légiférer sur cette collaboration hétéroclite, voire hétérodoxe. Les Jedi doivent se doter d'un véritable Code de déontologie entièrement écrit, avec des règles claires et accessibles à tout juriste. Ce code devra prévoir les droits et les obligations envers la République, ainsi qu'une soumission des instances Jedi aux institutions séculières. C'est ce qui ramènera l'équilibre dans la norme et détruira le règne de l'arbitraire.

19. « *"HAN SHOT FIRST!"... OR DOES HE?* LE CANON DE STAR WARS ET CELUI DES DROITS, BREF ESSAI D'HERMÉNEUTIQUE ET D'ÉPISTÉMOLOGIE COMPARÉES »

Tudal LE QUIRPENN'
Doctorant en droit privé et sciences criminelles
Université de Quimper – Pôle *Per Jakez-Helias, Laboratouer-Lezenn*

«Greedo shot first!»[1]

1. Énoncé du problème –. Si vous êtes amis avec des fans de la saga Star Wars, ou que vous êtes un fan vous-même, vous avez certainement dû entendre la phrase suivante : «*De toutes manières, ce n'est pas canon !*» lors d'une discussion enflammée sur tel ou tel point de l'univers. Pour les quelques non-initiés qui viendraient à lire la présente contribution, cette affirmation signifie que cedit point ne fait pas partie de l'univers officiel de la saga et est donc inopérant.

Parmi toutes, une scène fait ainsi particulièrement débat, elle se situe dans l'épisode IV : *Un nouvel espoir*, sorti en 1977, et se déroule dans la cantina de Mos Eisley. Le contrebandier Han Solo, l'un des protagonistes de la trilogie originelle rencontre un chasseur de prime nommé Greedo. Ce dernier le menace de son

1. George Lucas.

arme et lui apprend que Jabba le Hutt a mis une prime sur sa tête. Greedo tente alors de faire chanter Han Solo.

Dans la version de 1977, celle officiellement sortie à l'époque, il est très clairement visible que Han Solo tire sans sommation et par surprise sur Greedo, ce qui est susceptible de lui donner une mauvaise image selon George Lucas le réalisateur de la saga. En revanche, dans une version remasterisée en 1997, fut ajouté un premier tir de Greedo, quoi que cela soit quasi instantané. La controverse naissait ainsi : «*qui de Han ou de Greedo a tiré le premier?*».

En s'attardant sur les deux versions de la scène mises côte à côte, force est de reconnaître que le décalage est vraiment très léger et que les débats qui agitent le monde des fans de Star Wars sont aussi pointus que les plus précises des polémiques qui ont agité la sphère juridique.

Et pourtant ils existent.

2. Être ou ne pas être canon –. La recherche de la canonicité semble primordiale dans l'univers de la saga Star Wars. À cet égard, la fixation du canon de la saga est assez comparable, dans sa démarche, au canon des textes sacrés et surtout du canon biblique et de la doctrine théologique y afférente, au fil des siècles par les différents conciles, c'est-à-dire des assemblées ecclésiastiques[1].

Ce terme de canon a lui-même partie liée avec l'idée de norme et de règle :

«*Le terme grec κανων, d'origine sémitique, désigne un roseau, puis un instrument de mesure fabriqué avec un roseau, comme la règle du charpentier ou du maçon. Au sens figuré, dans le langage de la philosophie, il signifie la règle de conduite, la norme, le modèle.* […] *Qu'est ce qui a déterminé l'application à la Bible des termes "canon" et "canoniser"? Pour les uns, c'est le sens formel de "liste" ou "catalogue" qui est à l'origine de cet usage. Pour d'autres, c'est l'idée du canon comme "norme", déjà présente dans l'Église depuis le IIe siècle, qui a joué le rôle déterminant. Le débat porte sur un point d'histoire, et aucun document ne permet de trancher*

1. V. A. Le Boulluec, «Le problème de l'extension du Canon des Écritures», *Recherches de Science Religieuse*, vol. 92, 2004 (nº 1), p. 45-87; Th. Römer, «Chapitre II. La constitution du canon biblique», in Id. (éd.), *L'Ancien Testament*, PUF, 2019, p. 20-35.

avec certitude. Mais il n'est pas sans rapport avec la manière dont l'historien du canon définit aujourd'hui l'objet de son étude et dont il décrit le processus de canonisation. »[1]

Mais le canon du droit maintenant : qui déterminera le droit, comment déterminer le droit ? est-il loisible de s'inspirer de ces règles d'épistémologie – c'est-à-dire de recherche du savoir vrai, de la vérité dans la règle de droit – pour déterminer le canon de Star Wars ?

Les mêmes problèmes se posent. Il convient, dès lors, de rechercher s'il n'apparaît pas possible d'appliquer la méthode juridique ou canonique à l'univers de Star Wars pour, par exemple, résoudre ce véritable cas d'école : « Han a-t-il tiré le premier ? »[2]

3. Epistémologie et herméneutique –. Grossièrement, l'épistémologie (du grec *ἐπιστήμη* signifiant la vérité) vise la recherche de la vérité et l'étude des moyens d'y parvenir, quand l'herméneutique (du dieu Hermès, messager des dieux) recouvre la science de l'interprétation. Appliquées aux droits civil comme canonique, ces disciplines visent donc à étudier les moyens de parvenir à la vérité du texte juridique d'une part, son interprétation de l'autre ; appliquées au corpus que constitue l'univers de Star Wars, il s'agit dorénavant de rechercher comment se forge la canonicité et comment l'interpréter.

I. COMMENT DÉTERMINER LE CANON ?

4. Épistémologie du canon –. Pour pouvoir déterminer comment se règle une antinomie entre deux règles juridiques ou deux passages de la saga, il importe de déterminer sur quelle valeur se fonde le canon. Pour certains, c'est l'autorité qui donne à une règle ou un passage ses lettres de noblesses (A.), pour d'autres c'est une conformité à la vérité (B.).

1. J.-D. Kaestli, « Chapitre 28 : Histoire du Canon du Nouveau Testament », in D. Marguerat (dir.), *Introduction au Nouveau Testament : Son histoire, son écriture, sa théologie*, 4e éd., Labor et Fides, coll. « Le Monde de la Bible » (n° 41), 2008, p. 481-506, (spé. 481*sq*).

2. Démarche non inédite d'ailleurs d'un point de vue théologique, v. en ce sens, J. C. Lyden, « Whose Film Is It, Anyway? Canonicity and Authority in Star Wars Fandom », *Journal of the American Academy of Religion*, vol. 80, 2012 (n° 3), p. 775-786.

A. *Auctoritas, non veritas, facit canonem*

5. L'autorité plus que la vérité –. «*Auctoritas non veritas facit legem*». Cet adage juridique selon lequel «c'est l'autorité qui fait la loi, non la vérité» reprend une doctrine positiviste selon laquelle ne sera qualifié de droit que ce que l'autorité a édicté comme tel. Le critère de la loi n'est pas une vérité révélée ou transcendante, mais bien l'acte normatif d'une autorité compétente et reconnue ainsi.

C'est sur cette base que la canonicité de Disney se fonde : se considérant comme possédant les droits de la société Lucasfilm, la Walt Disney Company a affirmé que tous les éléments des produits dérivés datant d'avant le 26 avril 2014 (date de la cession) ne rentraient pas dans le canon et faisaient partie de l'univers «Légendes». C'était sur cette base également qu'opérait la méthode de classement du canon antérieure, distinguant selon cinq niveaux de canonicité[1].

De la même manière, sous l'Ancien Régime, n'était droit que ce qui émanait du Roi et l'on pouvait résumer l'acte créateur de norme par la phrase royale suivante : «la loi, c'est moi». D'après une interprétation statocentriste, l'État pourrait en être la continuation : serait du droit tout ce que l'État (législateur, exécutif et juge) déterminerait comme tel. Du point de vue du droit canonique, ce serait, de la même manière, le Pape en tant que législateur de l'Église qui serait l'autorité éditrice de normes, quand les conciles seraient compétents en matière de canon théologique.

B. *Veritas, non auctoritas, facit canonem*

6. La vérité plus que l'autorité –. À l'opposé de cette reconnaissance de l'autorité comme source exclusive du canon ou du droit, se trouve notamment une conception plus ancienne, répondant au doux nom de jusnaturalisme. Ses tenants considèrent que

---

1. G-Canon (le canon de George Lucas, visant, notamment les 6 films principaux) ; le T-Canon (le canon de la télévision, visant notamment la série Clone Wars, coécrite par Lucas) ; le C-Canon (le canon de la continuité, visant l'univers étendu approuvé par Lucas) ; le S-Canon (le canon secondaire, visant des éléments du canon de la continuité contredits par des éléments de canon supérieurs) ; le N-Canon (ou non-canon, incluant des éléments en contradiction directe avec les éléments d'une canonicité supérieure, les récits faits par les fans par exemple ou autres).

le droit est ce qui est conforme à une norme supérieure, existant indépendamment des règles posées. Selon ce principe, quand bien même une règle serait émise par l'État, si elle contrevient à cette norme supérieure, elle ne saurait être considérée comme valable. Ainsi, s'agissant du droit canonique, celui-ci tire son pouvoir normatif de la Révélation telle qu'elle ressort des Écritures[1].

Il est également possible de partir d'une approche systématique, comme l'ont fait d'illustres théoriciens du droit. Pour qu'une norme soit valable, elle doit découler d'une norme supérieure, c'est-à-dire tirer sa force normative d'une norme supérieure, jusqu'à la norme constituante, comme une pyramide qui permet de remonter jusqu'à la fondation du système (la norme fondamentale ou *Grundnorm*). Ainsi, en France, les lois tirent leurs forcent de la Constitution.

S'agissant du canon de Star Wars, lorsque certains estiment que la détermination de la scène où Han Solo tire sur Greedo échappe à la volonté de Lucas, ils sont dans cette approche systémique estimant qu'il y a une vérité qui dépasse la seule autorité de George Lucas, ce dernier fût-il le créateur de la saga.

Une fois les méthodes de détermination du canon exposées, il faut encore chercher à l'interpréter, et éventuellement à en résoudre les contradictions.

II. COMMENT INTERPRÉTER LE CANON ?

7. Herméneutique du canon –. Si la détermination du canon, qu'il soit juridique, canonique ou de Star Wars, pose difficulté et ne fait pas consensus, celle de son interprétation est plus facile à exposer : le choix de l'interprète (A.) et des méthodes employées (B.) dépend grandement de la méthode de détermination du canon.

1. «*Le* ius ecclesiae *n'est pas seulement un ensemble de normes établies par le législateur ecclésial pour ce peuple particulier qu'est l'Église du Christ. Il est, en premier lieu, la déclaration faisant autorité, de la part du législateur ecclésial, des devoirs et des droits qui sont fondés dans les sacrements et donc nés de l'institution du Christ lui-même.*» Benoît XVI, Discours au congrès d'études pour le 25e anniversaire de la promulgation du Code de droit canonique de 1983, 25 janvier 2008, La Documentation catholique, t. CV, n° 2398, 16 mars 2008, p. 255.

A. La personne de l'interprète

8. Qui interprétera le canon? –. En choisissant de se placer du point de vue de l'autorité comme créatrice du canon, le choix de l'interprète coulera de source : il s'agira de l'autorité elle-même, ou de l'organe qu'elle a institué comme interprète. Ainsi, s'agissant de la Constitution, l'interprète fut d'abord – de manière plus ou moins officieuse – celui qui présida à sa création, à savoir le Général de Gaulle, puis l'organe institué pour le faire, le Conseil constitutionnel, qui se reconnaît, en la matière, un pouvoir non négligeable[1]. Il en va de même pour la Cour européenne des droits de l'Homme, interprète authentique de la Convention de sauvegarde des Droits de l'Homme et des Libertés fondamentales.

En se plaçant d'un point de vue systémique, si la norme transcendante ne prévoit pas d'institution d'organes *ad hoc*, la figure de l'interprète variera. Ce peut être le peuple dans une optique démocratique, le nombre, une poignée d'oligarques, l'Histoire…

Pour le canon de Star Wars donc, et l'interprétation comme le règlement des différentes contradictions, il faudra savoir où se placer : si l'on adhère à la conception selon laquelle c'est l'autorité de George Lucas qui lui permet de définir le canon et, par-là, d'en faire une interprétation authentique, lui seul aura raison sur le contenu de la scène de la cantina. À l'inverse, si l'on considère qu'il y a une vérité révélée dépassant le créateur même de la saga, celui-ci n'en détient pas la vérité, ses choix et affirmations peuvent dès lors être combattus par le recours à diverses méthodes d'interprétations.

B. Les méthodes d'interprétation

9. Le choix de la méthode –. Une fois le choix effectué quant à la personne de l'interprète, il incombera à celui-ci d'opter pour l'une ou l'autre des méthodes d'interprétation et de résolutions des conflits de normes ou de développement qui seraient éventuellement contraires; en ce sens, l'interprétation des organes

1. Outre l'interprétation des dispositions constitutionnelles, «*le juge* [constitutionnel] *se réserve aussi le droit de* dégager de sa propre autorité des principes de valeur constitutionnelle, *non de les créer, pour imiter le langage liturgique.*» J. Gicquel, J.-É. Gicquel, *Droit constitutionnel et institutions politiques*, 36e éd., LGDJ, coll. «Précis Domat : Droit public», 2022, p. 894, n° 1555.

dont l'autorité n'est pas la source exclusive de la norme n'est pas aussi libre et se retrouve véritablement muselée par la présence de la norme transcendante.

Le droit civil connait une méthode de résolution plus ou moins arrêtée avec la hiérarchie des normes. Si une loi contredit la Constitution, elle est inconstitutionnelle et peut être déclarée comme telle par le Conseil constitutionnel[1]. Mais il en existe d'autres. Ainsi, l'interprète[2] pourra recourir à la méthode historique, faisant prévaloir ce qui est plus ancien (argument de la tradition) ou ce qui est plus récent (selon l'idée que ce qui est plus récent déroge au plus ancien) ; à la méthode téléologique (en recherchant la volonté initiale de celui qui a posé la norme ou la situation) ; à la méthode systémique (en comparant la norme ou la situation problématique au système pour lui donner le sens le plus cohérent avec l'ensemble)...

Pour prendre un autre exemple tiré de la saga, le sabre violet de Mace Windu dépend-il véritablement de la volonté de Samuel Lee Jackson, l'interprète du maître Jedi qui aurait juste demandé à George Lucas si son sabre pouvait être d'une autre couleur que celles plus classiques des autres Jedi ? La raison fut développée par la suite dans les œuvres plus ou moins canoniques : référence à un style de combat particulièrement agressif ; cristal kyber particulier ; incertitude morale... finalement cela est laissé à l'appréciation de l'interprète que l'on jugera le plus officiel... peut-être du moment que cela demeure cohérent ? Puisque c'est peut-être cela qui fait la beauté d'un univers, sa cohérence, sa Force !

1. Art. 61 de la Constitution française du 4 octobre 1958.
2. P. ex., en droit canonique : «*Si, en matière juridique, la recherche s'effectue, pour une part, sur des bases communes à tout travail scientifique, la recherche en droit canonique, droit sui generis, interroge de façon prééminente la théologie, mais aussi l'histoire, la philosophie, ou encore la sociologie... La liste n'est pas exhaustive. Le canoniste suivra aussi des méthodes plus typiquement juridiques. Comme tout juriste, il sait que ses investigations portent sur des textes normatifs établis par une autorité compétente qui leur a donné force pour reconnaître, régir ou garantir et ceci en posant un ensemble de droits et de devoirs qui peuvent être assortis de sanctions en cas de non-respect des normes. L'éclairage ou l'apport du chercheur peuvent résulter de la juxtaposition de ces textes en tenant compte de la chronologie, de la hiérarchie des normes, de l'intention du législateur, de la portée de la loi. Lorsque cela est opportun, le canoniste pourra encore avoir recours à la méthode du droit comparé.*» Ph. Greiner, «Fides et Ratio : perspectives pour guider la recherche en droit canonique», Transversalités, vol. 110, 2009 (n° 2), p. 163-168. ; J.-P. Schouppe, «*Le statut épistémologique du droit canonique : un essai de synthèse*» *Ius Canonicum*, vol. spéc. (*Escritos en honor de Javier Hervada*), 1999, p. 81-97.

CONCLUSION. « *WHO SHOT FIRST* » ?

10. À l'inverse de l'interprétation du droit civil ou du droit canonique, l'avantage de l'interprétation de Star Wars réside dans l'absence de dimension pratique, ou de conséquence directe – sauf à vous fâcher à vie avec un camarade estimant naïvement que la République galactique est un État et non une organisation internationale. La question de savoir qui, de Greedo ou de Han a tiré le premier demeurera donc une question d'intime conviction, faute d'interprète officiel, universellement admis comme apte à trancher le litige en pratique. Peut-être que le temps saura résoudre le conflit : les générations futures ne retiendront certainement qu'une version, celle des vainqueurs (*Vae victis* !). L'interprétation du corpus lucassien relève en ce sens, en définitive, dorénavant du mythe commun, de la légende. Chacun se réappropriant son ou ses histoires, pour ce qu'il souhaite en faire, quitte à ce que celles-ci soient en contradiction avec telle ou telle version qui se voudrait officielle. Mais officielle selon qui encore une fois ?

Il y a bien longtemps, dans une période lointaine, très lointaine, le canon de Star Wars était peut-être bien défini, tout comme son législateur-interprète. Aujourd'hui, on pourrait presque dire qu'il n'en demeure qu'un fantôme.

PARTIE 10

CONCLUSION

20. RAPPORT DE SYNTHÈSE

Alexandre CIAUDO
Professeur agrégé de droit public
à l'Université de Franche-Comté (CRJFC)
Avocat à la Cour

Après avoir codirigé un ouvrage collectif réunissant des contributions juridiques de belle facture sur l'univers juridique de Star Wars[1] et plaidé en personne la dissolution de l'Ordre des Jedi devant la Cour galactique siégeant exceptionnellement à l'Université de Paris X – Nanterre[2], je ne pouvais qu'accepter avec bienveillance l'invitation qui m'était adressée par les doctorants de l'Université de Brest de présider leur journée d'études portant sur le même sujet. À l'heure de la rédaction de la conclusion de l'ouvrage qui en résulte, je ne peux que constater qu'aucun sujet n'est véritablement épuisé et que l'imagination juridique des bretons et leur capacité à fédérer les forces de la communauté juridique ne cessent d'impressionner. Ces qualités confirment que les juristes restent des individus à part, non pas qu'ils soient dotés d'une intelligence ou de capacités supérieures, mais en raison de leur perception du monde qui n'est semblable à aucune autre.

L'enseignement du droit par le biais de la pop culture n'a pas d'autre effet que de donner une clef d'accès ludique et accessible à la science du droit. Le droit n'étant pas inné mais construit par son auteur en fonction de sa propre perception de ce que les relations sociales doivent être, il n'est guère surprenant que les juristes appréhendent tout ce qu'ils voient par le prisme d'une pensée juridique. Ils cherchent à identifier des notions, un ordre juridique à qualifier, à procéder à des classifications.

L'analyse de l'œuvre de George Lucas par le prisme du droit confirme une nouvelle fois qu'il n'est pas nécessaire pour un

1. A. Ciaudo, Y. Lécuyer, A.-L. Mosbrucker, *Le droit contre-attaque : L'univers Star Wars au prisme du droit*, PUFC, coll. « Droit, politique, société », 2021.
2. R. Maurel (coord.), « Le Procès des Jedi », *Revue du droit insolite*, vol. 1 (2021), p. 148-180.

auteur de fiction de disposer de connaissances affutées ou d'une formation juridique pour créer un univers structuré régi par la règle de droit, puisque «*l'esprit juridique est plus une aptitude qualitative qu'une connaissance quantitative*»[1] et qu'il n'est assurément pas nécessaire d'avoir étudié le droit pour le penser dès lors que le droit constitue une «*nécessité logique*»[2]. Comme l'explique Michel Virally, tous les systèmes juridiques sont pensés par les hommes qui les créent. La structure de la pensée juridique de George Lucas s'avère certes perfectible, mais «*au-delà de ces moyens d'expression, on peut retrouver une identité d'attitude intellectuelle consciente ou inconsciente, formulée ou informulée, en face des relations sociales, par quoi le droit se sépare de toutes les autres façons – morales, religieuses, économiques, militaires, etc. – de concevoir ces mêmes relations*»[3]. Le présent ouvrage étaye ces propos de très belle manière en mettant à jour trois aspects communs aux études des manifestations du droit dans la pop culture.

Certains auteurs se sont intéressés aux **institutions du système juridique** supposé original dans lequel la saga de Star Wars prend place. En utilisant les concepts juridiques connus, ils cherchent à classer la République et l'Empire dans des schémas d'organisation de l'État ou de la société internationale parfaitement balisés. L'originalité de l'étude ne répond qu'au classicisme de la démarche d'un système de droit étranger qui n'a que pour véritable particularité d'être fictionnel. La question fondamentale de la qualification du système juridique – État unitaire ou organisation internationale – avait été placée au cœur de la précédente étude sur le sujet[4]. Elle n'est logiquement pas abordée ici. En revanche, dans l'organisation de la République galactique, le statut de l'Ordre des Jedi pose assurément difficulté, notamment compte tenu du rôle institutionnel du Conseil des Jedi placé à sa tête. Thomas Gaschard, tout en reconnaissant les faiblesses d'une telle qualification, retient un statut d'association, qu'il eut alors été possible de dissoudre en alternative à la rigueur du résultat de l'ordre 66. Benoît Le Dévédec questionne la valeur juridique du code des Jedi qu'il assimile à un code de déontologie, supposant

---

1. J.-L. Bergel, *Théorie générale du droit*, 3e éd., Dalloz, 1999, p. 62.
2. G. Del Vecchio, *Humanité et unité du droit. Essais de philosophie juridique*, LGDJ, 1963, p. 25.
3. M. Virally, *La pensée juridique*, LGDJ, 1960, p. XXXIV.
4. V. not. les contributions de Yannick Lécuyer d'une part et Valère Ndior et Raphaël Maurel d'autre part in *Le droit contre-attaque*, précit.

alors nécessairement qu'il s'agit d'un ordre professionnel ou d'une profession réglementée, et non d'une association. Tudal Le Quirpenn' interroge la structure même de l'ordre juridique galactique en admettant la possibilité de lui soustraire des éléments fictionnels additionnels que l'on ne retrouve pas dans la version originale de l'œuvre. Il procède ce faisant à un passionnant rappel de théorie du droit sur la notion de canon.

D'autres auteurs ont testé **les limites des catégories juridiques** connues afin d'appréhender des objets nouveaux de l'œuvre de science-fiction tels que la Force, l'Ordre des Jedi ou les droïdes. La démarche juridique est similaire puisqu'elle consiste à appréhender une situation juridique nouvelle au moyen de concepts juridiques préexistants. On retrouve ici la problématique de la dévolution successorale d'un sabre-laser ou du casque de Dark Vador et le statut des choses (et non pas des Jedi) sans maître (Prunelle d'Aquint-le Quirpenn') ; les problématiques de filiation et de changement de nom rencontrées par le personnage de Rey (Marion Talbot) ; la qualification d'inceste est interrogée au sein de la famille Skywalker tout en soulignant la conception subjective de la notion au regard du droit civil et du droit pénal (Benoît Le Dévédec et Simon Goodwin) ; les pouvoirs de télékinésie et de télépathie, partagés par les Jedi et les Sith, sont susceptibles de recevoir des qualifications pénales (Mathilde Roubaud). D'un point de vue tant sociologique que théorique, la contribution de Raphaël Maurel, sans surprise consacrée à Star Wars et au droit administratif global[1], fera sans doute date tant elle lie la saga à la conception même de la matière ; Mariana Bruck de Moraes Ponna Schiavetti propose une réflexion environnementale et de droit de la mer sur le développement de la planète Kamino ; dans un entretien prospectif tenant davantage du cours du droit, le Professeur Sandrine Clavel imagine une discussion portant sur les modalités de l'institution d'une procédure d'arbitrage galactique et sur le rôle que les Jedi pourraient y tenir.

Enfin, les contributeurs de l'ouvrage se sont donnés pour but d'atteindre une réalisation vertueuse du droit en fixant un objectif de **préservation des droits fondamentaux** des personnes. Certains accommodements ont été trouvés à l'incapacité juridique du jeune Anakin Skywalker au regard de l'évidente inadéquation entre les actes de l'intéressé et son statut de mineur non

1. R. Maurel, *Les sources du droit administratif global*, thèse, LexisNexis, 2021.

émancipé (Dorothée Guérin) et à celle des droïdes dont la qualification même de personne prête à discussion (Alain Kiemde) ; s'intéressant au transhumanisme, Quentin Le Pluard dénonce notamment le traitement inhumain et dégradant que constitue le plongement d'un corps dans la carbonite. Même si, selon Maître Yoda, «personne par la guerre ne devient grand», ses manifestations sont prégnantes dans toute la saga et un éclairage utile est opéré sur le statut des prisonniers de guerre à l'aune de la Convention de Genève (Agathe Chapelain) ainsi qu'au regard de la notion de crime contre la communauté universelle, utilement distinguée du crime contre l'humanité (Fabien Romey). Dans le même sens, le Professeur Pierre-Jérôme Delage s'interroge sur la qualification à retenir de la destruction d'une planète d'un point de vue international. Martin Uguen en fait de même sur la protection des données personnelles dans le système juridique galactique, et le Professeur Gauriau interroge les droits de l'apprenti dans la rupture du contrat d'apprentissage des Jedi à l'aune des règles du droit du travail.

En définitive, l'interdisciplinarité de l'ouvrage conforte les caractères communs aux privatistes, publicistes et internationalistes, qui ne s'opposent souvent que par leur objet d'études mais qui partagent une méthode juridique commune. En cela, le bel ouvrage que le lecteur tient entre ses mains traduit l'unité de la communauté juridique et l'universalisme de la pensée juridique.

INDEX

ABRÉVIATION DE L'INDEX

1. *Prologue* (Serge Slama)
2. *Droit des successions et des biens dans Star Wars : les destinées juridiques des reliques d'Anakin Skywalker* (Prunelle d'Aquint-le Quirpenn')
3. *De Palpatine à Rey Skywalker, des origines à l'adoption d'une nouvelle famille* (Marion Talbot)
4. *Un enfant peut-il acquérir des pièces détachées pour réparer un speeder et courir une course ?* (Dorothée Guérin)
5. *L'inceste dans la famille Skywalker* (Benoît Le Dévédec & Simon Goodwin)
6. *Usage de la Force et droit pénal* (Mathilde Roubaud)
7. *La dissolution de l'Ordre Jedi, une alternative au protocole 66* (Thomas Gaschard)
8. *Les prisonnières et prisonniers de guerre dans la saga Star Wars* (Agathe Chapelain)
9. *Star Wars et le droit administratif global* (Raphaël Maurel)
10. *Les crimes contre la communauté universelle dans Star Wars* (Fabien Romey)
11. *Les cendres d'Alderaan. Essai sur la qualification pénale applicable à la destruction des planètes au prisme du Statut de la Cour pénale internationale* (Pierre-Jérôme Delage)
12. *Le transhumanisme, dans une galaxie lointaine, très lointaine : Aspects d'une bioéthique (inter-)galactique* (Quentin Le Pluard)
13. *Quelles sont les limites du développement de la planète Kamino au regard des enjeux de conservation du milieu marin ?* (Mariana Bruck De Moraes Ponna Schiavetti)
14. *Quelle protection pour les données personnelles dans une galaxie lointaine, très lointaine ?* (Martin Uguen)
15. *Réflexions sur l'arbitrage à la lumière de la saga Star Wars* (Sandrine Clavel)
16. *Luke Skywalker et l'enseignement de maître Yoda (Pacte d'apprentissage, rupture et faute inexcusable)* (Bernard Gauriau)

17. *Le statut juridique du droïde de la République galactique* (Alain Kiemdé)
18. Déontologie et valeur normative : la Force du Code des Jedi (Benoît Le Dévédec)
19. "Han shot first!"… or does he? *Le canon de Star Wars et celui des droits, bref essai d'herméneutique et d'épistémologie comparées* (Tudal le Quirpenn')
20. *Rapport de synthèse* (Alexandre Ciaudo)

TABLE DES MATIÈRES

PARTIE 3

ATTAQUES ET CONTRE-ATTAQUES

PARTIE 4

GARDER UN DERNIER ESPOIR

PARTIE 5

ÉVITER LA GUERRE DES ÉTOILES

PARTIE 6

PRÉVENIR LES MENACES FANTÔMES

PARTIE 7

RÉVEILLER LA FORCE DU DROIT

PARTIE 8

NE PAS SE LA JOUER EN *SOLO*

PARTIE 9

HISTOIRES DU DROIT DANS ET DE STAR WARS

PARTIE 10

CONCLUSION

pcacmb
édition pré-presse
livres numériques

44400 Rezé

Dépôt légal : premier trimestre 2024

Imprimé en UE (Bulgarie)
par TypoLibris - N° 24020020

Diffusion, distribution :
France, Belgique : DILISCO
Suisse : OLF
Canada (Québec) : SOMABEC